歸零，遇見真實

一位行腳僧，1648個「向內朝聖」的日子

In Love with the World:

A Monk's Journey Through the Bardos of Living and Dying

作者｜**詠給・明就仁波切**（Yongey Mingyur Rinpoche）
執筆｜海倫・特寇福（Helen Tworkov）
中譯｜妙琳法師
審定｜楊書婷、陳慧梅

目次

—推薦序—

英文版序

—第二部— 回家

—推薦序—

與法同行

本書呈現了尊貴的詠給．明就．多傑仁波切追尋祖師足跡的殊勝佛法修行——而這些祖師之首，便是曾為悉達多太子的無比導師佛陀釋迦牟尼，以及後來如蓮花生大士、密勒日巴尊者等銀河星群般的證悟者。

當我得知仁波切做出如此令人欽佩的決定，並展開相對短暫的四年雲遊時，我的內心即為此深深感動。而當他回到八蚌智慧林的法座，也讓我極為喜悅。從那時起，他便一直無私、不倦地服務大眾，對象不分佛教徒或是非佛教徒，以此承事佛陀，而如此之行實為啟迪人心。

我祈請諸佛菩薩，以祂們無條件的大悲願力加持仁波切和他崇高、無我的佛行事業。我確信這本書將激勵並引領每位有緣的讀者。

於神聖佛法之中，

第十二世廣定大司徒巴
八蚌佛法學院之法主

—推薦序—

摘下面具

在古羅馬時代，演員會戴上大型面具來演繹他們所扮演的人物。面具便是他們的角色（persona）——也正是後來「個性」（personality）這個詞的由來。至於要如何摘下自我所戴上而令自己困於不同角色的多重面具——詠給．明就仁波切的這場探尋之旅，為的就是想要找到解開這道難題的答案。

對於一位轉世上師——也就是法王子（Dharma prince）來說，儘管有著一生的佛法修持和傳法教授，要捨棄舒適、有保障的生活，從而隱姓埋名、毫無抵禦地獨自從印度東北部行旅到尼泊爾，確實不是一件簡單的事。

然而，這還不只是一本關於外在歷險的遊記，因為明就仁波切也把我們帶入一段內在發現之旅，一起探尋著禪修經驗的不同中陰狀態。在他遇到的外在挑戰和內在掙扎的敘述中，穿插著甚深的修持指導。也就是這一點，讓本書的回憶記載如此深深打動人心，並且與我們息息相關。對於仁波切所遭逢的諸多外在麻煩，我們都有辦法和自身的經歷作連結，但仁波切如何以佛法來回應這些問題，才是本書的意義非凡之處。

明就仁波切這本回憶錄提醒我們：只改變個人角色和服裝（僧袍）這些外在情境，並不能削減自我。事實上，走出自己習慣的舒適圈，才能讓自我珍愛的心變得更敏感、更多疑。事實上，直到仁波切經歷漫長的瀕死過程時，過去多年的所有修持才成為救援者，從而讓仁波切體驗到深刻的內在了悟，並因一位陌生人的及時介入，得以從另一方面告訴我們這段經歷。我們需要讓「肉體」死亡，才能重生於更覺悟的人生嗎？

我們要如何拋棄層層的虛假身分，以及對自己角色的執著呢？這正是佛法理論和實修的核心所在。從悉達多太子的時代開始，甚至更早以前，就有許多人捨離他們原有的背景和身分，從在家走入無家可歸的生活。而今，東西方也有不少人放棄富裕的生活方式，從而追尋心靈導師和人生意義。儘管受過高等教育，事業也很成功，他們還是捨棄物質上的舒適，來到亞洲尋找有關人生困境的靈性解答。

與此不同的是，明就仁波切已經擁有一生的禪修經驗，並藉此將上述存在議題的關注直接契入了修持的核心。至於了悟的大師如何轉化這樣的挑戰呢？本書便是答案。

傑尊瑪・丹津・葩默

—推薦序—

為了放下

人們常說修行是為了「放下」。放下兩個字說起來很容易，但是多少人能做到呢？如果手裡一無所有，「放下」也可能很容易，但是真正要做起來，那是很難的。

記得2011年，聽到我的上師明就仁波切要再次去閉關，並且是一個人遊走到喜馬拉雅。當時我聽到之後很激動，也想跟著去，覺得很浪漫，有點像電影：兩個獨行俠，漫步在喜馬拉雅高原山間——多美的畫面！

但衝動過後冷靜想想，似乎還有很多「萬一」：萬一走了幾年，回不來了呢？萬一死了呢？萬一家裡有什麼事情呢？萬一太太孩子出什麼狀況了呢？萬一去閉關，丟下公司、公益、慈善、事業……要怎麼辦呢？太多的「萬一」。思考來、思考去，還是沒有勇氣。

然而我很尊敬的上師明就仁波切，他也有母親、外公，有他心愛的佛法教授、寺院、出家眾和無數在家弟子，他怎麼都放得下，就這樣走了？而且，他已經被譽為「世界上最快樂的人」了，卻還在尋找什麼，我對此真的很好奇。

仁波切一去就是四年半。這麼長時間到底發生了什麼？我很期待仁波切這本書會告訴我們。仁波切當年如何「逃出」寺院？一個人出走？他如何隱姓埋名遊走四方？我心中這些猜測，應該都會在書中揭開謎底。這位世界上最快樂的人，是否找到了他要的答案？或者，他自己並不需要去找到什麼、解決什麼，而是為了眾生的離苦得樂尋找新的途徑和更簡單的方法？答案也許都在這本書中。我很期待。希望讀者也一樣期待著仁波切講述的秘密。

李連杰

2019.5.25

各界推薦

—推薦序—

它可能改變你一生

這是我所讀過最豐富、優美和精要的書之一——整本書貫穿著吸引力，如此清晰、誠懇、有膽識，並充滿智慧。在本書中，佛法的甚深教導以直率和極其清晰的方式呈現出來，就像朋友之間的對話。本書也的確是一次卓越的探險經歷，關於我們任何人都可投入的極重要冒險；也是關於一個崇高的靈魂，為了嘗試了解自心如何運作，並由此真正以清醒和充滿愛的方式生活的故事。這本書有可能改變讀者的一生。

喬治．桑德斯，布克獎得主（Booker Prize），《林肯在中陰》作者

進入前所未有的深度

此乃當今這個時代最具啟發性的書之一。如此非凡的實證和甚深的教法，讓你帶著驚嘆、不斷地往下閱讀，完全不想停頓。這是一個智慧寶藏，能伴隨心靈修持進入前所未有的深度，並賦予你人生更深的意義。

馬修．李卡德，《為幸福辯護》及《為利他主義辯護》作者

不可撼動之心

了不起的一則故事——令人感動、深具啟發，意義深遠，並全然呈現了人性。絕對是經典之作。明就仁波切這一場改變人生的探險之旅，帶領我們跟他同行，並教導我們如何在旅途中找到不可撼動之心。

傑克．康菲爾德，《踏上心靈幽徑》作者

最激勵人心的作品之一

透過這本書，我們進入了一位卓越年輕上師的內在生命。在他獨自開始遊方閉關不久後，便立刻面對恐懼、厭惡、疾病和瀕死經驗。然而可能讓普通人困擾的那些同樣情緒和身體困境，卻成為明就仁波切的修心機會，並加深他將逆境轉化為覺醒的承諾。他願意如此詳細描述這個過程，對我自己的修道是莫大的幫助，也使得這本書成為我讀過最激勵人心的作品之一。

佩瑪．丘卓，《當生命陷落時》作者

心靈探險

這場巧妙敘述的心靈探險經歷，帶有一種魔力——讓人愛不釋手，也不想讓它結束。我毫無保留地推薦此書，我確信你也會愛上它。

丹尼爾．戈爾曼，《情商 EQ》作者

稀有罕見的心靈之作

在這個生動且扣人心弦的記述中，明就仁波切揭示了當自己面對失去世間身分和面臨死亡的威脅時，所經歷的掙扎和醒悟。這本書在靈性文學作品中稀有罕見。閱讀這樣一位具有智慧和熱忱的佛教僧侶的故事，能直接讓我們自己的轉化之旅充滿全新的意義、光明和生命。

塔拉．布萊克，《全然接受這樣的我》作者

一起踏上精神之旅

明就仁波切這本書所賦予我們的，不僅是極具魅力的內容。仁波切在自己精神修道之旅的敘述中，坦承自己早期的希望和願景，他的疑慮、難堪、身體和情感上的痛苦，以及他的脆弱。他以卓越的技巧、清晰的描述和慈愛把這些呈現出來，並鼓勵和啟發我們踏上各自的精神之旅。

雪倫．薩爾茲堡，《慈愛與真愛》作者

照亮前路的先行者

透過他個人經歷中所展開的智慧，明就仁波切向我們示現了探究和解脫自心所帶來的真實意義。作為一位充滿勇氣的先行者，他照亮了一條清晰的道路，並讓其他人更容易接近這條道路。這本書將改變很多人的人生。

塔拉．班奈特—戈爾曼，《煉心術——用智慧的專注，解脫八萬四千情緒慣性》作者

現代遊方瑜伽士的旅程

這本書一部分是懸疑，一部分是深刻的人物自傳，一部分是關於人生如何能具意義的佛法教導，而使其成為一本非凡的讀物。它是記述一位現代遊方瑜伽士扣人心弦的旅程故事。故事主人翁勇敢地放下自己的一切，去挑戰內心，並投身於最困難的生活境況。本書引人入勝地敘述了面對臨終、放下我執、放下束縛我們的習氣，如何能釋放人類的心靈，並促使生命綻放，這本書對我們每個人都有深刻、重要的教導。

理查德．戴維森，《情緒大腦的祕密檔案：從探索情緒形態到實踐正念冥想》、《個性變異》合著者；威斯康辛大學麥迪遜校區「健康心智中心」創始人和主席

超越自心

——英文版序——

這是一本傑出的著作。既是一本遊歷手札，也是一本心靈指導書，還是一部歷險記。作為遊歷手札，本書記述了仁波切從寺院的安全環境出走而投入遊方生活的過程。作為一本心靈指導書，是因為想要在禪修中追尋智慧的人，都可在本書的每一頁讀到筆者由所經歷的事件、記憶中的經典故事，和它們引發的思考而生起的甚深慧見。它作為一本歷險記的原因是，明就仁波切發現他每一天的經歷都跟自己的預想相去甚遠。它不可預測，甚至充滿危險，因此讀者會一邊讀，一邊不自禁地猜想接下去會發生什麼。

此外，就各個層面而言，它都是關於「中陰」的禪修，而中陰即處於一種過渡狀態的經驗。中陰可以被理解為死亡和投生之間的空隙，也可以是任何時刻之死和下一時刻之生的中間過渡期。由於當下這一刻始終是過去和未來之間的過渡，我們便能運用它來學習放下內心習氣的技巧，讓它們不再阻撓我們順應任何變化。這便是禪修能讓我們做到的。

「無論我們是用呼吸、疼痛或是悲心的修持來訓練心，所有的練習都是為了覺醒，以及認識超越自心範疇的普世真理。」

請注意這段話所給予的暗示：禪修遠甚於學習專注——儘管這很重要。當然，專注——尤其是在身體上——是這條道路的基礎。它能逐步幫助我們建立起一個基礎，也就是去發現一種開放心的覺知；它能給予我們勇氣，超越那些毫不費力就操控我們人生的慣性狹隘評判。當我們漸漸讓概念心的成見消融，而能看到一些瞬間——只要活在那一刻便可觸及的瞬間，我們便有機會瞥見另一種存在的模式。明就仁波切示現了如何由聚焦在呼吸或念頭之間的短暫間隙作為開始，而從中顯露一道「讓我們震驚而覺醒的清新微光」。它可能只會持續片刻，但那就是我們現在所需的全部。「留意到這個間隙，這讓我們了解到自己有著一顆不向外攀緣的心，不去執取愛恨得失的故事、榮辱的標籤、房子、某人或是寵物……」正是如此的顯露時刻，能讓人深深確認：放下自我，其實是可以的；反而可從中見到「動盪之中的不變覺知」。

本書內容極其豐富，但特別突出的有三點。第一點，是明就仁波切如何翻新了我們對嚮往、甚至是渴求的看法。這點極其重要。因為沒有誰需要在學過很多佛法經教，或長時練習禪修之後才會曉得自己的敵人是誰——不就是「渴求」（craving）之心讓我們陷入麻煩的嗎？難道我們不該逮住並消除它嗎？然而，「渴求」只是一個大家族的成員之一。沒有錯，我們一般對這個家族的某些成員都會感到不悅；我們可能把它們當作「飢渴」、「渴求」和「執著」。同時，這個家族還有其他更「顯赫」的表親，它們很常是被用來讚許的，比如「動機」、「價值」

和「意願」。介於這兩類之間的，則是像「渴望」和「欲求」這些具兩面性的狀態。當我們看到自己渴望的是物質事物或甜食，或者是細軟舒適，就會很容易被認為這是錯誤的，是應該要拒絕的；於是要透過正念或其他形式的禪修將其消除。「提起正念，你便不會有貪欲！」但在禪修了數月或多年之後，我們發現自己還是有貪欲，因而深深嘆息：「我什麼時候才能找到方法消除它？」

明就仁波切對此則友善多了，他說：不要試圖消除任何事物，包括貪欲。學習去看。看看在發生什麼。飢渴、貪欲、欲望、渴求，這些通通都是深切渴望快樂的不同面向。現在繼續去觀察，帶著開放心的覺知，連結到你的渴望，你自己會逐漸看到「哪些」事物實際上是在培養你所追尋的快樂；「哪些」事物會讓你從深刻欲望的痛苦中解脫。此處，他再次表達了密乘最甚深的智慧，那就是：把你的飢渴放到自己面前，這可以給你一個光亮的來源，指引你找到人生最富足之處。

第二點，他為我們說明了困惑的本質，「我們的錯誤感知把自己變成了箭靶」。當我們試圖解決自己的問題時，卻往往把事情弄得更糟。「自我的感受越堅實，就會暴露出更多可能中箭的部位。」這對所有練習禪修的人來說都很熟悉。就本質而言，思考心並沒有錯；在很多狀況下，我們都需要以理智思考來解決問題。但是當我們難過或不安時，就會開始分析和評判自己，妄念就很容易變成自責和絕望的一場雪崩。而心就在這之中打轉，變得越來越不安。

我們為何變得如此困惑？明就仁波切的答案如此優美地表達出來：

「佛陀所發現的洞見是那麼簡單，然而要人接受卻那麼困難。他的教法為我們引介的，是自己蟄伏、潛藏、未被認識的那部分。這正是佛法修道的偉大悖論（the great paradox）：我們修持，是為了了解我們本來是誰，因此，無物可「獲得」、無事可「達到」、無處可「前往」。我們所探尋的，是去開顯一直以來都在那裡的東西。」

第三點，書中以開腸剖腹式的坦率，描述筆者如何進入世界和自己的未知面向之旅，這其實是一個從「放下」到「奉獻」的漸次變化。儘管這個深刻的轉變是建立在長期跟隨偉大上師們學習禪修的基礎之上，但也必須在他抽離所有熟悉事物而置身混亂和不確定之後，才能夠發現。而且不熟悉的部分還包括不知道自己的下一餐在哪裡，食物是否會對身體帶來毒害，以及死亡是否會在未充分準備好的情況下到來。

將自己最珍貴的東西供養出去，此舉需要付出一切。它是讓那一切的生起處——空性——回到空性。它是一個獻身的行為，也就是在「令人得以神聖」的那一刻不把空缺填滿，而是發現一直都在的那些事物。

本書所展現的生活方式有著一種恩澤，能為它所觸動的所有人帶來加持。誰都無法在閱讀中，於任何一頁無所收穫。

馬克．威廉姆斯
牛津大學臨床心理學特聘教授

序曲

歸零之前

我拿起背包走出房間，轉身鎖上門，
設法避開守衛的下一輪巡視，然後打開掛鎖，推開大門溜了出去。
當你們讀到這封信時，我已經展開去年所宣布的長期閉關……

神不知鬼不覺地離開

2011年6月11日

寫完了信。時間是北印度中部菩提迦耶一個炎熱夜晚的十點過後，而目前其他人一無所知。我將信放在平日座椅前的矮木桌上，明天下午某個時候就會有人發現。再來就沒什麼要做的了。我關了燈，拉上窗簾。屋外一片漆黑，沒有一絲動靜——正如我設想的那樣。十點半，我開始在黑暗中踱步，不時看看手錶。

過了二十分鐘，我拿起背包走出房間，轉身鎖上門，踮著腳尖摸黑下樓，來到了門廳。厚重的金屬門從裡面扣住了入口兩扇厚實的木門。幾片與木門平行的狹長四方形外推窗戶，長度與木門差不多。我等著巡夜的守衛走過。估計他應該已經走到離前門最遠的地方時，我立刻打開窗戶，跨到前面的大理石走廊。我關上窗戶，往下飛奔了六級台階，來到步行磚道，迅速移動到左邊的樹叢後。

寺院建築群由一圈高聳的金屬柵欄圍起來。步道的側門在白天都開著，晚上則會上鎖，守衛就坐在附近。我們很少使用那道又高又寬的正門，它可通往一條連接幾個平行幹道的外環道路。正門的兩扇金屬門板有一條沉重的鐵鍊和一只大掛鎖扣住。若要神不知鬼不覺地離開，就得設法避開守衛的下一輪巡視。我在樹叢裡等著他走過，再次估算好我們之間的距離，跑向大約三十公尺外的大門。

對準柏油路旁的草地，我將背包拋到大門外，以便它落地時不會發出聲音。家父以前總是告訴我：「旅途中如果遇到一堵牆，永遠要先把你的背包丟到牆後，因為這樣你一定會跟著翻越那堵牆。」我打開掛鎖，推開大門溜了出去。

我的心中充滿了害怕和興奮。漆黑的夜色似乎照亮也收攝了所有的念頭，只留下成年後第一次在死寂夜晚獨自來到圍欄外世界的震撼感。我必須逼自己前進。繞過柵欄，把掛鎖扣上，撿起背包躲到路邊。再兩分鐘就要十一點了，而我來到兩段不同人生的間隔處。耳中的呼吸聲有如雷鳴，胃部開始緊繃。我幾乎不敢相信自己的計畫能進展得如此完美。全身的感覺加劇，且看來會擴展到遠遠超越概念心（conceptual mind）之外的程度。世界頓時變得明亮，覺得自己彷彿能看到幾公里外……但就是看不到那台計程車。

「那台計程車在哪兒?」

約好晚上十一點要到的。我走到外環道路,看看有沒有汽車大燈的亮光。儘管我像個囚犯那樣進行謀略,卻沒有把計畫告訴任何人,而現在也沒有車子等著要載我離開。我身後的圍欄裡,座落著一間名為德噶(Tergar)的藏傳佛教寺院。而我,就是它聲望頗高的三十六歲住持。

一年前,我宣布自己要進行一次長期閉關的想法。這聽來並不帶有任何警示作用。三年閉關在我所屬的傳承是很普遍的。然而,外界以為我會獨自在寺院或山林隱居處進行閉關。除了菩提迦耶的德噶寺,我在西藏和尼泊爾也有自己的寺院,以及世界各地眾多的禪修中心。但無論哪裡,任誰都未曾想像過我的真正打算。儘管有著備受尊崇的地位——更準確地說,正因如此的地位,我理當不會從某個機構單位或獨居住所就此消失。

計程車終於出現了

我早已立志要遵循古老的苦行僧(sadhus)傳統——那些印度的遊方苦行者,捨下其所擁有的一切,生活中沒有任何的世俗牽掛。我所屬藏傳佛教噶舉派最早出現的英勇人物,就是追隨那些印度前輩的步伐,以山洞和叢林為居所。我不想一輩子都當個備受禮遇的祖古(tulku),也就是經由認證的上師轉世。我要拋棄作為眾人景仰之禪修大師祖古烏金仁波切(Tulku Urgyen Rinpoche)小兒子所繼承的責任。我的生活中不會有侍者和行政人員，且要以自己身為寺院住持和傳承持有者所被賦予的種種保護，來換取一向未知但嚮往已久的匿名生活。

腕上的手錶時間來到十一點十分。我的計畫是要到大約十三公里外的伽耶（Gaya）車站，搭乘夜車前往瓦拉納西（Varanasi）。當天黃昏，我參訪了紀念佛陀在菩提樹下大覺大悟的歷史聖地正覺塔（Mahabodhi Temple），並在回程時預約了一輛計程車。兩千五百多年前，佛陀在菩提樹下證悟，原本那棵菩提樹的分枝，在分到斯里蘭卡之後，又重新再分枝移植回印度，如今已成為這座大型寺廟建築群的核心，來自全球的朝聖者都會來到樹下靜坐。那是我常去的地方，但這天傍晚我在長期侍者索托喇嘛（Lama Soto）的陪同下，特別前去繞塔，並供上酥油燈，祈願我的閉關能一切順利。

車頭大燈出現了，我走到路上。一輛吉普車開了過去。又過了十分鐘，我再次看到車頭大燈。一輛大型貨車朝我疾駛而來，我往後一跳，滑進了一池泥坑。當我把一隻腳從爛泥裡拔出來時，橡膠製的夾腳拖鞋卻陷在泥中。我把它挖了出來，雙手沾滿污泥，繼續躲在那裡。心中的狂喜不復存在，煩亂不安的感覺像濃霧般翻湧而來。經常走這條路的人可能會認出我。從來都沒有人在這種時間，或其他任何時間，見過我身旁無人陪同。我太輕信計程車了。雖然我不知道自己到了瓦拉納西之後要做什麼，但此刻看來最要緊的就是不能錯過那班火車。我並沒有備案。高溫和激動使得我汗流浹背，我開始快步走向幹道。

這天傍晚前不久，索托喇嘛和我坐著德噶寺的吉普車來到大約三公里外的正覺大塔。我們沿著幹道經過各個小舖，其中有賣乾貨的便利商店、餐廳、網咖、紀念品和飾品店，以及旅行社等等。路上擠滿了汽車、計程車、腳踏車、人力車，以及經由奇特組裝而會製造聲響的三輪機動車。靠近大塔的入口處，沿路坐著乞丐，捧著缽碗行乞。在回德噶寺的路上，我們停在一間旅行社的辦公室門口——我就是在那裡預約了晚上十一點到寺院大門的計程車。我用英文和旅行社辦事員交談，因此只會講藏文的索托喇嘛對於我的安排毫不知情。

正當我走在外環道路、快要抵達幹道的半路上，計程車終於出現了。我一人在這外面的世界待了三十分鐘後，一輛車子的有限空間給了我意想不到的慰籍。從年幼開始，我每天唸誦數次「皈依佛、皈依法——佛的教導、皈依僧——眾覺悟者」。現在卻發現自己皈依了這輛計程車，並且感恩它的庇護。

我想起了那洛巴尊者（Naropa，西元 1016—1100 年），這位博學的那爛陀佛教大學住持。我知道他當年捨棄了顯赫的地位，尋求自己尚未成就的更高深智慧。但我從沒想過他是在什麼情境下離開的。我納悶他是否也是孑然一身地出發。可能有侍者牽著馬在大門外等著他——也就是悉達多太子逃出父王皇宮的方式，他是與自己推心置腹的馬伕私下預謀而秘密出走的。

默默地道別

當計程車急速駛向伽耶的時候，我的身體隨之前移，我的心卻逆向反思。這場精心籌劃的離行，忽然之間令人感到不快。在過去幾週，我設想著今晚的計畫將會如何展開。如今，我以倒帶似的方式看著同一部電影，從現在回溯過去，接受了形式各異的道別方式。

晚上七點鐘，索托喇嘛和我從正覺大塔回到德噶寺的時候，我便徑直回到住處二樓的私人房間。我的寓所有一間大會客室，可以通往我修持和就寢的另一個房間。住處前方是規模有如村落街區的寺院主殿。傳統的建築裝飾佈滿每一面牆、每一根柱子，以及整個寺院的天花板。大殿供奉一尊巨大的金色佛像聳立在正中央，面對大門，與正覺大塔遙遙相望。那天稍早時，我繞行在大殿外牆的大理石走道，並且走上可俯視正廳的露台，一路默默地道別。住處的一旁便是客房和辦公室。這一排建築後面，則是大約一百五十位年齡在九到二十歲之間的年輕僧人所使用的宿舍和教室。我走過每個房間、每條走廊，不太相信自己接下來可能會有很長一段時間見不到這一切。我計畫要離開至少三年。為了確保僧人能持續學習且生活安康，我已經盡己所能地做了準備。希望我沒有漏掉任何重要的細節。

索托喇嘛大約九點來到我的房間，在他就寢前看看我是否還需要什麼。索托喇嘛從我二十六歲起便開始擔任我的侍者。他來自以彪悍壯漢聞名的東藏康區，過去十年如同保鏢似地在人群中護衛著我。他的房間在我住處的一樓。通往我私人房間的那扇門曾經發出過很大的吱嘎聲，為了能夠順利偷溜，我已幫它的鉸鏈上了潤滑劑。兩週前，我通知索托喇嘛和寺院執事們，每天中午前都不要打擾我。

這個不尋常的要求，意謂我將進行不中斷的禪修。但實際上，在人們發現我消失以前，這個要求讓我有足夠的時間可以走遠。

這當中最具有惡作劇意味的事情，就是如何把開啟寺院正門的鑰匙拿到手。我經常往返於自己在印度和加德滿都的寺院之間。上次來菩提迦耶時，我就告訴負責修繕的總管：正門需要一把更結實的掛鎖，而我下次到德里時會買好帶回。為此，我和索托喇嘛特意在某日下午去了舊德里市場的鎖匠舖漫步尋訪。當我回到菩提迦耶時，便陪同修繕總管到正門換鎖。新鎖配有三把鑰匙，我給了他兩把，一把留給自己。我也趁此機會拉開大門來回擺動，以測試它的重量和發出的響聲。

此刻，我幾乎看不到正覺大塔，卻發現自己有必要滋養佛心（buddha-mind）的穩定覺知。當我坐進計程車時，話語中的急迫，導致司機加速到一個危險的時速。寺廟和佛塔是供奉神聖舍利之處，它們象徵佛陀的心與意。對外在的佛像表示恭敬，可以滋養我們內在的智慧。然而，真正的佛陀——心的覺醒本質，就存在我們每一個人的內在。

我的心臟跳得很快。黑夜和計程車的疾速讓我看不到窗外的任何事物。在我心中浮現的景象，卻移動得比計程車還快。根據科學家的說法，每個人心中一天大約會有五萬到八萬個念頭出現，而現在僅僅是一分鐘，我覺得自己就有如此多的念頭。親人的臉孔出現在我眼前：母親索南確準（Sonam Chödrön）、外祖父札西多傑（Tashi Dorje），出現在我位在加德滿都的寺院偉色林（Osel Ling）

裡頭的住處；我想像寺院的執事、僧尼們坐在布置井然的殿堂裡禪修；我看到坐在歐洲咖啡店或香港麵館大圓桌邊飲食的朋友們。我想像他們得知我失蹤後的錯愕：驚訝得下巴脫臼、瞠目結舌，對這個消息感到難以置信。這麼想著，我就把自己給逗樂了。然而，一想到母親，我便怎麼也愉悅不起來。看著她的臉，我知道她會有多麼擔心，而我必須相信父親的忠告。

不要告訴任何人你要去哪裡

1996年，我曾到納吉寺（Nagi Gompa）拜望家父，他的閉關房就在加德滿都城外的偏僻山腰上。當時他患有糖尿病，但沒有任何生理徵兆顯示他將不久於人世。不過，兩個月後他便圓寂了。當時，我們在父親住處頂層不到十平方米、屬於他個人的小房間裡（他的隨從則住在下方的樓層）。房裡有一扇可以眺望整個河谷景觀的大窗戶。父親是這座小尼院的住持，尼師們為了聽父親講法，都會擠在這個狹小的空間裡。

父親坐在一個墊高的長方形箱子上。這既是他就寢的地方，也是他講法的地方。他下身蓋著毛毯，我則坐在他前面的地板上。一如往常地，父親總是用提問來開啟我們的對話：

「有什麼要和我討論的嗎？」

我告訴父親：「我想要進行居無定所的遊方閉關。」

他垂眼看著我，用西藏的親暱稱呼對我說：「阿米（Ami），聽我說，阿米，你確定嗎？真的確定嗎？」

我告訴他：「是的，我確定。我從小就有這種想法。」

接著父親說道：「太好了。但如果你真的想這麼做，我的建議是：就去做吧。不要告訴任何人你要去哪裡，包括我們這些家人。就去吧，這對你會很好。」

儘管事隔十五年才有機會這麼做，我仍然沒有忘記父親的忠告。幾十年來，我把「諸行無常、死期不定、身轉屍骨」當作每日課誦反覆念著。當我的見地越來越成熟，就越覺察到自己並未完全吸收這段話的甚深意義；但即使如此，這副無常身軀在我未能發現、非屬所願時就成為屍骨的可能性，一直都在我的擔憂範圍之內。我為這次閉關等待已久，已經到了「要不就做，要不就死」（do-or-die）的地步，說得更準確一點，則是「做了就能死了」（do and die）的地步。我將把所知道的一切都拋在身後——對於接下來會發生什麼，並不比有朝一日自己將躺在臨終的病榻上更有把握。

令我傷感的不僅是離開我的母親，還有離開索托喇嘛，因為他已經疾病纏身，我知道我們可能再也見不到對方了。他將是第一個發現我不見的人，想像他讀到我留下的信箋，並明瞭信中意涵時的難過，便讓我一點都高興不起來。

> 當你們讀到這封信時，我已經展開去年所宣布的長期閉關。你們可能知道，打從自己還是一個在喜馬拉雅山長大的小男孩，我就感覺到和閉關傳

統有著深刻的連結。儘管那時的我並不知道如何禪修，我仍然經常從家裡跑出來，到附近的洞穴裡靜靜坐著，反覆在心中念誦「嗡嘛尼唄美吽」的咒語。我對山林和遊方行者簡樸生活的熱愛，從那時起便呼喚著我。

第一部
火上添薪

1 你是誰？

我獨自出發，透過「自我自殺任務」來找尋自我的瓦解。
我想要隱姓埋名，在外面的世界中，
極盡深度地探索自己究竟是誰……

什麼才是真實的我？

「你是明就仁波切嗎？」

我開始向父親學習佛法之後不久，他問了我這個問題。那時候我大概九歲。我驕傲地說：「是的，我是明就仁波切」，並且對於自己知道如何正確回答而感到心滿意足。

接著父親問道：「你可以指給我看，是哪個特定的事物讓你成為明就仁波切呢？」

我低著頭，從上身看到雙腳，再看看雙手，想到我的名字，再想到我與父母和兄弟關係中的自己。我沒辦法回答這個問題。接著，父親把找到「真我」這件事講得讓人感覺像是一場尋寶之旅，我便熱切地在岩石下、樹林裡尋尋覓覓。我十一歲開始在北印度智慧林（Sherab Ling）寺院學習，也透過禪修的方式由內在找尋真我。

兩年後，我進入密集修心訓練的傳統三年閉關。在這段時期，我們這些初學的僧人透過許多不同的練習，逐一加深我們對實相（reality）細微層面的理解。「禪修」的藏文發音是「拱」（gom），意思是「熟悉」——熟悉心如何運作，熟悉心是如何創造並形塑我們對自己和世界的感知，以及熟悉心的諸多外層，也就是那些建構而來的標籤，如何像衣著那樣地成為我們社會身分的識別，並遮蔽我們本然心（natural mind）赤裸和無造作的狀態，不論那外在的衣著是西裝、牛仔褲、制服或僧袍。

在開始這次閉關之前，我明白標籤的價值會根據不同的情況和社會共識而改變。我已經確信我的名字、頭銜或身分都不是我；而真實的我，也無法用地位或角色來定義。儘管如此，這些空無實質意義的名稱，卻還是界定著我的生活：我是僧人，我是兒子、是兄弟、是叔叔，我是佛教徒、是禪修導師、是祖古、是住持、是作家，我是藏裔尼泊爾人，我是一個人類。這些名稱之中，哪一個所描述的才是真實的我呢？列出這樣的清單，是一項簡單的練習。唯一的問題是：這個必然的結論，和我們珍視的一切假設都是相互矛盾的，而這就是我即將要再次學習的事。

我希望能超越「相對的自我」，也就是超越這些標籤所定義的自我。這些社會性的分類在我們個人歷程中扮演著主導的角色，但它們和超越標籤的更廣大實相是並存的。一般來說，我們並未認知到是社會脈絡塑造且限制了自己的各種社會認同，也並未認知到這些外在層次的我們乃存在於無邊的實相之中。各種習性模式覆蓋了這個無邊的實相。儘管受到障蔽，但它始終都在，隨時可以被揭示。當我們不再受限於那些應該如何看待自己、舉止應該如何表現的習慣模式時，就能與以下廣大的、不受環境和概念左右的、總是安住當下的心靈品質創造連結。

基於上述的原因，我們稱這樣的心為究竟的心、絕對的心，或是究竟實相的心（absolute reality），也就是表露我們真實自性本質的清淨覺知之心。這個實相本質不同於智識和概念的頭腦，也不同於開放心胸的無邊慈愛，它不關乎任何地點或物質。它無處不在，也無處可尋。它有點像天空——完全融入於我們的存在之中，以致我們從未停下來去懷疑其真相，或去認出其特質。由於覺性就如同我們所呼吸的空氣一般，存在於我們的生命中，因此我們隨時隨地都能與它相連。

我已開展出同時掌握相對和究竟觀點的一些能力。然而，每一天的生活，無不是反映著：我和人們所熟知的那位「明就仁波切」是透過他人和物件，進而縫合而成的拼湊物——始終有禮、笑容可掬、舉止略帶矜持、衣著整潔，鬚髮剃得乾乾淨淨，還戴著金邊的無框眼鏡。現在，我納悶這些身分特徵將會如何在伽耶車站發揮作用。我曾經多次來到這裡，但身邊總是會有至少一名隨從陪同。這表示我身旁從不乏能顯示地位的參照點，也表示我從來沒有嘗試完全地依賴自己內在的資源。

火上添薪

對於刻意增加「讓心保持穩定不動」的挑戰，西藏人有種表達方式，就是火上添薪。一般來說，人們在生活中會注意到那些不時點燃我們憤怒、不安或恐懼的經驗，接著我們會試圖逃避，告訴自己：「我不能看恐怖片」、「我不能待在人群中」、「我有嚴重的懼高症」，或是「我怕坐飛機」、「我怕狗」、「我怕黑」等等。然而，引發這些反應的原因並沒有就此消失。發現自己身處這些狀況時，我們的反應可能會令自己招架不住。運用自己內在的資源來解決這些問題，是唯一真正能保護我們的方法，因為外在的情境一直在變動，所以逃避是靠不住的。

「火上添薪」的用意是故意讓困難的狀況出現在眼前，好讓我們可以直接與之互動。我們就以自己認為是問題的那些行為或情況做修持，將它們轉化成盟友。舉例來說，當我大概三四歲的時候，曾跟隨母親和祖父母坐巴士去印度主要的佛教聖地朝聖。那是我第一次坐巴士，而我嚴重暈車。在那之後，每當我們接近巴士，我就會感覺害怕、噁心，接著必定再次暈車。約莫十二歲時，我在北印度智慧林學習了一年之後，準備返家看望家人。隨行侍者安排的行程是先坐一整晚的巴士到德里，再從德里坐飛機回加德滿都。我雖然滿心盼望著回家，卻在行前幾個星期為著坐巴士這件事而擔心。當時我覺得躺下來可以讓肚子舒服一點，所以堅持要侍者為我買兩張車票。然而當汽車發動時，我伸直身子躺下，卻發現躺著會讓自己更難受。侍者懇求我吃點東西或喝點果汁，但我的胃脹得一口都吞不下。當巴士在中途停下來休息時，我拒絕下車走動。就這樣好幾個小時，我動都不想動。最後，我不得不下車用廁所，並且喝了一點果汁。

當我回到自己的雙人座時，感覺好多了，於是決定試著禪修一下。我開始掃描身體的禪修，把覺知帶到胃部周圍腹脹和噁心的身體感覺。這樣很難受，有點令人作嘔，而且一開始感覺更糟。但隨著我慢慢開始接受這些身體的感覺時，我感覺整個身體就像一間旅社。我的角色就是噁心、抗拒、過敏反應這些感覺的主人。我越能允許這些客人住在我的身體裡面，心情就越平靜。我很快地進入沉睡，醒來時已到了德里。

這次經驗並沒有完全消除我對於搭乘巴士的不安。之後的幾次旅程還是有恐懼出現，只不過影響沒那麼大。主要的差異在於這次經驗之後，我不再抗拒搭乘巴士。儘管我沒像規劃這次雲遊閉關那樣刻意去找機會搭巴士，但有機會為了克服逆境而修心，我對這個挑戰心懷感激。

當我們在火堆裡添加木柴，與其試圖熄滅恐懼的火焰，我們反而應該加更多的燃料，在那個過程中，我們對於自己能夠對應所處的任何環境具有信心。我們不再逃避過去讓我們困擾、或是引發破壞性模式或是情緒爆發的情境。我們開始依賴另一種心的面向，那個面向存在於自己反應之下——我們稱之為「無我」（no-self）。這是一種無緣覺知（unconditioned awareness），隨著成天自言自語且喋喋不休的心消融而顯現出來；另一種說法則是：把心從一般覺知模式切換到禪修覺知模式。

啟動自我自殺任務

引領我們日常活動的一般覺知其實相當雜亂。我們過日子的方式通常是心中充滿各種自己「想要什麼」、「事情應該如何」的想法，以及我們「喜歡什麼」或「不喜歡什麼」的種種反應。這就像是我們不知不覺戴著不同的眼鏡，也不了解這些濾鏡會蒙蔽和扭曲我們的感知。舉例來說，對暈車的人而言，這副額外的鏡片就是氣味所帶來的噁心感，以及我們認為暈車反應會惹來旁人厭惡的尷尬感；而「可能有人會注意到我們」的情況，將會讓身體更加不舒服。

帶著一般的覺知看山的時候，我們的心是向外的，心也隨著眼睛看向山脈，或許會想著：上次看到這座山，或是上次看到其他山的時候，我們是跟誰在一起？之前觀賞山的天氣和時機比較好，還是現在比較好？也可能會想著：肚子是不是餓了？是不是感覺到快樂？另外，也可以想想出門的時候，我們用一般的覺知在找鑰匙或手機的情形。我們或許會注意到，這個過程中，往往是帶著對可能會遲到或開車該選哪一條路的焦慮，甚至可能會在出門前就已經幻想著回家時的種種情境。

帶著禪修的覺知時，我們試著拿掉這些濾鏡，並減少投射。我們向內，且認識到覺知為心本身的一種特質。如此看山時，在自己和山之間的心理互動會減少，概念和想法會減少。我們會看到自己未曾注意過的事物：由樹林所勾勒出來的山形、植被的變化，或是襯托山脈的天空。無論我們是否認出，清晰的覺知之心始終與我們同在。它與迷惑、破壞性情緒，以及形塑我們看待事物方式的文化背景等等共存。當我們的感知轉換為禪修的覺知或穩定的覺知時，它便不再因記憶或期待而變得狹隘；無論我們看到、摸到、嚐到、嗅到或是聽到什麼，都將更加清晰、更加敏銳，並讓我們的互動更有生氣。

在我開始跟隨父親學習後不久，便從他那裡接受禪修的覺知的教導。有一天，我在自家屋頂閒晃，心思散漫地隨意環顧四周，我注意到納吉寺後面的席瓦布里（Shivapuri）山上，有道路施工隊在維修一條橫切山面的小路。當時大概有六個人使用鏟子、鐵鎬和單輪手推車將道路鋪平，以及清理從山上落下的塵土和石塊。我在屋頂坐下來，看著他們工作。然後心想：「我現在應該要禪修。」藉由父親的指導，我雙眼不動，把心轉向它自己。我繼續看著他們工作，聽著鐵鎬敲碎石頭的聲音，看著手推車把砂石推到旁邊倒掉。突然間，我也看到美麗的藍天和飄過頭頂的白雲，還看到風中飄動的樹葉，感受吹過皮膚表面的微風，並聽到鳥兒的歌唱。在這之前，我帶著一般的覺知，注意力的焦點狹隘，除了道路工程隊，我感受不到、也觀看不到任何其他的事物。禪修的覺知——又稱穩定的覺知——讓我們能夠認識覺知本身的自性。

一旦熟悉穩定的覺知，我們還是會經常在這種狀態與一般的覺知之間來回移動。儘管兩者有所不同，但它們都存在於二元的架構當中，也就是說：有觀看的人，也有被觀看的事物，這即是「覺知認出它自己」的體驗。當二元消除，我們便進入所謂清淨的，或是無二的（non-dual）覺知。無二元性（non-duality，不二）是覺知的精要特質，然而當我們談到一般的、禪修的和清淨的三種類型的覺知時，指的就是一個逐步體驗的過程——從二元到無二、從極散亂到日益脫離事物「應當如何」的習性反應和成見。這些覺知的類型並沒有明確的界定，而我們對清淨覺知的認識也有很多個階段。我們對它會有不同深度和清晰度的瞥見或閃現。我對清淨覺知已經有著一些了解，而安排這次閉關，有一部分就是為了要強化我和實相之間的連結，因而希望透過踏出日常生活的方法來實現。

即將在午夜踏進伽耶火車站的是誰？我這一身褐紅僧袍、黃色上衣和剃得光光的頭，標示了我是藏傳僧人、專職喇嘛的身分，好奇心、焦慮和信心的混亂失序，伴隨著我每一次心跳，在這個完美偽裝裡的我，仍然在想盡辦法找到父親那個問題的答案：「誰是明就仁波切？」

我已經獲得認出覺知的技巧——而那是在寺院殿堂內、在禪修墊上，總之都是在自己的舒適區中，而且也總是有弟子和侍者在我的附近。儘管我有生以來都在禪修，也在佛教寺院待了很多年，現在我即將開始的卻是一種另類的閉關。我把頭銜和身分都丟棄到柴堆裡。我將燒毀那些外在、粗重的社會保護和謀略，為的不是「從生活中解脫」，而是「在生活中自由」，也就是無論發生什麼，我都能以嶄新的方式度過每一天。我將不再重回那條令人滿意且熟知的道路。有一些跡象顯示，身分角色已經變得根深蒂固，若沒有一定程度的裂縫讓它們顯露出來，我就沒有機會面對它們。

我獨自出發，透過自己一直認為的「自我自殺任務」（ego-suicide mission）

來刻意找尋這種瓦解。我想要隱姓埋名、獨自一人，在外面的世界中，極盡深度地探索自己究竟是誰。我想要在具有挑戰性的新環境中，測試看看自己有什麼能耐。如果我能夠真正打破自己建立的常規模式，找到自己的臨界點，並持續走下去，就可以看看我對覺性的認識會怎樣；看看在沒人注視我、甚至沒人知道我是誰，或甚至連我都不知道自己是誰的時候，那些安忍、持戒的德行會如何？

計程車「嘎吱」尖聲地停了下來。該是尋找答案的時候了。我付了車費下車，然後站在車站門口，就像要確定一切世俗庇護都如煙霧散去那般，轉頭看著計程車離去直至消失。

2 雖知有浪，卻仍置身海中

我必須張開嘴巴，盡力吸進微薄的空氣。
接下來的幾分鐘，我的心幾近崩潰。
浪就在眼前。但試圖逃跑是沒有意義的……

變化和無常

伽耶車站日日夜夜都擠滿遊客、乞丐、朝聖者和哭鬧的孩童。一家人要不是坐在他們的身家財物上，要不就是整個人躺在月台上，可能是候車，也可能是因為無處可去。搬運工纏著布的頭上頂著沉重的箱子。閒晃的母牛、鴿子和狗兒穿梭在席地而坐的人群、裝在籠裡的鳥兒和被繩子拴著的羊群之中。廣播系統發出刺耳的聲音，播報著列車的動態和車班時刻。賣茶和零食的小販一邊吆喝，一邊推推嚷嚷地擠過人群。嚼檳榔的男男女女像吐血一樣地吐出紅色的汁液，噴得一地血紅的斑點。嘈雜、混亂、骯髒，這一切對我來說有一種遙遠的熟悉感。以往我會待在貴賓室，等著侍者喇嘛買來車票、安排搬運工。而現在，我正隨著人群，在昏暗燈光下排隊買票。

我從來沒有自己買過一次票，背包裡也從未有過比一瓶水，或者一副太陽眼鏡和一頂帽子更重的行囊。而現在，我背包裡還加了兩本我挑好要帶上路的法本。身上的一萬元印度盧比（約台幣四千五百元，一百五十美元）則是來自我房間桌上擺放的許多小信封——那是訪客留給我的供養金。索托喇嘛固定每天傍晚會把這些供養收好，但過去幾週，我每天都會留下一些錢，然後藏起來。我從車站裡的看板，找到了去瓦拉納西的車次該在哪裡排隊。這將是我第一次坐上最低等級的列車。售票員並沒有讓我劃位。拿到車票之後，我站在擁擠的月台牆邊，不指望列車會準時到達。一旁小爐火生起的縷縷炊煙瀰漫在空氣中，讓這個地下世界更具有戲劇效果。周圍的氛圍越加幽閉恐怖，有如實質的重量那般帶著壓迫感，在火焰上添加燃料的計畫一步一步地成真——而這只是個開始。對於我真實自性的這場探索，火焰燃燒速度比我所預期的快了一點。

我們習慣性地將自己和世界感知為堅固的、真實的、長久的。然而，不需要太費力，我們便能輕易地確定在這整個世界體系之中，沒有哪個面向可以不受制於改變而存在。我剛剛才身處某地，現在卻身處他方；並經驗到幾種不同的心理狀態。我們都是從嬰孩長大成人，失去過所愛的人，看著孩子們成長，知道天氣、政局、音樂風格和流行時尚以及一切的變化。不要說表象，人生的各個層面，也沒有哪個是保持一成不變的。任何一個物體的崩解——無論它看起來多麼堅實，像是遠洋郵輪、我們的身體、摩天大樓，或是一棵橡樹，都展露出堅實表象的恆常幻相。一切看似實質的事物都可分解成分子，再到原子，再到電子、質子、中子。每個現象都與無數其他形式相互依存，而任何一種形式的識別，都只有在與他者發生關聯時，才具有意義。「大」只有在涉及「小」的時候才會是大的。錯把習慣性的錯誤感知當成是實相的全部，即是我們所說的「無明」（ignorance），而這種迷惑，就界定出錯亂的世界，或者是所謂的輪迴。

人生是變化和無常——在我所受的訓練之中，是一個核心要點。「變化和無常」、「無常和死亡」。我曾歡喜地期盼著自己的所有角色滅亡，轉而成為一名獨自在這個紛擾世間裡的遊方瑜伽士；然而，從總是有侍者陪伴，到完全獨自一人，這個變化有如雷電般擊中了我。此時，我已經開始想念索托喇嘛的寬闊肩膀和堅實挺拔。獨自一人佇立在這裡，感覺並不安全。雖知有浪，卻仍然置身在海中。這些都會過去的——如果我讓它過去的話。

想要躲起來，但無處可去

我站得十分直挺，稍帶拘謹，一如我過去的習慣；我往下看著那些夜間進入車站歇息的街友們，他們有的人像醉漢一樣癱在地上。我其實也可以坐頭等座位，在頭頂有吊扇的休息室裡候車。而這才是我想要的……如此陌生的境況，讓我對自己也感到陌生。我離開自己的寺院已經一小時了。這已經到達我的極限了嗎？當然沒有。羞怯和脆弱對我來說並不是新鮮事，但它們在過去幾十年都未曾帶著如此出乎意料的衝擊洶湧而來。我想要躲起來，但我無處可去。我能夠感覺到自己身體的緊張和抗拒，也發現內心的表層是如何因為不適和批判而翻騰攪動。與此同時，一股來自這輩子都在修持的穩定感也出現了——只是它帶著一種我還不太適應的易碎感。

我從不認為行乞或露宿街頭會有多容易。我之所以選擇這種閉關方式，為的就是它的難度。我曾經研究過正覺大塔前沿街而行的乞丐，並設想自己就身處其中。我還曾預想陌生人閃避我的乞食缽，我會有什麼反應。在我的想像中，遇到這種漠不關心的人，我有時會對他們的冷淡無情投以真誠的關懷，有時則是憤怒以對。我想知道自己可以為乞食做到什麼程度，我設想過自己像野豬一樣在垃圾堆裡翻找食物的畫面。我曾經是素食者，偶爾吃點甜食，但過去幾週，我也曾想像自己大肆咀嚼肉食，品嚐掉落的餅乾屑；甚至在想，飢餓是否會誘使我像印度大成就者帝洛巴（Tilopa，988—1069）那樣生吃魚腸。

帝洛巴曾經在遠離寺院的一些偏僻之處，隱姓埋名地生活。然而，偶爾遇到他的尋訪者所流傳出來的奇異故事，反而使他聲名大噪。當帝洛巴的卓越智慧傳到那洛巴的耳裡，這位那爛陀大學的優秀學者立即認識到自己的局限。於是，為了追尋這位比自己更有修為的大師，那洛巴放棄了自己的高位。終於，他在孟加拉的一個河岸邊找到了這位古怪的瑜伽士。當時帝洛巴全身赤裸，吃著漁夫們當天漁獲後掏出來並扔給他的生魚內臟。面對此景，是那洛巴將要接受諸多測試的第一關，但他對這位啟迪人心的神秘行者卻有一股信心，並且依著這份信心持續通過試煉，最終達到證悟。

我曾想過自己生吃魚腸的可能性，也透過想像，讓自己逐漸熟悉極度的飢餓、寒冷和孤獨……但不知道是什麼緣故，我疏忽了對火車站的預想，也忘了要體驗獨自站在這陰暗且令人發顫的髒亂之中，感覺這些與我的僧袍擦撞而過的旅人和我自己如此疏離，彷彿自己置身於月球之上。不需太多時間，我便經驗到大眾對一無所有的人所表現出來的漠視。即使身著僧袍，我仍感覺自己是被打量而非被尊重的對象。僧人在印度並不被尊重。除了在鄉下地方，那些印度苦行僧在城裡也得不到尊重。而在古老的西藏，情況則截然不同，全心投入修持的人都會受到尊崇。孩子們從小就知道要禮敬僧尼。佛陀不僅是一位歷史人物，同時也是一個藉由僧袍體現而活生生的存在；因此，大眾（對出家人）所表現的漠然，總是讓我有些許傷感。

當火車進站時，乘客們拉著孩子、牲畜、大行李箱，以及用繩子紮好並捆在額頭的巨大麻布袋，你推我擠地登上火車。我的背包不斷被勾住，以至於我不得不蹣跚向前把它鬆開。我最後一個擠上火車，整個人緊貼著車門，頭部、軀幹和雙腿擠在車門和眾人的身體之間，我的火車之旅就這樣驚心動魄地展開了。雖然眼前什麼都看不到，但我仍注意到有撲鼻難掩的臭氣。我必須張開嘴巴，盡力吸進微薄的空氣。接下來的幾分鐘，我的心幾近崩潰。

浪就在眼前

我所受的訓練曾為我引介本然心的開闊覺知。我們將這個覺知比喻為開闊的天空和海洋——儘管天空和海洋合起來都不比覺知更加難以估量，但為了形容那廣大無邊的開闊，我們仍然會以這個比喻作為參照。一旦我們學著認出覺知其實一直存在的這項特質，學著放下受制約和端賴於外在條件的心，並認識到我們自己「就是」這開闊的覺知，此時，我們的念頭和情緒就會顯現為與覺知無二無別的海浪或雲朵。有了這一份認識，我們便不會再被那些讓自己的心不斷兜著圈子，或像瘋猴子一樣跳來跳去的故事帶著走。如果我們讓心一直纏繞在這些故事之中，認出覺知就會很困難。如同我們所知道的，覺知當中的「天候狀況」經常會變得狂風暴雨。但如果我們越是熟悉覺知是心與生俱來的特質，那麼天氣對我們的影響就越小。海浪湧起、雲朵飄過，只要我們不陷入其中，它們就會失去影響力。我們的敏感度加深，也學會信任覺知心的了知能力。我的生命中曾見識過颶風掀起的大浪，但那些風浪都為時不久；而現在，在這擁擠不堪的列車上，我其實不太確定自己呼吸困難是來自臉上的壓迫，還是心中的恐懼。

幾分鐘之後，這股恐懼的強大能量開始減緩下來。我的呼吸放慢了。同時，開闊的覺知自己現前——彷彿要和海浪相會一般。有時候會發生這樣的情況。這就像是動盪的力量本身會讓覺知比其他時候更容易被認出，而強大的情緒可以帶出如天空般廣大的心那樣。我不再被海浪席捲而走，也不再感覺自己正要滅頂。

我必須做的是：任由它吧（Let it be）。試圖逃跑是沒有意義的。浪就在眼前。儘管我寧可身處於別的地方，但現在我能做的就只有知道、認識，並且與這個狀況待在一起——包括開闊的覺知「以及」不愉悅的感受。當我們能和比天空更廣大的實相待在一起時，那些狂野和被擾亂的反應所帶來的破壞性影響會自動減弱。但雲朵或海浪並沒有消失；它們消融，又再次生起。

火車每停一站，就有人擠著下車，接著又會有更多人上車。我一吋一吋地向前移動，總算在地板上找到一點位置盤腿坐下，把背包放在膝蓋上——這又是一個全新的體驗。在西藏文化中，像我這樣的轉世祖古的座位都會比別人高，祖古們席地而坐則是一大禁忌。如果看到我現在這樣，肯定會惹惱一些藏人。但現在這裡沒人在乎我或我的身分，而且無論如何，想要堅持這次的打算，我就得卸下很多社會習俗。

在過去我並不常坐頭等座位，但此刻我敏銳地覺察到自己在這個全新環境中的不安適。車廂壁面和長凳是腐舊的綠色，加上在黯淡的燈光下，一切看起來都像是發了霉一般。這可是我自己安排的，我提醒自己：要和被認為是無足輕重的人，以及不受社會重視的人同行。那麼是誰在經驗著這種不適呢？尊貴的仁波切？享有特權的住持？還是緊抓著這些尊榮頭銜不放的僵固之心呢？

我的眼睛沒有處於不偏頗的中立狀態。它們非但沒有只是看著、只是安住於對境，反而把我身邊的人物都變成了異形，那是「別人」、「那邊那些人」。他們的髒衣服蒙蔽了我的心。我不屑於他們乾裂的赤腳，殊不知自己很快也會看起來像他們一樣骯髒。他們的身體散發出惡臭，因為潮溼、高溫，以及沒有冷氣的緣故，我僧袍裡的襯衫已經因為汗水而黏在我身上，我的身體想必聞起來一樣的糟糕。

一場醒著的夢

再一次地，我的身在一處，而心在另一處。外在雖是僧侶的形象，我的經驗卻是由一種最凡俗的判斷力所形塑。這就像是一場醒著的夢。這個夢的奇怪之處，就在於覺得熟悉卻又覺得哪裡不太一樣。或許不同的是我吧。我感到格格不入。我和這個「新的世界」如此格格不入。這幾乎就像是我走入了別人的夢中，而這個夢並不想讓我進去，就如同我也不想待在夢中。但我已經在了。最終這就是我的夢，而且是我自己選擇的夢。我不一定要喜歡這個夢。那就任由它吧（Just let it be）。不要卡在其中。讓它存在就好。

我感覺不到自己和眼前這些人有任何的連結。儘管我長年都在進行能引發任運悲心的修持，但此時仍得設法回想那些基本的提醒：「每個人都想要快樂，沒有人想要痛苦。這些人跟我一樣，也了解喜樂與苦惱。他們也都失去過所愛的人。他們也都了解恐懼和慈愛。他們也都會死去，就跟我一樣。」我花了幾分鐘的時間真摯懇切地重複這些話語。接著，厭惡感又再度浮現。

在今晚之前，我想像中的閉關場景都是山洞、清澈的高山湖泊和村落小徑。

一位坐過最低等級列車的朋友曾把這類旅程描述得很舒適：「長椅座位很硬，有時候車廂很擠，但窗戶會一直開著，新鮮的空氣會進來，而且每一站都可以買茶來喝。」對我來說，這些聽起來都蠻好的。我從來沒想像過情形會像現在這樣。

接下來的幾個鐘頭，我不但成了老師，也成了學生——我複習著過去所受過的教導，就像回到寺院裡的幼幼班一樣。這樣的厭惡感從何而來？它是怎麼生起的？它來自我的心、我的身？還是外在的世界？我的呼吸比平時更淺，於是我刻意放慢並加深自己的呼吸。但我的心還是在繼續提問和評論，批判著每個微小的細節。注意到這點之後，我明白自己應該把注意力轉向批判心本身。我的反應是真實的嗎？我的假設是正確的嗎？它們從何而來？我所自問的，是我在第一次三年閉關一開始時，我的親教師曾經問我的問題。

當我十三歲時，我的親教師薩傑仁波切（Saljay Rinpoche，1910—1991）曾要我去辨識身體上愉悅和不愉悅的感受。我一直試著用概念來引發感受：「想著巧克力，會帶來愉悅的感受。想著垃圾，會帶來不愉悅的感受。」

但這些特定的圖像相當稀鬆平常，沒有令人出乎意料的效果，對我的身體也沒有任何的影響。

薩傑仁波切曾說：「你不需要思考。只要去感受。感受你的身體裡面有什麼。」

「我應該咬自己的舌頭或用指甲去掐我的手掌嗎？」我做不到，於是問他怎麼辦。

「不。你不需要製造任何的感受。你現在是怎麼樣就怎麼樣，去感受什麼是愉悅、什麼是不愉悅的。」

我仍舊不明白。

有一天，薩傑仁波切一開始上課便告訴我：「我有一個好消息。明天的課取消了。我們可以放假出遊。我們要做什麼呢？」

放假！我很愛野餐，於是提議去智慧林北邊喜馬拉雅山腳下一個風景優美的地方，名叫瑪納里（Manali）。這個地方會讓我想起位於尼泊爾北部、尼泊爾和西藏邊境以南的家鄉努日（Nubri）。薩傑仁波切聽到之後，覺得這是個好主意。

「你快樂嗎？」薩傑仁波切問道。

「是的！」我歡呼著。

「現在你身體的感覺怎麼樣？」

「棒極了！」我告訴他。「我的心感到開闊和快樂，這個感覺就像陽光似地發散出來，並擴散到我的四肢。」

「這就是愉悅的感受」，薩傑仁波切解釋道。

哇！我終於瞭解了！更開心了！更多愉悅的感受！

心理圖像

野餐和巧克力都是心理的圖像。但以我當時的狀況來說，前者對我身體的影響比較強烈。我只有偶爾會吃到一點巧克力，但畢竟這也不是太稀有罕見的事，哪能夠跟一天不上課而且還去野餐相比？其實我們的身體總是會對喜歡或厭惡的情況有所回應——即使那些反應有時候會出現在太過細微的層面，以致我們無法察覺。比如說，花朵通常會帶來正面的感受。它們是美麗和欣賞的對境，通常會被用來祝賀婚禮或向亡者致意。生日總是少不了送花，探望病人也會帶著花以示慰問。鮮花為生活帶來振奮和鼓舞，餽贈鮮花則代表和傳達愛、關懷和虔誠。到我們成年時，這些關聯便主導著我們和花之間的關係；而當這種情況發生時，我們便不再留意當下的感官反應。我們的心陷入它自己與花相關的種種循環往事之中，以致完全沒有關注到身體。可是當我們仔細留意身體時，就會發現感受無論有多麼微細，它始終都存在。

當我一開始與感受互動時，曾需要誇大的誘因來引發反應。以上述經驗為例，薩傑仁波切在為我製造一個肯定是愉悅的感受之後，接著又說：「其實我們不能去野餐。我剛才是開玩笑的。」

我撇起了下嘴唇，頓時感到沉重和傷心。

「現在，告訴我，你身體的感受如何？」薩傑仁波切問我。

「我的心感覺封閉和緊繃。下巴是咬緊的。這樣緊繃的不悅之感遍佈了我整個身體。」

我開始大笑了起來。我終於可以不假思索地知道什麼是感受了。

如今，坐在火車的地板上，我看得出來自己需要再次檢視這一個課題，因為對於這趟火車之旅，我曾經「想像」過，但未曾「感受」過……直到現在。我曾想像過外面的世界，但那時我排除了感受；然而，身、心、外在現象這三層平行宇宙總是相依互存的。感受，是對境和心之間的連結。而修心練習的一部分便是要逐漸覺知到更細微的感受——讓心和這些感受連接，並且看看它們如何影響我們。在這之後，我們便可以與反應拉開一點距離，而如此就能導向解脫。沒有這樣的覺知，我們可能會完全迷失在外在世界中。

不要躲避不愉悅的感受。不要把它們造作成愉悅的感受。無論生起什麼感受，都與之同在。那時我想辦法要這麼做……但全新事物在短時間之內發生，尤其是一人獨行所帶來的震撼，不斷讓我退卻。假裝自己是看著一群孩子遊戲的老人。我給了自己一個建議：只是看著、欣賞著，儘管你知道會遭遇障礙、心碎、悲傷和意外的挫折。這些你都知道。現在是你站在岸邊看著流水經過的時候。只是看著，而不是被捲入水流。

3 含著金湯匙出生

我甚至連對於買火車票和排隊這類的事情都不太清楚。預約計程車、付車費，對我來說都是新的體驗。「往火裡添木柴」，勢必會把金湯匙從我嘴裡抽出來……

連細胞似乎都在抗議周圍的環境

引用一個在西方國家學到的說法：以尼泊爾的標準來看的話，我是「含著金湯匙出生的」。在我年少的時候，曾被嚴重的恐慌症等等個人問題所困擾，但生活中從未出現過大多數人所面臨的困難。更別提那些足以令同車旅伴們困擾的極端貧困，我甚至連買火車票和排隊這類的事情都不太清楚。預約計程車、付車費，對我來說都是新的體驗。我試著觀察其他人怎麼購買拋棄式紙杯裝的印度奶茶，萬一我想幫自己買一杯的時候才知道該怎麼做。

「往火裡添木柴」，勢必會把金湯匙從我嘴裡抽出來，就連此刻，當我在這個夢魘中僵硬挺直地坐著時，我身上的每個細胞似乎都在抗議周圍的環境。每一站都有乘客下車，也有更多人上車。卻沒有誰曾頷首點頭向佛法僧袍表達敬意。

列車猛力地左右搖晃，穿過走道去上洗手間的乘客，幾乎會踩到我們這些坐在地板上的人，或是撲倒在我們身上。每當這種狀況發生時，我都會退避。或許促成了這段冒險的是自負，而不是願力。畢竟我一生都是在一個接一個的封閉團體中生活。認為自己能立即在這場午夜冒險中乘風破浪，是多麼的傲慢啊！

我的成長環境給了我非比尋常的保護，雖然不是鍍金宮殿般的住宅和天界般的豪華享受，但它提供了同樣的隔離和保護。在我幼年時期，一年分成了兩個部分，一部分是住在努日外祖父母簡單純樸的家中，另一部分是住在父親簡約無華的尼寺。

在這些質樸的環境中，我享有豐富充足的衣食，以及豐潤的保護和關愛。在我所屬的傳承中，「界」(realm)是用來形容負面情緒的詞彙。在天界，主要的情緒是傲慢，以及對享樂舒適的過度貪欲，而它們可能會以許多不同的方式展現。舉例來說，住在天界或想要生在天界的人，通常會沉迷於幻想，還有被安逸所誘惑。此界的形式可能是一座頂層豪華公寓、社群媒體設備不離手，或是懶散的外貌。無論形式為何，當我們淪為天界沉迷心態的犧牲品，就會失去想要尋找意義的動力，而讓我們蒙上了自滿的無明。

我所受的僧伽訓練，為的就是要逆轉此界特有的煩惱。我成長過程中住過的寺院都很簡陋，不具備任何現代世界的便利——沒有熱水、沒有暖氣，且飲食簡約。雖然這樣的生活遠離了享樂舒適的世界，卻也把我和許多人們所面臨的問題隔開了。我對於飢餓、種姓偏見或種族歧視一無所知，也沒有在戰爭或恐怖統治中生活過。離家求學、出外工作等等這些當今世界很多人所面對的挑戰，我一概不知情。我向來不需要尋找住處，或為了付帳單或買汽車而擔憂。很多人要一邊撫養小孩一邊工作，經常要和家人分居遙遠的兩地。我從沒有過那樣的責任。我有些朋友是離了婚的父母，不能和自己的孩子同住在一個屋簷下，單單是這點，就足以造成壓力和悲傷。有些人則曾與酒精和藥物成癮奮戰，或是遇到財務困境或家庭不和等等狀況——所有現代生活的磨難，是我在世界各地教學時，才從人們的口中得知。由於我的身分和地位，一切總是為我安排妥當。

在孩提時代，我相當瘦小、膽怯，天生就有順從、恭敬的個性。我希望自己能像性格外向的兄長措尼仁波切（Tsoknyi Rinpoche）那樣強健。但是跟他相比，我看起來相當弱小，而且還有一點可憐兮兮。我的個頭和舉止肯定表明著：若不多加照顧，我就無法存活下去；以致我所得到的保護總是比我所需要的還多。有一次，我和母親及一名侍者喇嘛從努日的薩瑪貢村（Samagoan），一起搭長途巴士前往我們這個區域的行政中心廓爾喀鎮（Gorkha）。當時我為了要去西藏，需要官員在護照上蓋章。由於母親認識辦公室裡的一名職員，所以親自前往，希望能加快辦理的程序。當我們到了廓爾喀鎮，她把我留在一家餐廳，幫我點了餐，要我留在那裡等她和侍者喇嘛回來。半小時後，喇嘛回到餐廳確認我已經在用餐了。他說明我母親還在和職員會面，他要再回去找我母親，而我應該繼續待在餐廳等候。過了一陣子，我覺得很無聊，便走出餐廳漫步到街上，然後走進行政大樓，找到了母親。母親見到我時，她顯得很驚慌。「怎麼回事？你怎麼自己一個人走來這裡？」接著，她嚴厲地責備侍者喇嘛：「你怎麼可以讓仁波切一個人走在街上？」但事實上，當時我並非七歲，我已經十七歲了。

打破制約作用

為了打破這些制約作用，我需要做一些有點極端的事情。想要突破制約作用並且面對舊有習慣，可能至少要在一段有限的時間內，刻意扭轉某個慣常的模式，例如：習慣用右手拿杯子，那就立誓要用左手拿杯子；立誓每小時使用社群媒體的次數不要超過一次；或者立誓這個星期裡開車都不超速。我自己不開車，但我聽說不超速是一件相當困難的事情。任何能干擾無意識重複的事，都能發揮警鐘的作用，也能為自動的、無心的行為，以及慣性的僵化提供一帖解方。為了激發好奇心和適應力，發現自己的極限就很重要，之後便可再進一步增加小小的挑戰。就生活方式來說，遊方閉關對我而言無疑是個很大的挑戰。但由於我對訓練自心已經有某種程度的信心，也克服了童年的嚴重恐慌症，在離開德噶寺的時候，我對自己克服障礙的能力可說是頗具信心。也因此，我最終選擇在午夜時分獨自一人坐上這班列車。

那洛巴一定也是帶著自信離開寺院的。我對此深感確信。我好奇他離開時有沒有帶錢。位於印度比哈爾邦王舍城附近的那爛陀大學（Nalanda University）遺址，如今已是個朝聖之地，距離菩提迦耶只要幾小時的車程。我去過那裡很多次，這一班火車的路線也會經過該地附近。那洛巴在離開時已是聲望很高的學者。不知道他是不是隨身攜帶經典，不知道獨處對他來說會不會有難度，不曉得他是在哪裡度過第一晚的……

在我周圍的人，可能都會比較喜歡頭等座位，而我卻選擇坐在這兒。有些人選擇無家可歸，但他們經常憂煩不安，有些可能瘋狂無理，而且到哪裡都不受歡迎。這和我的故事截然不同。有的人因為憂鬱或中年危機，生活陷入混亂，而我的人生一路都特別順遂美好。練習禪修、探索痛苦和解脫的本質，以及教授從傳承和個人經驗中的所知所學，都是我熱愛的事情。除了學習如何更深入地了解自己已經在做的事之外，我沒有任何其他想做的事情。這次的遊方閉關就是要故意給自己找麻煩——也許我低估了自己會這麼快就遇到如此多的麻煩。

雖然意識到自己生活的每個層面都有很多安全網支撐著，但之前我並沒有準備要隨時摧毀它們。籌劃這次閉關，是相信它們巨大的價值已經被用盡，該是不帶著它們去認識世界的時候了。此外，社會地位對我來說仍然具有吸引力，我也享受自己在僧團中的角色。就如同我理想化了隱姓埋名的生活一樣，突然被身邊所有的人忽視，還是令我感到迷惘。

「嗯，情況不會一直如此。」我這麼想著。這次閉關是我在各種僧院責任之間的珍貴插曲。我並不是效法那洛巴，他從未打算回到寺院，而我從未考慮要永遠待在外面。我會回歸，並再次擔起自己的角色，重拾自己的責任和職位。除了我的父親之外，外祖父扎西喇嘛（Lama Tashi），也是一位偉大的禪修者，他的家族是藏王赤松德贊的後裔。公元八世紀，赤松德贊透過其王族的權勢，讓佛教深深根植在西藏。身為這個顯赫家族中最幼小的成員，我被賦予許多特權。後來我被認證為祖古（轉世的喇嘛），這使得我在已有的特殊地位之上，又被添加更多身分。從那時起，我便備受寵溺與愛護，就像溫室裡的蘭花一樣被保護長大。

有一次我造訪一個歐洲國家。那裡的朋友給我看他們皇室家族的紀錄片，而片中的公主從來不被允許獨自走在街頭。我心想：「這跟我一模一樣。」

我也是王族的成員，一個血統純正的佛法王子。是什麼原因讓我非得要這樣獨自度過在世界上的第一晚，受困在這悶熱難耐的火車上？我可以下車重新買一張頭等座位的車票……嗯，這是個很傻的想法……我需要搞清楚如何處理這種不適。

根據傳統，若有孩子被認證為祖古，他就會像幼鳥一樣被照看，甚至在母鳥飛離鳥巢時，也會被緊盯著。每年待在努日的那幾個月，我都會溜出家門，到附近的山洞探險，或是和其他小孩一起玩耍。不知怎地，外祖母總是知道可以在哪裡找到我。我從來沒有煮過飯，沒有打掃過自己的房間，也沒有清洗過自己的衣服。祖古的教育都集中在提昇精神覺醒的潛力，也就是嚴密專注的修心訓練。如果要重新來過，我不會選擇其他道路，因為就在過去的幾小時裡，我受過的訓練已經不只一次地拯救了我，儘管同樣的訓練也確保了哈巴狗都能夠學會的實用生活技能。

4 無常與死亡

我一直以為個體的人格是一種凝固的過程，
就像溼黏土一樣，
要把無常的必然性套用在自己身上，仍然令人難以忍受……

不思維無常，人生將一事無成

在我十一歲正式進入寺院之前，早就聽說過無常和死亡。傳統的西藏文化深深地融合了佛教的價值觀，通常在孩子年幼時就會想辦法為他們介紹實相，像我這種成長在佛法家庭的孩子，更是如此。假如你被哥哥欺負或朋友搶走玩具的時候哭了起來，或許有人會告訴你：「Chiwa mitakpa！無常與死亡啊！別傻了，不要像個白痴。如果你不思維無常、生死，你的人生將一事無成！」這可能類似於西方家長告訴孩子的：「別為了打翻的牛奶而哭泣。」只不過在西藏，對無常與生死的認識，是用來衡量你是否了解真正重要的事情。

有一天，我在加德滿都的市場裡，看到一輛紅色的腳踏車。我目不轉睛地盯著它，它就這樣停留在我腦海中。「死亡無常！」我的父親告訴我：「這個玩具總有分崩離析的一天，它是會報廢的。緊緊地固著於一個不具長久性特質的客體對境，就好比試圖把空氣握在手中一樣，這是不會帶給你真正快樂的。」

我明白玩具或許會損壞，但那跟我毫不相干。我還是想要長得像我的兄長們那麼壯碩強大，但長大跟變老也毫無關係。不只我這個身體永遠不會死，我甚至還確信自己對於「我」這個觀念也不會改變。我只會單純地獲得「明就仁波切」的成熟特質。我一直以為個體的人格是一種凝固的過程，就像溼黏土一樣：我的尺寸和形狀會改變，但這不會影響到「本質」的我、「真正」的我，儘管我完全不知道那是誰，或者我永遠也不會知道那是誰——至少不是我所假設的那樣。甚至在我們的汽車報廢、電腦系統癱瘓之後，或是在照顧臨終的寵物和家人之後，要把無常的必然性套用在自己身上，仍然令人難以忍受。

「放下那個玩具。不要執著它。」父親告訴我：「當我們執著於不會長久的事物時——無論它是玩具，還是喜愛的食物，或是特別的朋友或地點——我們都是在浪費生命。」

「我沒有在浪費生命啊！」我想像自己正在回答父親。我不執著僧人、祖古、上師或住持這些頭銜，只不過在我的願力外，它們好像也擁有自己的生命力。但是現在我能夠把它們看得更清楚。我已經知道它們本質的空性，知道它們不持久、不堅固，而且不是獨立存在的個體。然而我在腳踏車上面卻看不到這些特性。

空性（Emptiness）指的是事物並非如它們所看來那般堅固和真實。被我們握在手中的某些事物，看似全然堅固且不變，但其實這是個幻相。一切都一直在改變著，當我們去檢視，就會發現曾經以為的恆常和堅固，其實都是變化和流動。空性並不會使得現象界（phenomenal world）變成「空無一物」（nothing）；同時，它的本質自性也不是我們通常以為的那樣。持續不斷地認識出空性——超越概念而存在的了知和光明的明晰，就被稱為覺醒或證悟的狀態。這種心的狀態超越了言語和概念。又因為它無法用文字描述，也無法透過概念心來想像，於是它被賦予了許多不同的名稱和描述；我們的真實本質並無概念思維，但與此同時，我們卻又需要透過概念來表達空性，這真是自相矛盾的悖論。每個人的心都有光明、開闊和空的面向。問題就在於我們是否認識這些面向。解脫的生起只能透過認識，而不僅僅是擁有這些本然的特質。

無生也無死的空性

認識空性，並不意謂我們要脫離自己在社會中的角色，或是在生活中不必負擔世俗責任。但是對於把自己的覺知放在哪裡，我們可以做出選擇。帶著由認識空性而生起的智慧，便能改變我們與情境之間的關係，甚至能改變那些無法改變的關係。此外，雖然不滿足感的本身是暫時、無實，且本質是空性的，但並不表示我們可以用魔術杖一揮，就讓癌症消失，或修復一段戀情或名譽，抑或賺進更高的收入。拿空性來當作拋棄日常生活責任的正當理由，是一個很大的陷阱。我的上師金剛持大司徒仁波切（Guru Vajradhara Tai Situ Rinpoche）經常重複著藏人的一個說法：「讓見地保持如虛空般廣大，讓行持始終如麵粉般細微。」

我們所指的空性的特質未曾生，同樣地，它也不會死。我們生命的這項本質自性就是無生的（unborn），就如同虛空本身。虛空中無處可住，也沒有保證我們可以邁步的立足點。在如天空一般的空性中，我們不會被卡住。然而，我們現在就活在一個由顯相所組成的神奇世界裡，這個世界始終可以受益於智慧的抉擇。因為有著如麵粉般細微的精確性，我們便能分辨出「減輕自他痛苦」和「蓄意製造傷害」這兩種行為。

儘管身著佛教僧侶的樸素僧袍，我現在才發現，在整節車廂中，自己可能是衣著最為體面的一個。我的橡膠拖鞋讓我成為有穿鞋子的少數乘客之一。我想起我的在家弟子們，納悶他們會如何應對這樣的情形。但我猜想他們大多都選擇中等價位的旅行，而非最低廉的類型。

我放低了視線，挺直了背，問自己：「我現在有什麼感覺？」我整個身體因為緊繃而感到痛苦不堪。我進行了一遍身體掃描禪修，這是我在晚上睡前躺下時經常會做的練習。我把注意力帶到頭部，然後慢慢往下，緩緩鬆開一些特定的脈結。我在額頭和緊鄰眼睛上方的部位停留了一些時間，尤其是眉心的部分。它們感覺緊緊擰在一起，有如用安全別針鉤在一起似的。接著我轉移到鼻孔，把注意力保持在這裡，直到張大的鼻孔放鬆下來。而下巴和頭部相連的地方總是需要一些時間，我上下動了動下巴，以便鬆開那個頑固的結，接著找到鬆緊平衡的中間點，同時也鬆開了上下排牙齒。肩膀是另一個經常緊繃，也總是需要花點時間的部位。接著我一路往下掃描到腳。我不覺得雙腳有任何緊繃，但仍在雙腳的部位停留一些時間，藉此把能量（氣）從頭部往下帶。我從頭到腳如此地掃描，大概花了十分鐘。再安住幾分鐘之後，我感覺自己已經不像過去幾小時那麼躁動。

這個練習有助拉回我的感覺接受器。我的耳朵和眼睛還是保持警覺，但不再像手機定位器似地漫遊不止。我打了幾分鐘的瞌睡，直到被一聲如閃電劃過夜空的嚎叫驚醒。有那麼一瞬間，我才認出那是火車發出的鳴笛聲，剛才卻以為自己被一群暴徒圍剿或是遇到了恐怖攻擊的爆炸。那個聲音「不只是」聲音，而是宣告著傷害和毀滅的一聲槍響或一次爆炸。我能聽到我的投射，卻聽不到聲音本身。很諷刺地，即使這聲巨響令人感到如此震顫，卻沒有讓我的詮釋心（interpretive mind）停下來。我想起藏傳佛教法會中，那種大約二點五公尺長的銅管突然發出的低沉共鳴——它聽起來不像是吹奏古典旋律的樂器，而更類似於濃霧信號角，感覺像是從火山底部發出的回聲。在寺院法會進行的過程中，我有時會漸漸感到無聊和煩躁，接著開始做白日夢。然後銅號聲突然響起，徹底切斷了喃喃自語的心。那個聲音有著炸藥般的威力，在它闖入我身心的那幾秒鐘裡，我沒有了心和身，而變成聲音本身。「為什麼剛才的火車鳴笛沒有造成同樣的影響？」

等等……我需要更準確地回想一下，事情並非總是這樣。尤其小時候，有時在很多法器響起的儀式過程中，我就會開始恐慌，喉嚨變得悶緊，接著就必須衝出大殿。剛才難道也是像那樣，我的身體拒絕進入聲音，僵固的心則緊抓著恐懼？

喋喋不休的猴子心

五感總是回報著中性的訊息。對耳朵來說，聲音就「只是」聲音，僅此而已。喜歡和不喜歡，都是由詮釋心的記憶、添加、修改和編造所形塑出來的：詮釋心在「只是」聲音、「只是」景象之外，虛構出整個故事。提供這類現場評述的聲音，就是猴子般的心。它喋喋不休，從一個感官對境跳到另一個感官對境，過度活躍，且相當容易激動。

我有個學生曾經在俄勒岡州的海邊租下一間木屋，在裡面住了一週。每天早上他醒來時，都躺在床上聽著海浪一次次拍打海岸又回落的聲音。「嘩……嘩……嘩……」一次又一次地。他告訴我，這是他聽過最撫慰人心的聲音，而這個聲音本身讓他覺得自己被一種宇宙之愛擁抱著。最後一天，他打包好行李上車，駛入高速公路，打算在途中休息一個晚上。天黑後不久，他循著路標到了一家汽車旅館。辦妥入住手續之後，疲憊不堪的他很快就入睡了。翌日早晨，他無法相信自己竟然如此好運，能再次聽著舒緩有致的嘩嘩海浪聲醒來。當他起身走到窗邊，看到的卻是六線道的高速公路上尖峰時段的車流。

感官知覺的錯誤識別經常在發生，這也使得身體成為了解自心的最佳實驗室。剛才在火車上到底發生了什麼事？我的耳朵偵測到一個聲音，是一個既非好也非壞的聲音，只是聲音，只是感官與對境間的彼此接觸。接著怎麼了？我的心受到一段負面故事席捲，嚴重到我都忘了那些編造故事的字詞、圖像和印象除了在我腦子裡出現，對任何現實狀況來說都不是真的。我那位學生的心，則是被一段正面故事帶著走，但這兩種情況都在說明：對故事感到著迷，就表示我們已經與覺知失去聯繫。這兩種聯想都遮蔽了「只是」聲音的單純性。這就是為什麼我們會說「身體就是執取心的家」。

感官來源的誤解之所以會發生，是因為感知與解讀幾乎同時發生，這兩者是如此地靠近，導致會出現一種強烈但錯誤的印象，以為那個被解讀為好或壞、惹人喜愛或引人反感的真相是在對境本身裡，而不是在心裡。這就造成相當的難度。當我們的頭卡在雲層中——不管是漂亮或醜陋的雲層，總之我們就是看不到它們的無常，看不到它們有自己的生命，也看不到只要我們允許它們過去，它們就會過去。當我們帶著滿腦子成見來面對世界時，就會在自己和「如是」（as-it-is）的實相間豎起一道屏障。

帶著僵化的心固執於自己的偏見，便是執著。我們執著於自己所知，或與我們有限經驗相符的事物，而這會把直接、即刻的感知加以扭曲。當我們感到變化逼近，便會想要試圖掌控一切——這是另一種描述自我拒絕讓舊模式消亡之面向的描述方式，但如果我們不能有意識地允許各種模式死去，就不能充分利用革新所帶來的強大利益。

我們每天都在死亡

無常和空性一樣，都是現象本具的特質。認識無常，能導正我們對恆常的錯誤感知，但直接認識空性，則對處理執著更有幫助。認識到一切形色的諸行無常，能讓僵固心所做出的錯誤主張失去影響力。反過來說，這也擴展了我們對於自己是誰、能做什麼的理解。如果我們可以知道從火車鳴笛引發的故事，或是對人際關係或名聲的焦慮，其實並非本來就根植於內，而且我們都本具轉化的能力，如此一來，將會帶來很大的解脫感。如果能將無常理解為死亡的外層，對於斷除我們不合理的心理習性將更加有效。為了讓最深層的轉化得以發生，我們不只要承認變化的持續性，還要認識到無常真諦的基礎乃是死亡和新生的過程。這對我們的解脫而言，可以說是最大的激勵。然而，我們卻因為畏懼身體的死亡，而抗拒我們其實「每天都在死亡」的概念。我們將心理狀態上可重生的死亡和身體最終的死亡混為一談。正因如此，各個形式的死亡和臨終都如同從地平線上隱約逼近且不可避免的一場夢魘，是我們畢生最不希望發生的事。事實上，只要稍加觀察就能夠了解：我們所害怕的這件未來之事，其實一直都在發生著。

有一段發生在兩位美國女人之間的對話，描述了物質和非物質形式兩種死亡之間的密切關係。她們其中一位，在二十歲的獨子意外藥物過量身亡後不久來見我。我們談到如何幫助她度過這段痛失愛子的日子。大約兩年後，這位喪子之母的密友，在一段非常痛苦的離婚過程中掙扎不已。她對朋友解釋道：「我的兒子永遠不會再回來，我對此不抱任何幻想。我和自己的關係，以及我和周圍世界的關係都永遠改變了。你的情況也是同樣的道理。你對於自己是誰、誰會在身旁支持你，以及你要和誰過一輩子的想法也都永遠改變了。你也需要對這種死亡表示悲痛，必須設法接受這難以忍受的狀況。但就如同我在兒子死後必須讓自己死去一樣，你也必須對自己曾經擁有的這段婚姻死心。我們為失去自己曾經擁有的事物哀悼，也要為自己的死亡哀悼。」痛失愛子的巨大創傷打開了這位女士的心，使她可以探索遠超乎個人經歷的無常與死亡。正如她所說的：「在我失去兒子之後，便沒有什麼事會令我感到恐懼了」，她能夠突破界限，將心碎轉化成智慧。

我們無需經歷那樣的悲劇，就可以從她身上有所學習。如果我們否認或迴避自己對肉體死亡的恐懼，就無法持續有效地讓小我（the small self）死去；然而透過對「小死」（small deaths）的練習，可以鬆開關於色身死亡的強烈焦慮。在無常和死亡之間有一條自然的道路，如果我們仍然不願意循著它走下去，就會持續讓「正在死亡」這件事所帶來的顯著利益短路斷電，以致無法發揮作用。在趨近身體的終結過程中，全然不留意日常生活裡的微型死亡，就像錯把鑽石當卵石丟棄一樣。沒有任何事物能夠長久，一切都會改變，若能接受這一點，就有機會可以把對死亡的恐懼轉化為喜樂的生活。

踏上這段旅程，坐上這班列車，就是在死亡，從舊有的生活中死去。我現在所做的，都是按照著自己的規劃。我獨自一人坐計程車到伽耶，買了去瓦拉納西的火車票。眼前的挑戰則是要放下對自己安排的這些改變的抗拒，並且承認這列火車上的聲音和氣味也可以像我過去所知的任何情境那樣，都是屬於喜樂生活的一部份。

5 讓智慧生起

在這班列車上，我經歷的恐懼比多年來所知的還更加強烈。我感到身體因為抗拒自己所處的地方而受限……

保持單純的覺知

一旦我們從事物不變的信念轉變到一切皆為轉瞬即逝的經驗，我們的期待（expectation）與如是實相（reality as-it-is）之間的緊綳張力就會開始消融；接著我們便能明瞭這一刻的煩擾是會過去的，若能保持對覺知的認識，問題就會自己轉化。它不需要我們給予任何助力就會過去。「一切事物」的本具自性就是變化。是我們對問題的偏見令它固定不變。然而，要做到隨它去，真的是說起來容易做起來難。我們並不熟悉如何安住於心的無概念面向，並與我們直接的經驗同在。我們太習慣用自己的想法去認定我們是誰，並將這份認定與其他人、地點結合，甚至還牽連了我們的汽車、屋宅等物體，以至於從這些熟悉的事物中解脫出來的本然心的經驗，可能會令人感到驚恐。它可能被誤解為空無一物，或是如同一種泯滅；若未認出這就是我們根本的家，就會想要盡快逃離，然後找個地方著陸——也就是想要覓得某種熟悉的身分，以便使之再現。這時候最有幫助的，就是讓自心輕輕安住在覺知的特質上。空性和開闊的覺知有著認知（cognizance）或了知（knowingness）的特質，而非空無一物。如同呼吸可以成為覺知修持的所依，覺知的開闊特質本身也能成為讓心安住在無概念狀態的所依。

由於我有興趣進一步了解我的學生們是如何在作息不規律、交通壅塞、學生貸款、孩子哭鬧、家務瑣事等等狀況之中管理他們的生活，我再次對於他們在我此刻的狀況下會運用什麼修持而感到好奇。我確定在這種令人感到厭惡的情境中，要讓心穩定的最可靠修持，應該就是單純的覺知禪修。這個方法是藉由讓心輕輕安住在一個感官對境上來收攝散亂的心。因為我之前曾受聲音所干擾，因此我選擇聲音作為對境。這個覺知練習是利用聲音當作禪修的所依。對境是我們認出覺知的「助緣」（support，支持物），但並非一直是覺知的焦點。

我花了大約一分鐘的時間收集周圍各種不同的聲音。接著選了其中最突出的一種：火車車輪磨擦鐵軌所發出的咔嚓聲。我引導自心，讓它輕輕地安住在這個聲音上。

與此聲音同在。
不加評論。
和它交朋友。
讓念頭、恐懼和緊張在此聲音之中終結。
就用這個聲音讓心集中。
如果念頭出現，也沒關係。隨它們去。它們如同浮雲飄過。回到對境上。
安住。

約莫五分鐘後，我把心從咔嚓聲這個對境抽離，並允許覺知保持開放，讓心覺察其他不同的聲音——車輪聲、咳嗽聲、交談聲，但不著重在其中任何一種之上。我們稱這樣的方式為「開放的覺知」或是無所緣的奢摩他（shamata，即止禪）。

任它在。
無論生起什麼，都任它在吧。
與覺知同在。在認出覺知的狀態下留意聲音的出現。
不跟隨它。也不從中抽離。
不要揀擇。
保持覺知。
安住。

很快地，曾經令人煩擾的聲音變得舒緩平靜。大概二十分鐘後，我已能與自己的焦慮不安拉開一點距離。擴張的自我意識變得比問題本身還大，而更能夠接納對聲音的負面反應，因此我就不再和我的不適感同等大小和形狀。焦慮仍在那裡，它沒有消失，但我不再受困其中。

失控的猴子心

覺知是我們存在的本質。它一直是觸手可及的，然而絕大部分的人都沒有認識到這一點。藏人有一個傳說故事是這麼說的：有一個窮苦人家住在泥造的小屋裡，屋子中央有個小窯，屋頂開了一個通風口。三個扁平的岩塊之間堆滿樹枝和雜草，岩塊相隔距離恰好可以擺放一個小鍋子。有一天，村子裡來了一個尋寶的人，挨家挨戶地詢問、找生意。當他來到這戶窮人家時，女主人笑著告訴他：「我們是這裡最窮的一家人，不會有讓你感興趣的東西。」突然間，這個尋寶人從門口衝到火窯旁，驚奇地睜大了雙眼。他翻看了那些岩塊，對女主人說：「你看不出來嗎？這些岩塊都鑲有鑽石水晶！我幫你們拿去賣掉，你們將會成為這個地區最富有的人。」他話說完後，便拿著這些珍寶離開了。幾個月之後，他帶回了一堆金幣，數量足以讓這家貧民變成富裕的地主。他們其實一直以來都很富有，只是對此一無所知。覺知是我們最寶貴的財富，我們向來都擁有它，卻對它一無所知。

透過有建設性地運用自己的心，我感覺平復了下來，但平靜並沒有持續太久。無論是在禪堂、飛行途中、在汽車上，或是在講座和會議中，我的一生都在進行覺知的修持。然而，此刻我心中不斷浮現的念頭卻是：我從未見過比這列火車更令人厭煩的氛圍。這是猴子心的造作，它在試圖說服我問題出在聲音，而不是我的心。

透過寂止的禪修練習，心的躁動習氣平靜下來；接著我們便能超越猴子的掌控，去探索寧靜水域的特性——這被稱為毗婆舍那（vipashyana）或是勝觀（insight meditation）。我對猴子心瞭若指掌，也知道如果我們不去認識這隻猴子的價值，那就像是擁有一部車卻不知道怎麼駕駛一樣。對腦子裡嘮嘮叨叨、喃喃自語地告訴我們「要做什麼」、「相信什麼」、「去買什麼」、「應該愛誰」等等的聲音了解越少，我們允許它對我們發號施令的力量就越多，讓我們更相信無論它說什麼都是真的。

儘管我享受到聲音禪修所帶來的放鬆，聲音還是間歇性地一再受制於恐懼，我持續地徘徊在維持平靜、心中不受控的猴子，以及觀修聲音這三種狀態之間。我想到以下這些話：痛苦就在這裡生起，我想到：就是現在，在聲音和投射之間，在事物本然如是和我們想要它們如何之間。佛陀是這麼教導的：對實相有錯誤的感知，就會有痛苦。

但為什麼呢？我思量著。為什麼導正它會是如此困難呢？在這班列車上，我經歷的恐懼比多年來所知的還更加強烈。我感到身體因為抗拒自己所處的地方而受限。我知道放下熟悉的身分、放下自我所帶來的恐懼，就是對自由本身的恐懼。

而我，還在嘗試著……

父親曾告訴過我：「若不認識無常的真諦，就不可能證得真正的了悟。你必須讓自我的幻相消亡。唯有如此，真實的智慧才能生起。只有在這個自我消亡後，我們才能夠了解自由。」我之所以踏上這段旅程，正是這個原因。但我卻沒有預期到會有如此多的新事物同時出現。

沒有要被殺死的自我

「自我」（ego 或 ego-self）這個詞經常是用來形容自我中心、自我所虛構的外層，而我們常常說放下自我、讓它消融，或是超越它。我自己則曾經認為「火上添薪」是一種讓自我自殺（ego-suicide）的任務。然而，就「自我」普遍的用法而言，無論是佛法的教導，或是世間整體認知，都讓它聽起來像是個有形狀和大小的實體，而且可以像牙齒一樣被拔出來。但情況並非如此。自我並不是一個物體，它更像是跟隨著想要執取，且想要抓住固有想法和身分之傾向的一個過程。我們稱之為「自我」的，其實是個隨時都在變化的感知，即使我們所敘述的故事都以它為中心，但它並不是一個「東西」，因此它並不會真正消亡，也不會被殺死或被超越。當我們錯把自己身心的持續流動，感知成一個堅固、不變的自我時，這種執取的傾向就形成了。我們並不需要把自我，把這個不變、堅固、不健康的自我感消除——因為它一開始就不存在。關鍵就在於：沒有要被殺死的自我。要死去的應該是那個認為自我是長久、不變的信念。「自我」一詞還是可以提供一個有用的參考點，但是我們需要小心，不要讓自己與不存在的對境奮戰。諷刺的是，當我們開始與自我展開對峙，反而會強化自我的幻相，使得我們為覺醒所做的努力適得其反。

由於自我經常被當作負面的用詞，特別是在佛教徒之中，所以父親曾提醒我：其實也有一種健康的自我，或是健康的自我認知。它和以下這些自我的面向相關：能直覺地辨認是非對錯，懂得在保護和傷害之間做判斷，以及本能地知道什麼是良善和健全的。我們只有在對於這些本具特質變得執著，並且編造與它們相關的誇張故事時，才會讓自己犯錯。舉例來說，我曾以正向的方式運用自我去探索，並繼續持守出家戒律。但如果我想著：「喔！我是多麼清淨的出家人啊。我持戒如此嚴謹且毫無瑕疵」，那我就會惹上麻煩。

當我檢視自己「同時遇到太多新事物」的困境時，我便能夠看到自我是一個過程，而不是一個堅實的物體。我沒有辦法讓之前的身分認同全都立即死去。我需要時間。我需要深入思維而透析那層層的覆障。我同意那些我想丟入火堆的角色都是編造出來的，那並非我本具的自性。但它們又無法像接受外科手術那樣被摘除。我已經成長為這些角色，那我就需要成熟而超越它們。

隨著列車一整晚轟隆轟隆地行進，我不斷感覺到與同車旅客、與自己，以及與昨天的生活有一種奇異的切割感。我有點明白正在發生的事情，但以前從未有過如此發自內在的體驗。我曾期盼能一一剝去外層，但它們並不像膠帶那樣可以撕掉，它們在這過程中也不會一直消極順從，反而會為了要保持其完整性而奮戰，就彷彿在宣告：「如果你不尊重佛陀的法衣，我就更要驕傲地穿著它。如果你無法認知到我是單獨一個人，我就要孤立自己，即使這樣可能會帶來更多的痛苦。」喔！這隻奸詐的猴子，現在可玩得開心呢。猴子主要的工作就是讓我們相信在這個雜亂拼湊黏合起來的虛構物深處，有一個「真正」的我，而那個無法改變、具有本質的真實自我，必須對它所捏造出來的東西和神經質的習氣保持忠誠。

變化正在發生

我頻繁地像覆誦咒語那樣地回到幾個關鍵性的提示。「咒語」的意思是「對心的保護」，而這就是我努力在做的——保護它不要偏離正途太遠而落入對恐懼的固著聯想。但因為我無法真正地超越對環境的反應，而使得這份努力受到打擊，意思是「我」正在為「他們」——也就是火車上那些困苦的人——祈禱。我再次掉進冰冷的緊縮狀態。每當列車搖晃時，我都不希望這些衣著襤褸、滿頭蝨子的陌生人跌在我身上。沒錯！我發願成為在任何狀況下都依然快樂的瑜伽士……但這些哭鬧的嬰孩……那些臭氣熏天的廁所……我現在是誰？是誰允許這些令人易怒的眼、耳、鼻、觸的感受織成一張讓我感到渺小、煩躁和孤獨的網？

列車靠站時，我有機會從地板移動到木製長椅上，終於能背靠著木板椅背坐著了。我知道如果真的想要變得更彈性靈活，就必須下沉到心（情感心）和腦（理智心）分隔處的下方。我坐直身體，放低視線。接下來的幾分鐘，純粹保持靜止，盡量放鬆自己的身心。

首先，我引導自己的心微微地安住在呼吸上，並且順著呼吸。

接著，把覺知帶到鼻孔吸入氣息的感受上。

覺知吸入空氣的清涼。

覺知呼出空氣的暖熱。

覺知心臟的跳動。

覺知血液的循環。

覺知腹部的擴張。

和收縮。

覺知胸口的擴張。

收縮。

幾分鐘之後，我置入了觀照的省思（contemplative reflection）。這表示更加地用心去思考，而非用腦去思考。我保持對感受的覺知，但在這之中加入了「變化」的層面。**我的身體正在動……改變在發生……氣息正在進出……改變在發生。我正在吸入新鮮的空氣，變化在發生，我正在呼出上一口的空氣，變化在發生。**

我是這個宇宙的一部分，當下的空氣是宇宙的一部分。
每個氣息之間，宇宙都在改變。
每一次吸氣，宇宙改變了。每一次呼氣，宇宙改變了。
每一次吸氣，空氣充滿我的肺部。每一次吸氣，將氧氣帶入我的血液。
改變，身體正在改變。
每一個感覺都是暫時的，每一個氣息都是暫時的，每一次起伏都是暫時的。
一切都正在改變，一切都正在轉化。
每一次呼氣，舊的我便死去。
每一次吸氣，新的我就誕生。
成為、更新、死亡、投生、改變。
如同我的身體在改變，我認識的每一個人也在改變。
家人和朋友的身體都在改變。
地球正在改變。
四季正在更迭。
政局正在變動。
我的寺院正在變化。
整個宇宙正在發生變化。
入息，出息，擴張，收縮。

我持續把覺知保持在動作和感受上，接著再加入心中浮現的任何對境：這個火車正在改變，每個零件時時刻刻都在磨損。伽耶車站在緩慢瓦解中，走道對面穿著格子襯衫的男子正在老化中，身穿紅色紗麗的女子懷裡的嬰孩正在長大，我寺院裡的小喇嘛們正在學習新的課程。

大約十到十五分鐘後，我安住在感受上。再過了幾分鐘，我把心從感受上移開，安住在覺知本身，覺知是鮮活、有感覺能力的，且能以超越概念的清淨明性認出感受。我以如此方式，繼續安住十或十五分鐘。

我們在緊抓自己的信念和期待時所生起的迷惑，會遮蔽我們覺醒之心（awakened mind）本具的清明；與此同時，迷惑的概念心根本沒有能力了悟超越概念的心。我們用語言來形容覺醒、覺知、空性、開闊的光明、證悟、體證，以及各種難以言說的概念。語言可以指向那條路，我們也確實能經驗到自己內在的醒覺，但卻無法對此加以想像。關於覺醒的想法，都與經驗相隔甚遠。當我們開始修心時，這件事就會變得很明顯。

面對海浪

大部分初學者都帶著「禪修應該會帶來平靜」的想法開始練習。如果他們感覺到平靜，就會斷定自己做對了。一旦有干擾的念頭或情緒爆發，他們很快就會認為禪修出了問題。我們不喜歡有干擾，在禪修練習之初，便帶著這樣的二元偏好。我們想要海水平靜無波，當海浪來襲，我們就會宣稱自己沒辦法禪修，或是假設海浪出現就表示禪修方法不正確。但無論如何，海浪還是會不斷地來襲。能改變的是我們如何感知它們。我們可以把這樣的海浪看成是凶猛的怪獸並試圖推開牠們，也可以運用特定的心理技巧來制服牠們，我們也可以假裝沒注意到牠們，或是試著否定牠們的出現。然而，試圖擺脫海浪並不會帶來解脫。事實上，若檢視這個試圖擺脫海浪的心，就會發現它其實是卡在問題上。它小題大作，把鼴鼠打洞扒出的泥土堆成的小丘看成了山岳。我們可以理性地告訴自己：「這些海浪的本質都是空的。」我們可以和空性的想法及概念共舞，用智識邏輯來說服自己：海浪不是「真正的」猛獸。但我們內心還是「感受」到威脅，並且用自我保護來做反應。以上就是修心的第一個階段。

第二個階段，我們獲得引介，將心安住在超越有限自我的開闊、無概念的面向上。海浪或許依然可怕，但我們開始能瞥見水面下寬廣無邊的水域，這讓我們更有信心，可以任由海浪出現。我們還沒能看到它們「只是」海浪，但我們的感知範疇已遠遠大過於海浪了。關於恐懼與失落、拒斥與自責的個人故事都還在，但它們不會把我們頭腦的每個空間都塞滿。我們固著的心有了些許的鬆動，一旦我們認識到我們自己這個版本的實相，是存在於實相的一個非個人的浩瀚經驗之中的，同樣的故事便不會再那麼干擾我們。我們可能會開始想：「喔，心的表層有個浪頭正在形成」或是「我腦海裡有隻怪獸。可以的，沒有問題。」我們可以承認這是個問題，但不對它做反應。我們看見它，但是不再像以前那樣「覺得」

它有那麼嚴重。對空性的理解，開始從理智的理解帶向體驗的理解，也就是情感心的部分。比例開始出現變化——我們越能安住於認出開闊的空性之心，就越能體現空性的智慧，而干擾所帶來的衝擊也就會越少。海浪還在，但現在它只是廣闊大海上一個微不足道的活動而已。只不過，我們仍舊卡在起浪的表面，與水面之下的海洋失去連結。

到了第三個階段，海浪的出現已經不再是問題。它還是海浪——時大時小，但我們不會陷入其中，因為我們已經對安住於大海本身適然自在了。

大海並沒有變得風平浪靜。那不是大海的本質。但現在我們已經非常熟悉於大海完全開闊的狀態，即使再大的海浪也不會干擾我們，因此當下便能經驗到自己的念頭和情緒，包括那些我們窮盡一生都想擺脫的念頭和情緒。心的每一個活動，以及每一個情緒反應，只不過是在覺醒心廣大表面上的一個小浪而已。

雖然心始終都是自由的，但它卻一直被囚禁在自己所製造的限制當中。專注於某個感官對境，能保護心不受到海浪的壓制。舉例來說，讓心專注在一朵花上，或是看著一柱燃香冒出的煙霧，就能保護心免於婚姻失和或商業詭計的困擾。這類的專注可以帶來暫時的舒緩，但它仍然無法讓我們體會到自由。當我們連結上自己的覺知，就能夠容受任何出現的狀況，包括所愛的人離世、情感關係走到盡頭這類的大風浪，或者是電腦當機、飛機延誤這樣的小波瀾。沒有海浪會保持同樣的形狀，所有的浪頭都會落下。就任它如是存在，也任它退去。覺知要變得比念頭還大，比情緒還大。一切總是在不斷變化，藉著任它來去，我們只是單純地允許本然的流動。我們可以留意到偏好和執著，如果追逐它們，就會阻斷變化的流動。覺知之中包含無常，而不是無常之中包含覺知。但是這兩者有一個共通點：認出它們，我們就能解脫。

對死亡發出邀請

「任它如是」使我們有機會看到我們的真實自性是離於問題、煩擾和痛苦的——而且它始終如此。當我們不再試圖維持表面的平和，並接受大海的自性就是變化的，我們就開始經驗到這份內在的自由。

但這份自由不是「擺脫」痛苦和焦慮的自由。而是與痛苦和焦慮「同在」所經驗到的自由。透過正確地感知實相，我們得以從痛苦中解脫出來；這意味著我們擁有洞悉力和體驗，明白自心其實比我們普遍認為得還要寬大。我們與自己的憂慮並非一樣大小、相同形狀。認出「如是」實相，可以使得認出和解脫同時發生。在火車上，每當我的心又被強風席捲，我就利用變化的持續性，把自己帶回到不受制約的感知上。就「任由它」。如果沒有透過自身的經驗和曾經領受的教法，我不會全然地相信改變是隨時發生的，也不會全然地相信我們與天空般開闊的心從未分離，我繼續前行的勇氣可能也早已退失。尤其在沒有朋友、沒有居所、沒有侍者、沒有學生，也沒有上師身分的此刻，我的心是我唯一的依怙。我必須相信死亡會帶來重生——儘管在臨終的過程裡，我們可能提不起這份信心。

大部分的人都有許多從失敗中站起來的經歷。離婚就像是死亡，可能會帶來一段更幸福、更健康的關係；被解僱的惡夢，最後將會成為生命中最好的一件事；導致虛弱衰敗的疾病，一開始令人感到驚恐和排拒，後來卻能轉化成體會慈悲的新角度。可是我們都不太相信重生的種子就存在於改變、失敗，以及存在於情境的消亡中。我依然相信自己刻意撥旺的這把火，會導向正面的轉化，但這一刻，我完全不知道會發生什麼。

在火車上，我有時會想起自己過去與學生的對話，並以此來教導自己。

有一天，一位年輕的香港朋友來見我。她的職涯不久前發生了一個大變動——離開企業界，轉到某個國際非政府組織（NGO）任職。但她發現以前的工作比較適合自己，工作角色和任務比較有條理，也能以比較高的效率完成工作目標。她覺得自己在過去的職務有更顯著的成果，於是不斷拿過去的工作和來新工作比較，並且在新工作中挑毛病。

「看來你沒有真的投入新的工作。」我說。

她同意，表示自己無法放下過去最熟悉的事物。

我問她：「要不要試試看把這段時間當作一種悼念。一些事物逝去了，而你現在正因這些失落而哀傷。與這份失落的感受同在，一旦覺得那個失落感受有些許的消除，那麼你就能向前走了。」

她告訴我：「我能明白認識變化和無常的利益，但是把這種變化當作是一種死亡，感覺就像是對死亡發出邀請。」

我對她說：「是的，邀請死亡，請它喝茶，跟它做朋友。然後你就不會再有任何擔心了。」

她笑了起來，但答應我會嘗試看看。

我自己也邀請了死亡——身分的死亡。我有意識地，蓄意拋開過去的工作，燒毀外在的身分。然而，就如同這位換了工作的女子一樣，我也在抗拒自己所處的新環境。那麼，到了中陰時，我該怎麼辦呢？

6 中陰時，你該怎麼辦？

一切都在轉變。
死亡和投生之間，你該怎麼辦？

生死過渡的六個階段

「中陰時，你該怎麼辦？」我父親曾經這樣問過。

我的一位兄長那時搬到山下，住在加德滿都人口密集的市中心。幾個月後，他來納吉寺看我們時，抱怨起城裡喇叭鳴響叫囂、油門引擎回火的車聲，和整晚吠個不停的野狗。他皺著眉頭描述著電晶體收音機猛放震耳欲聾的印度情歌，以及拿著大音響宣道的假上師們。

「我無法禪修，一點都無法保持內心的平和。我的睡眠斷斷續續，總是感覺壓力很大。」他解釋道。

我父親帶著真摯的關懷，輕柔地問道：「中陰時，你該怎麼辦？」

那次對話讓我記憶猶新的是：那座城市聽起來挺有趣的，當時我迫不及待想要去那兒拜訪我哥哥，儘管我完全不知道什麼是「中陰」（bardo），我還是感覺到父親在責難我的兄長，我在一旁聽著他們對話，覺得很好玩。

在我的傳承中，我們會探索生死過渡的六個階段，也就是人們所知的中陰。無常是這整個循環建構起來的主軸，尤其在對於從第一口氣到最後一口氣之間的「今生」，這個「自然中陰」至關重要。在我們能接受無常的真諦之前，無明和迷惑都會讓我們的生活黯然無光。容我做個簡單的介紹，生有中陰（bardo of this life）包含「睡夢」和「禪定」中陰（bardos of sleep and meditation）。在中陰的示意圖中，生有、禪定和睡夢這頭三個中陰階段，強調的是在晝夜都要更加熟悉自心。在這一生中，要善用珍貴的人身，沒有什麼比熟悉自心更佳的方式了——而實質上，禪修是達到這個目的最有效的工具。此生之後，我們進入第四個中陰——「臨終」中陰（bardo of dying），它從身體進入不可逆轉的衰亡那一刻開始。第五個中陰，稱為「法性」中陰（bardo of dharmata）。它是一個如夢的過渡期，帶領我們到最後一個中陰——「投生」中陰（bardo of becoming）。第六個中陰結束時，我們就投生到一個新的形態，再次開始了「生有」中陰。

當父親問及「中陰時，你該怎麼辦？」，說白了就是指介於死亡和投生之間的「投生中陰」。這個過渡時期，對此生從未做過任何靜心修持的人來而言，可以說是充滿了艱難。然而我兄長的窘況也意謂「過渡中陰」（intermediate，譯註：

藏文bardo的英譯）也可用來描述此生受到擾亂的心。我哥哥當時是介於安靜的鄉村生活和吵鬧的城市體驗「之間」（in-between），他處在熟悉的老路和未知的新路之間，處在過去和現在之間。

我父親的問題是對我們每一個人提出的，也就是說：「當你置身於恐怖的聲音裡，你會做什麼？又或在擁擠、氣味難聞的火車上，又或遇到恐怖攻擊，又或遭逢戰亂，或者……又或者……在生活中有無數個你不希望發生的事，只要有任何一件事出現，例如診斷出疾病、汽車爆胎，或感覺被忽視、不受尊重、被拒絕。當你經驗到自己的生活被不想要的意外情況干擾時，你該怎麼辦？你會保持穩定的心來應對自己不想要的情況，並且真的能利於自他嗎？或者你會在恐懼、憤怒或失控中爆發？當我們得不到自己所想要的，或者不想要自己已經擁有的，我們會怎麼做？」

就此一刻

我現在就處於投生中陰——介於已逝去的故我以及將產生的新生之間，投生再投生（becoming，成為），總是處於不可知、不確定和轉瞬即逝的中陰過程。

對傳統的西藏人來說，中陰是指肉體出生和投生之間各個階段的分類。但包括我父親和薩傑仁波切在內的很多上師，都把中陰教法當作心的內在旅程來宣講，而這也是我現階段對它的理解。傳統版本的投生中陰，是指我們進入肉體死亡和投生為另一新形體之間的一個階段。我們的心失去它此生的停泊處，然後在肉體死亡之後繼續下去。但若運用到更廣的層面，我們其實不必等到肉體死亡之時才來了解投生中陰。大多數人許多時候會有清醒和穩定的感受，然後有時候卻又感到自己支離破碎。我們沒辦法支撐下去，原本拼縫在一起的東西被拆解開，下方的地面也塌陷了，我們發現自己處於兩種心的狀態之間。在一些極端的情況下，我們會發現自己處於一種完全陌生和可怕的心境之中。這些陷落的經驗通常發生在創傷事件出現時，比方說震驚或劇變。每每心碎和失落感產生時，是那麼令人揪心、意外，因而打斷我們關於自己的熟悉想法。這種經驗就和我們這輩子頭第一次單獨一人走進如地獄般的火車站類似。這樣的斷裂讓我們無法站立，感覺自己在下墜或下沉，往下墜落。我們拚命努力地回到堅固的地面，覺得這樣才有安全感、有依靠——即使我們所認為的安全，不過是那習慣以錯誤感知來理解事物之熟悉心理範疇中的一座小島。

「中陰」可以被理解為「就此一刻」（this very moment）。這一刻的當下，是我們對時空的各個短暫體驗間的間歇性暫停（或停頓），比如在這一次呼吸和下一次呼吸之間的微小停頓，或是在這一個念頭消融、下一個念頭生起前的小小暫停。這樣的間隔也可以從兩個物體之間體驗到，例如：兩棵樹或是兩部車之間的空隙——提供清晰界定的那個空間。或者，我們也可將此間隔理解成能讓我們見到色相的空性。事實上，「一切」都是處在中間狀態的。無論這個間隔多麼細小，它一直是存在的，也一直包含在這一刻之中。在整個世界體系中的每一個事物，都是存在於與另一個事物之間的中間狀態裡。從這個角度來看，專指死亡和投生之間的「過渡」狀態，其呈現便可作為生命循環中發生轉變的原型；也就是說，中陰各階段亦闡明了這些由死到生的標誌性轉變（those iconic death-to-life transitions）是如何出現在日常生活之中。

如果對此自然的轉變過程不了解，就很容易會卡住。很多年前，我在報紙上讀到一篇報導：一名女子在結婚三十年後提出離婚。相較於因為不忠誠或拋棄而提出離婚的這類常見案例，這名女子對法官解釋自己離婚的理由則是「他不再是我所嫁的那個人」。

認出絕佳時機

如今我試問自己：如果我們能像進入一班列車那樣地進入一段關係，那會是如何？我們知道列車會開動，停止，再開動，穿越變化的景色和天氣。

當我們進入一段關係時，是否就會知道新的戀情所帶來的陶醉，或新的生意合作所帶來的激奮，或者是與一位心靈導師的初次相遇，未來會不會變得跟一開始時不一樣？如果我們能預期新的正向狀況是會變化的，而非希望它們保持原狀，那將會如何？列車會停很多站，我們不會試著讓它延長停留時間，我們也不會期待它一直停在同一個地方。它會經過不同的地方，就像我們會經過各個中陰。中陰所要告訴我們的是：一切都在轉變。

無論「投生」指的是此生或累世中各種心理認同之間的轉變，我們都還是面臨同一個挑戰：如何放下對自己所建構的故事的執著，並藉此讓自己解脫。

儘管我們無法明白指出包含中陰各階段在內的任何事物其確切的開始和結束，但把事物收集分類還是會有所助益的。每一階段的中陰都匯集了我們生命旅程中每個階段獨有的特質。就算與死亡時的覺醒不盡相同，此生自然中陰的特質仍然提供了相依緣起（interdependent）的覺醒機會。去熟悉這些能讓人在各個階段覺醒的特質，意味著去認識出轉迷惑為清明的絕佳時機。

透過呼吸練習的幫助，執取心的速度慢了下來，允許我連結上微細層面的持續變化。把注意力帶到變化的每一刻，有助於強化我們對於無常乃是生命中不可改變之狀態的理解。對無常的智識理解若要成為趨向解脫的法道，就必須結合經驗的體現。接著，我們便能獲得更多的助力以捨離自己無法握持之事物的執取——無論那些事物指的是自己的身體，或是我們所愛的人，又或者是我們的身分或聲望。

即使在火車上，我也曾瞥見赤裸的覺知——沒有波動，雖未徹底自由，但大體上很自由了。瞥見清澈的覺知能帶來轉化，但它需要透過修持使見地得以穩固。這就是我們之所以說修持要「短時間，多次數」。很多、很多次。是啊，我已經學到關於無常的一些事，也的確體現出我受過的訓練所帶來的利益——然而那都是在我所熟悉的範圍之中，對我保護有加，並且配備了安全設施。

7 密勒日巴教我們的那些事

密勒日巴是我童年的英雄，他因為只吃蕁麻而全身變綠，我還是想嘗試他曾做過的——以星空為幕，山野為家……

我的童年英雄

追隨餐風飲露的生活方式雖與世俗常規有很大的不同，但我依循的是西藏最受尊崇的密勒日巴（Milarepa）、帝洛巴尊者，以及我所屬傳承中的其他成就者的足跡。在我遊方的幾年中，這些前輩祖師都陪伴著我，在前往瓦拉納西的火車上，他們也多次造訪，尤其是我童年的英雄——密勒日巴。

密勒日巴曾經遊訪於一個看起來像是我努日（Nubri）家鄉的地區。我們的村莊座落在世界第八高峰的馬納斯魯山（Mount Manaslu）山腳。像帝洛巴那樣吃生魚腸的可能性曾令我戰慄，但儘管密勒日巴因為只吃蕁麻而全身變綠，我還是想嘗試他曾做過的——以星空為幕，山野為家。被人暱稱為密勒的他，生命軌跡由慈悲和暴力、豐潤和貧困、悲慘和悲憫交織而成，在一生中樹立了許多典範。相較於密勒日巴，我的個人領會和幾次歷險根本微不足道。然而他一生的體驗，也就是我們所知道的，從他出生到悟道的整個過程，為我擴寬了可能性的大門。

密勒在年幼時所受的艱苦，我無從知曉。他父親是一位成功的羊毛商人，在密勒和他妹妹還年幼時就過世了。他的叔父和姑媽欺負無助的寡婦，侵占他們的土地，迫使原是合法地主的母子淪為奴隸。當時的密勒必須四肢跪地，把他的後背當成椅子供給儼然像個中國太后的姑媽坐。同樣地，他的叔父也把他的後背當作騎馬台來跨上馬背。密勒的母親目睹了這樣的羞辱，在密勒長成少年時，她便要他跟當地一個巫師學黑法。一年之後，當惡劣的姑媽和叔父出席一場婚禮時，密勒施法術讓天空突然降下冰雹，砸垮了房屋，壓死了婚宴上三十五個人。

至此，密勒已歷經出生富貴，再生為奴隸，又轉生為復仇者。密勒的母親因報復了仇人而歡呼雀躍，她一個人繞著村子，招搖地宣告自己的勝利。但密勒卻無心為此慶賀，他很快地離開了村子，重生為一個生命的探索者，決意為鑄成如此重大的苦難而贖罪。

我們在孩提時，從密勒日巴身上學到的是：快樂並不依賴環境而得。他怡然自得地度過無衣無食的酷寒天候，這種自在讓他宛如天人一般；但他生而為人的生命故事，則可供人效法——儘管依然無人能登上他所成就的巔峰。暫且不論這些，也不談密勒日巴故事的極端之處，死亡和重生其實塑造了每個人的故事，我們都經由珍愛和失去、人際關係、工作、慈愛和悲劇而轉變。然而，我們害怕改變，因為我們認定了某種行為模式，若要我們放棄這些模式，感覺簡直就像是死亡一般。遙觀肉體死亡所帶來的畏懼，常常混合了日常當中與我們更接近、更具壓迫感的——雖然不見得留意到的——對自我瓦解的恐懼。在某種程度上，我們其實知道構成自己身分的標籤並不真實；比起害怕肉身死亡，我們可能更恐懼這些標籤剝落，害怕它們就像一連串面具的消融，使得我們要以不願冒險的方式將自己暴露出來。對肉體死亡的恐懼，大多都與自我的死亡，也就是那些面具的消亡有關。但如果能知道我們活在一個更大的實相中，便會對自己的真實性不那麼害怕。

修持！

當密勒日巴尋求補救辦法時，他並不知道自己要往哪裡去。但他抱持著一種或許被我們稱為「信心」的東西，相信自己有能力找到方向。如果尚未接受不確定性的存在，信心則不可能成熟——這便是我要開始學習的。在我剛到智慧林的初期，身邊眾多沙彌都崇拜密勒日巴，發願要遵循他的一生以及他的傳承，但卻不知最佳途徑為何，而我就是他們之中的一員。就像我在留給弟子們的一封信中所寫道：

……在我第一次三年閉關中，我幸運地可以在偉大上師薩傑仁波切座下學習。在第三年的中期，我和一些同期閉關的學生去見仁波切並請求他給予開示。我們都從閉關中獲益匪淺，想請示他我們可以如何持守這個珍貴的傳承。「修持！」仁波切告訴我們。密勒日巴的早年生活充滿了不幸和艱難。儘管在年輕時造下了惡業，他最終從過去的黑暗中走出來，在偏遠的深山崖洞中獨居時證得圓滿的覺悟。當他證悟時，密勒日巴認為自己不再需要待在山裡。他決定要下山去眾人聚集的地方，以便能直接幫助他人減輕痛苦。在他決定下山之後不久的一個夜晚，他夢到自己的上師馬爾巴（Marpa）。在夢中，馬爾巴鼓勵密勒日巴繼續閉關，並告訴他透過他的典範可以觸動無數人的生命。

……馬爾巴的預言實現了。儘管密勒日巴一生幾乎都住在偏遠的山洞，幾百年來卻激勵了百萬人以他為典範。透過示現閉關修持的重要性，他影響了藏傳佛教的整個傳承。由於他的貢獻，成千上萬的修行人展現出了證悟的特質。

仁波切回答道：「我幾乎大半生都在閉關。這是真正幫助他人的一種方式。如果你想守護這個傳承，那就轉化自己的心。這真實的傳承，你在別處是找不到的。」

車窗外還是一片漆黑，還沒有天亮的跡象。大部分人都不再交談而睡著了。

我在這班火車上還待不到五小時，感覺卻有如過了一生。我已經穿越各種奇異的景色，前一分鐘像是住在地獄道，後一分鐘則像是永遠不知滿足的餓鬼道眾生渴望受到保護。接著，我回到禪修，回到收攝自心而單純地「在那兒」（be）——以減少扭曲。恐懼、絕望、勇氣的微光、開放的覺知。這是我的第一個夜晚。我學習到自己不可能在一夜之間成就遊方瑜伽士之心。

第一次了解六道輪迴，是在拜訪我大哥確吉尼瑪仁波切（Chokyi Nyima Rinpoche）時。他的寺院在加德滿都的博達（Boudhanath）區，我那時應該只有六、七歲。一位老喇嘛被指派來帶我參觀寺院，我們停在一幅巨大的六道輪迴圖前，他開始耐心地解釋整個生命之輪。那是一個同心圓所勾勒出來的複雜圖表，其中最突出的一圈是像餅一樣切割成六道，每一道都以其主要的煩惱為特徵；而每一種煩惱都有被轉化為智慧的力量。整個生命之輪則由閻羅死神緊握著。

我發現這位老喇嘛跟很多老派的糾察師一樣，專注於最可怕的惡道：地獄道，以及針咽鼓腹、瘦骨嶙峋之眾生居住的餓鬼道。他聲音低沉地繼續講著，而我已經變得焦躁不安。我不想聆聽他講授關於輪迴，也就是關於這一生的痛苦和迷惑的教導。再說，我的父親——在我看來比任何人都更了解全世界的每個事物——曾經為我解釋過：地獄道是一種心的狀態，不是一個地點。他堅持認為八熱和八寒地獄的恐怖描述所指的並非來世，而是今生。「地獄真正的目的，」父親解釋道：「是要讓我們認識到嗔怒會帶來自我強加的懲罰。」當我們出於憤怒而行事，就是在懲罰別人和我們自己。我們的平靜蒸發了，我們的內心封閉起來，給予和接受愛的能力當場凍結住了。出自我們自己的反感，因而對別人說：

「下地獄吧！」（Go to hell.）我父親也解釋，在此痛苦之輪中，我們神經質的轉動（neurotic spinning）裡便含藏著解脫的種子，而生在人道就提供了覺醒絕佳的機會。這意謂我可以在今生就證悟。我只是想學習禪修和脫離輪迴，但那位老喇嘛沒有告訴我該怎麼做。於是我猛然掙脫，拔腿跑去找哥哥。

六道輪迴

在輪迴圖中，六道是以痛苦的輕重程度來排序，儘管我們的經歷並不會有特定的順序，但也不該太照字面去理解它們。舉例來說，我們不需要變得富有才能知道天道的特徵；此道的顯著特徵就是經常會造成獨樹一幟的分立，而財富可以讓某人有別於或是淩駕於他人。我自己感受到的分立有一部分原因是來自於我備受禮遇的成長背景，以及我在僧團中的身分和位階。這些本身就是一種形式上的分割，雖然正是那些狀況促使我冒險進入匿名遊方的不確定性。因此，在伽耶火車站和列車上，孤獨所帶來的震驚，感覺就像是地獄道。當我溜出德噶寺卻看不到計程車時，我就進入了畜生道的無明狀態，沒有理性；在未加檢測其來源或影響就對聲音做出反應，又讓我回到畜生道的心。我內心渴求保護的那份貪婪，就是貪得無厭的餓鬼道。阿修羅道展現的則是嫉妒，此道眾生對於想要生在天道的希求從未止息。我孩童時期嫉妒的對象曾經是那些在社會上比我擁有更多自由的人——尤其當我還是個男孩子，渴望躲開照顧者的警戒目光。可是在這段旅途中，完全被忽視的感覺卻又讓我有點受傷，我的心直接跳回到天界，因為連我自己都可以嗅到傲慢的惡臭。

我們都知道負面情緒的破壞力。認識輪迴中的每一道，是為了對心的流動性有所了解。任何事情，包括密勒日巴的人生經歷在內，都顯示出持續的變化有助於拆解我們對不變性的執著。在我看來，沒有哪一道是長期的住所。我就是一個旅行者，只是經過，而我希望自己安頓在人道，在這裡我們對痛苦知道得夠多，而渴望讓它止息；我們也對快樂知道得夠多，而渴望得到更多。

這個輪轉的重點在於循環性、持久性和痛苦。然而，每一刻也都帶來覺醒的機會。如果沒有意識到為什麼自己的行為會是我們所做的那樣，反覆出現的行為就會強化我們持續流轉於輪迴的模式。我們今天的行為，傾向於附和昨天認為自己是誰的想法，而這個行為的延續，則限制了我們改變的能力，並將我們的傾向轉化成認為事情不可改變的模式。這就是業力的本質。我們過去的一些面向被帶入每一個新的時刻。同時，每一個新的時刻也提供一個機會，讓我們以新的方式來和過去的模式相連。如果不能善用這些機會，那麼就沒有什麼能夠截斷由負面心態承襲的業力。我們本質上都具有自由意志，然而這只能從受過檢視的心（examined mind）中生起。我們的未來會被影響，但並不是被過去的因緣條件所加以定論或命定。直到我們學習如何檢視自心，並引導自己的行為之前，業習傾向都會迫使習慣再次種下它們的種子。

為何流轉？

現代人總是以一種不變的心態來談論自己，比如說「我是個愛生氣的人」，或者「我天生就是愛嫉妒」，也或者「整體來說我是貪婪的」。強調某一道的主要特徵會加強業力傾向。把巨大的複雜性匯集成一個簡化的概要，我們在錯過本應了解大部分事物的同時，還受到蒙蔽而認為自己知道自己是誰。這使我們一直在重複的圈套中輪轉，並且使得「發現自己是誰」的選擇變得狹隘。確切來說，輪迴的六道被認為是「具煩惱」的，因為我們對它們的執著限制了自己的經驗。我們都會多花些時間在某些狀態，而少花些時間在其他狀態，但是當我們為了確定「真實的我」而優先選擇其中一個時，便會使我們更難接觸到能影響自己如何感知與感知到什麼的各種變化。而這些永無止盡的變化，又促使我們的習慣自行地一再循環。

六道能幫助我們從動態的角度去認識情緒，而不是以我們性格不變的面向去認識。我們可以不再說「我就是這樣」，而是會重新考慮和思考：這是我不時會有的感受。退後一步會創造一些回旋的空間。憤怒、貪欲和無明能誘使我們中計，就像是吸引遊客的圈套那樣，但它們不是一輩子的住所。「道」（realm，也稱為「界」）這個名相指的是某種廣大的事物，儘管它不會比我們對它的感知更大或更小。如此一來，「道」於是可以擴展「我」的狹隘性。舉例來說，要了解從地獄解脫的自由，就必須允許嗔恨死去。如果我們安於和嗔恨同在，讓它有如我們身上的肌膚一般，那麼轉化嗔恨這件事情就像死亡本身一樣。然而，試圖保護自己免於一死，只會讓囚禁我們的這個煩惱長存不朽。

心習慣性地認為，在不同道之間、入出息之間，或是變換念頭之間，其所經驗到的轉變是不間斷的。然而，如果加以檢視，我們就能了解：它們之間總是有個空隙，就存在於我們以為持續不斷的事物之間，這個空隙的空間，就跟呼吸和念頭一樣。即使我們談的是持續不斷的「此刻」，但仍然有些時刻會帶來認識空隙和瞥見空性的極佳機會。比如說，我們現在吸入一口氣，在這次吸氣歷程中的每一刻都會是另一個「現在」的片刻；在吸氣結束前的最後一刻——就在明顯轉變的邊緣的那一刻——能增強我們對變化的敏感度。因此「這一刻」有著更大潛力，能夠連結對於始終存在的空隙的覺知。坐在火車上，我就處在一個很大的中斷過程，而且是明顯、刻意截斷自己的模式。我就在邊緣上，在吸氣和吐氣之間。我還沒有完全離開，當然也還沒有到達。

太陽已然升起，我無法察覺到它是何時升起的，只能認識到這件事已經發生。我想道：我正處在投生中陰，正在經過不同的道。隨著清晨的到來，每一站都有更多的茶販湧上列車，或是聚集在車窗附近叫賣。越來越多包裝零食的塑膠袋被丟棄在列車地板上。火車如往常一樣地誤點，但很快會到達瓦拉納西站。我還在臨終中陰，試著放下過去的生活，而我的新生命還未誕生。但至少我沒有卡住，我正在移動著。

8 瓦拉納西火車站

當我繞著瓦拉納西車站行走，
我問自己：是否準備好失敗、真的願意一敗塗地。

我曾經想過在瓦拉納西火車站待上幾天，睡在車站的地板上，由此開始我的新生活。這看起來的確像是一個開端。儘管很難確切指出那是從何時開始的，不過這個旅程的起始根源可以追溯到我的童年：深受密勒日巴激勵的少年夢，前一個晚上我離開自己房間的那一刻，當我溜出寺院大門那時，或者是進了計程車的那一刻，也或是在伽耶上了火車時。每件事都是一個開始，而每一個開始又導致另一個開始。

火車在第二天上午十點左右抵達了目的地。挺過了第一晚的我感覺輕盈且精神充沛。雖然我整晚睡不到十分鐘，但熱切地想知道白天會帶來什麼。這是我走出德噶寺大門以後，第一次感受到新的可能性帶來的興奮感，並且嗅到了自由的氣息。但當我從月台走到這個伽耶車站五倍大小的車站時，我的外在逐漸顯得比我的感受更有自信，彷彿在掩飾一種悄然而來的直覺——我隨時都可能會因為有太多新鮮的事物而不知所措，或者頭暈，又或者像受驚的馬一樣逃跑。

我可以看到自己的焦慮在加劇，觀看這種預感，就像是看著穿過山谷的閃電逼近。我察覺到自己身體的不適。我帶著對於「接下來可能發生什麼」的好奇，去跟這些感覺打招呼。我感覺自己像是真人大小的塑膠雪人玩偶，底部扎實沉重，可以左右搖晃，但不會被推倒。儘管焦慮，但我覺得自己準備好要繼續探險了。

對於以世界為家，我曾經有個想法。我總是以為內心的安詳可以應用到「任何」情境，無論我身處國際五星級酒店，還是在巴西貧民窟遊蕩，或是走過時代廣場。以四海為家的意思是：不落入引起貪欲或厭惡的景象、聲音和氣味之圈套。這意謂放下揀擇的衝動，只要如是地看到、嗅到、聽到對境就好，不迎不拒，只是安住於覺知的清明中，無論周遭現象為何，讓它們如浮雲般飄過。

回到真正的家

很多人都曾經歷過辛苦工作一天後回到家中所應有的舒適，我也曾期盼自己能帶著這份輕鬆走進瓦拉納西火車站。我想到與我同齡的人，在過去十年都試著為就業、親密關係和生活方式做出長期計畫，找到他們的理想狀態，並建立個人的身分。這個理想狀態可能會堆積成一個防護溝槽，與冷漠無情世界隔絕開來。試想，你在疲憊不堪的一天結束時，或者長途通車後回到家，你走進家門，對於在難以駕馭的世界中能找到自己的庇護所而滿懷感激。

在炎熱的六月上午，你走進一個在印度的火車站……

這麼多的老鼠和鴿子！就我所知，這肯定是一種另類的家。我大多數朋友絕對不會跟老鼠和鴿子住在一起。我也想知道，他們之中有多少人在自己家裡真的覺得有歸屬感。難道這不是驅使他們來禪修，以及跟我談話的原因嗎？我十一歲住在印度，很想念在尼泊爾的家人時，薩傑仁波切不就試著告訴我：我們都是想家的，都渴望著回到我們真正的家。

談到世界上與我年齡相仿、同為三十五六歲的朋友，我已經能夠了解他們的某些灰心失意。在絕大多數情況下，他們的防護溝槽會轉變成一種常規慣例、一個沒有出口的倉鼠滾輪。曾經承諾的目標以及令人滿足的成就，已經不再符合他們的期待。景觀辦公室賦予他們身分地位，而非真正的信心；銀行存款增值了，但永遠都不夠。付出如此多的努力，為的是造就一個停機坪，但欲望和不滿足的輪子卻還是不停地轉動。期望之後，失望卻隨之而來。失望往往還伴隨著相互指責，責備的對象可能是配偶或老闆，一座城市或是一個總統；然後換伴侶、換工作，或是換房子就像是讓停滯不前的生活重新開始的最佳方式。這裡的困難就在於：這種看似良性的循環，其實是把對自由的渴望藏在表面之下。而所謂「倉鼠滾輪」的常態活動，只會使人們不斷地逃避自己。看似離群獨立，卻極度害怕獨處。「跟著輪軸旋轉」形容的就是迷惑的世界。

我的日常生活並沒有變得無聊或無意義。但這個車站感覺起來確實和我在寺院裡乾淨、安全的房間不一樣，我只能祈求這次的旅途時間夠長，足以讓我發現這兩者不同的原因何在，找到那阻礙我前進、讓我焦躁不安的事情到底是什麼。

我們整天都在問：「我的孩子在哪裡？我的鑰匙在哪裡？我的手機在哪裡？」。卻不會問「我的心在哪裡？」如果我們可以訓練自己放慢速度，看著自己的念頭，不被它們牽著走，只是留意著——我們將會對自己時時刻刻所穿越的宇宙感到驚奇。一般來說，我們不會去看自己的心，也不太知道它們是如何運作的；自始至終，我們漫無目的、迂迴遊走的心理常態所能涉及的範圍和流動性，讓「自己是被困的」或「我們無力改變」的這些想法成為一種挑戰。

當我冒險進入偌大的瓦拉納西車站時，我的心在哪裡？肯定是在向外看。我繞著陌生的車站行走，對遭遇的威脅保持高度警戒。人們快速地向四面八方行進著：一些身穿西裝的商人手上拎著公事包，穿著緊身牛仔褲、T-shirt、留著長髮的少女手挽著手漫步，父母親吃力地拖著他們的孩子和行李，一些旅客拉著身後的行李箱或追著挑夫，每個人都必須摩肩擦踵地穿過人群。

我的覺知沒有專注在任何特定的對境，而是隨著尋找新的落腳處而移動——允許無家者過夜的地方、車站外乞丐蹲坐的聚集區、賣油炸食物的小攤販、報攤、通往貴賓室的出入口、廁所、警哨、售票亭和通往列車的入口。

焦慮不安的錯位感

在車站內徒步繞行，代表的就是心的一種中間（intermediate）狀態。我已經走出德噶寺大門，離開了那座城市。我不曾露宿公共場所，也不曾乞食過。我已經離開了家，但還沒有變得無家可歸。我曾經希望可以捨棄僧袍，但我看起來仍是個藏傳佛教喇嘛。我以一種緩慢、隨意的速度繞行，以為會有個安全的地方讓我停下來，也以為我一到達那裡，不舒服的波瀾就會止息。

昨晚在我坐進那輛計程車，以及在火車上找到一個座位時，也有同樣的感覺，就好像那個地點或是一個隨意的地方，就能安撫我的錯位（dislocation）感。事情並非如此，但我們卻經常被困在一種幻覺中，以為到達預先確定的目的地，就能終止內心介於中間（in-between）的這種不安感受。當我們不明白覺知的持續性，或者當我們明白這點卻還是失去連結的時候，令人焦慮不安的錯位感就會發生。

在此生之中，我就處在改變、轉換和無常的中陰。我沒有在前往瓦拉納西的途中死去，可以用來界定明就仁波切的外在形式也沒有瓦解。而我跟那個離開德噶寺的人也不完全是同一個人。我度過了一個不尋常的夜晚，但那並沒有把我變成鬼魂或透明的身體，或者是任何我色身死亡之後可能會出現的其他型態。在菩提迦耶和伽耶車站之間，我處在中間；在伽耶和瓦拉納西之間，我也處在中間。在過去的十二小時裡，我的冷靜沉著一次又一次受到了挑戰。然而，由於我相信心的狀態就如同生命和呼吸本身那樣的短暫，因而還能繼續堅持下去。從離開德噶寺的那一刻開始，某種程度上我一直就「在中間」。甚至連擠上火車、找到座位，我也是在中間——如同我現在還徒步繞行車站。但是「處於中間」真正的意思並不關乎身體上的參照點，而是對於錯位感、拋下內心舒適區，且尚未到達恢復平靜之處的焦慮。

就中陰的字面解釋來看，「處於中間」描述的是一種無實體、非物質的存在狀態，且正處於希求回歸物質層面的過程。它想要重獲堅固的實體，並且再一次地成為某人。從自身這個物質形體來看，我們就已經了解到那種自己「什麼都不是」或者「誰都不是」的經驗是相當難以忍受的。我們人類其實無法忍受這種可能性——除非我們覺醒，並意識到這種轉瞬即逝和流動的狀態才是我們真正的「家」。

我們總是在一個不知道和不確定的狀態。那就是存在的本質。投生中陰可說是一種日常生活的經驗，它表現了一種明顯的移位、瓦解，以及不清楚正在發生什麼的狀態。這些時候無論我們是否經驗到確定性，潛在的因緣從來不會真正改變。轉變來自於我們的感知。當我在菩提迦耶坐進計程車時，儘管在夜路上超速疾駛並不安全，那種錯位的焦慮感卻減緩了。當我站在火車月台上，便期望坐上火車會減少一些不安。但是被人牆壓住、緊貼車門的那段時間，反而引發出更多不安。我以為在地板上找到位子坐下會讓情況好一些，但是不斷有陌生人撲倒在我身上，讓我感到孤立和焦躁。我以為當我找到長凳坐下時會更舒服，但是當火車汽笛響起時，我卻感到恐慌。

為了社交時可以清楚溝通和談論事情，我們會提到開始和結束。例如我們開始和結束一次列車之旅、開始和結束一通電話、開始和結束一天。我們開始一場訓練活動、結束一段假期或戀情。我們談到生有中陰和臨終中陰，接著就是稱為法性中陰的如夢過程，然後是投生中陰，然而當我們跳過語言和分類的方便之後，每一秒所展現的都是投生中陰。形成再形成，一切現象一直都只是形成（become）——這就是實相運作的方式。當我們審視自己情緒的微小轉變，或是身體的變化，或者是社會情勢的變遷，又或者不同景象和光線等環境的轉變，也或是語言、藝術或政治的發展，我們都能看到一切其實總是在變化、消亡和形成。

刻意反轉

我以為自己一夜之間就可以成為一名苦行僧、遊方的瑜伽士，馬上卸掉全部外在的身分。但我沒有適當地評估這些身分認定在我色身中所深植的程度。我對於「火上添薪」依然具有信心，並且透過燒毀執取之自我對感官的影響，進而了知重生。如果對重生的能力不抱信心，我們就無法在每一天充分利用死亡。當我考慮要在哪裡坐下來的時候，心中並未幻想著能藉由在某個安全的空間定位以便重整自己。我會找一個地方坐下來，但我知道那並不是一個庇護所。我繼續在車站繞行，一直告訴自己，並且同時注意其中的悖論：輪迴的流轉不是預先決定好的，我們也不是注定要重複著不幸。

我想到一些經歷重大轉變，但他們的世界並沒有因此被顛覆的朋友。但我也沒有顛覆我的世界，我辯解著。表面上，我刻意反轉自己的世界；但本質上，我是處在我一生都沉浸其中的磨練過程中。是的，我是在火上添薪，但這火已經燃燒了很多年。我並沒有要改變方向，我會燒掉外在的身分；然而，就重要的、內在的方面來說，這次閉關是我一生中明確且相同願景之延伸和深化。

一位與我年齡相仿的朋友，之前曾經換過好幾個工作，他有時候會辭掉工作，有時候則是被解僱。我已經好幾年沒有見到他了，在我去閉關之前，他跑來見我。這次，他成功地經營直升機的生意，先去上課、拿到直升機駕照，然後他租了一架直升機，提供直升機的包機服務。現在他自己擁有四架直升機，雇用了十名員工。我問他，在歷經那麼多次失利之後，他能夠成功的原因是什麼？他向我解釋，以前自己總是太驕傲，而不肯冒失敗的風險。「在我甘願失敗、一敗塗地以前，我都是一事無成。」

現在，當我繞著瓦拉納西車站行走，我也問自己是否準備好失敗、真的願意一敗塗地。但除了回到自己的寺院之外，我不太能想像那看起來會是什麼樣子。我也想到了一名女子，她的丈夫酗酒成性。在經歷多年糟糕透頂的生活之後，她丈夫參加「戒酒十二步」的課程，從此不再酗酒。她對於兩人一起展開的新生活非常樂觀。一年之後，他們卻分手了。她解釋：「只要他還是個酒鬼，我就會覺得自己比他優秀；當他清醒時，我就不能事事責怪他，讓自己有優越感。」她告訴我，他們還是很親近，也談過復合這件事。

「要怎麼樣才能復合呢？」我問道。

「我必須接受自己值得被一個不是醉漢的人所愛。」她說。

「那現在呢？」我問。

「我還在努力中。」她說。

我很欣賞她這個答案，心想「我也是啊，我也還在努力中。」努力去看到自己曾經被特殊對待的種種方式，努力讓自己能覺知這一點。既不推開，也不拉近。同時我也看到自己對於侍者和照顧者能夠給我保護的需求，雖然我這才開始發現自己對他們有多麼依賴。

了解車站的設計，並沒有減輕我的無所適從。我看了看手錶，快十一點了。我留下的信很快就會被發現。我在信中寫道：

在早些年，我接受到多種不同的訓練。在父親身邊的那些日子，我有過嚴格的禪修訓練，但並不是嚴格的閉關，基本上我可以和其他人見面，自由來去。我在智慧林的三年閉關，則是一個完全封閉的形式。我們一小群人住在被圍起來的閉關房，在閉關結束之前，和外界沒有任何的接觸。這是兩種形式的修持，但閉關並非只有這兩種形式。就像偉大的瑜伽士密勒日巴所展現的，還有一種傳統是在各地遊方，待在偏遠的山洞和聖地，沒有特定的計畫和行程，唯一有的就是以覺醒之道當作堅定不移的承諾。未來幾年我便會以這樣的閉關方式修持。

「他去哪裡了？」

在人們發現我不知去向之後的幾分鐘，我的哥哥措尼仁波切和我唯一還健在的上師大司徒仁波切就會收到消息。我想到當時九十三歲的外祖父得知我消失的消息，一定會咧開無牙的嘴笑著默許。我不擔心他，因為我知道他不會擔心我。他如虛空般廣大的見地可以接納一切。消息會傳開，人們會表露關切，「他去哪裡了？」、「他吃什麼呢？」誰會把這個消息告訴我的母親？

我坐在留宿區域的石板地上。乞丐只能待在車站外面。有些人無處可去，但其他人是途經瓦拉納西轉車，而在此停留一兩個晚上。印度的鐵路運輸太便宜，以至於整家人可以千里迢迢去參加備有豐盛大餐的葬禮或婚禮。

我盤腿挺直地坐著，背包放在跨間，雙手放在大腿上——儼然一副持戒清淨的比丘相。不過現在我可以容許自己注意到我對這個角色的執著。幾分鐘之後，我也注意到自已又變得很焦躁。警察懷疑地看著我，周圍的人盯著我看，我的藏紅色僧袍引來人們的好奇心。我揣摩菩提迦耶的乞丐時，曾經有想過「我也做得到！」我花了好幾個小時，想像自己拿出缽盂乞食、不洗澡，睡在石板路上或樹林裡。但從來都沒有想到會在伽耶車站第一次被社交赤裸感（social nakedness）給逮住。

我之前關注的都是諸如食物、乾淨舒服的床鋪、肥皂和熱水澡這些物質上的匱乏。在想像苦行生活的時候，我當然是置身在整潔的房間裡，吃著最喜歡的食物，眼前都是我喜愛和敬愛我的人。讓我措手不及的是尷尬難堪、無處可藏、被人打量，以及被自己的拘束感吞沒。我明白自己在人群中的地位，人們對此也有所了解。我出外旅行的時候，通常就像是個來自精英領域的外交使者，因而受到恰如其分的對待。我從來沒有完全擺脫過童年時代的自我意識（self-consciousness）。我在公眾場合的舉止並不是每次都可以很放鬆，社交上也不盡然駕輕就熟。但我現在感到極度尷尬，恰似昨晚擠上火車時向我襲來的那道海浪。由感覺對自己疏遠，轉移到對其他人疏遠。幾分鐘之內，我已經不再坐在溫順貧苦的人群之中，而是被一群瘋狂愚妄的人盯著看。我在車站遊走的過程中，就目睹一些人跳進鐵軌去小解、排便。

於是，我開始像昨晚在火車上那樣，進行同一種身體掃描禪修，作為放鬆或試著放鬆身體的方法，從頭頂掃描到腳底。大概五分鐘之後，將修持的焦點轉移到感受體內的變化。

我把覺知帶到自己的額頭。

我安靜地坐著，試著感覺到那個部位的任何感受，例如熱度、刺痛或振動。微細的感覺一直存在，但我因為太緊張而感覺不到它。

一兩分鐘之後，我把手掌伸到額頭前，掌心與額頭保持大約零點五公分的距離，互不碰觸。接著，我的手掌感覺到內在的溫熱，還有一些刺痛感。

我把手放下，再把覺知帶回到前額。我讓覺知保持在那兒，直到我的感官知覺從熱度轉移到壓力，再轉移到放鬆的感覺。

我繼續覺察這種一直在變化的感覺。放下它（Let it go），任由它如是（Let it be）。無論多麼舒服，都不要抓著不放。我試著安住在穩定覺知的經驗中。

接著，為了和感受連結，在保持穩定覺知的同時，我將注意力移到自己的頭頂。我感覺到神經、肌肉和皮膚的緊繃。我的心盤旋在頭部，在過去和未來之間顫動著。我將心帶回到頭部、帶進身體。試著去感覺那些感受。如果我感覺不到任何感受，那就試著安住在沒有感受的覺知。

留意被認定為悅意、不悅意或中性的感受。接著安住。

接著，我將覺知往下移到臉部、下巴的肌肉、嘴巴和嘴唇。安住於發生的一切，我告訴自己：「看看你是否能留意到感官知覺上和反應上的改變。」

我想要再次肯定身體表面的每個原子、每一寸皮膚和每一個毛孔，都是不斷改變的感覺接收器。

我還是不能放鬆

我需要再次經驗變化的持續性，好讓我記得每一刻都是超越固著心（fixed mind）的機會——固著之心便是焦慮不安和壓力的溫床。在每次呼吸和念頭之間，存在著完全超越概念和記憶的空隙，但我們的內心習氣障蔽了這個訊息。

由於身體掃描允許我接納改變，它證實我並不是注定要和這個極度不舒服的感覺綁在一起。但我還是不能放鬆，仍然帶著一個僵硬和任性的決心坐著。阻止我移動的是天界的詛咒——傲慢，只因為在地板上坐著的人們之間有成群的老鼠竄來竄去。

回想起來，可以很容易地理解為什麼我會吸引到那麼多的目光。因為我穿戴得非常整齊，以致無法融入這個環境。我的僧袍還很平整，頭和臉都剛剃好不久，指甲也是修剪過的，眼鏡還完好無損。我的外表看起來一定像是個在體驗貧民區的中產階級。某種角度來說，確實也是如此。我有很多年輕的學生經濟拮据，卻背著背包到處遊走。他們有家可歸……而我也是。我猜他們大部分的人是獨自一人坐火車、搭飛機，或是在高速道路上開車。他們肯定曾經也自己買火車票和外賣的咖啡，規劃出旅行時間表，並且獨自在餐廳訂餐和用餐。

我起身去上洗手間，回來時發現有一家人已經在我附近坐了下來。第一次有人來跟我說話，「你是從中國來的嗎？」這家的男主人問道。

我告訴他：「我來自尼泊爾。」

他好奇心頓時大減。印度人對外國人很好奇，但尼泊爾還不夠「外國」，而且尼泊爾人不值得了解。只不過，他還是友好地跟我攀談起來。他穿著破爛的裏裙和無袖內衣，留著山羊鬍，臉剃得很乾淨。這一家人都沒有穿鞋子，他的太太穿著褪色、皺巴巴的橘色輕薄棉質紗麗，紗麗的一端鬆鬆地綁在頭上。小孩子們頭髮看起來很凌亂，像是一陣子沒有洗頭，衣著也不是很合身。放在他們一堆麻袋中間的是一大袋米和一個小小的煮飯爐。這個男人告訴我，他們從東邊自己的村莊途經這裡，要去南方很遠的地方拜訪親戚。他們把很多時間都耗在最劣等的火車上，因而對車站相當了解。他開始為我介紹哪個攤販賣的奶茶、花生和餅乾是最好的。儘管跟他說話讓我很愉快，但我很快便轉過身去，讓他知道我想要一個人安靜地坐著。

9 空性，而非空無

如果我無法相信表象，那還有什麼是值得信賴的？
我想要樹枝對我保證它不會斷裂，我就不會摔下去。

小心間隙

有位英國朋友曾經送我一份紀念品，它來自一個獨特的火車站——倫敦地下鐵。那是一頂鮮紅色的帽子，上面繡有金色的字樣：MIND THE GAP（小心間隙）。這是為了提醒乘客留意列車與月台之間的間隙。如果不小心的話，有可能會踩空而跌斷腿。

「小心間隙」，我告訴自己，因為間隙也存在於各道之間、存在於念頭和情緒之間。然而，不同於列車月台和火車間的間隙，這樣的間隙是很微細的，不僅很難注意到，也很容易錯過。在一次到訪新加坡的行程中，我受邀去一間樓高六層的百貨公司頂層的豪華餐廳用餐。當我們一路搭乘電扶梯上樓時，我做了一個關於空隙的有趣白日夢。我想像自己在一間大型百貨公司的地下室迷路了。我焦慮又害怕地穿梭在發電機、嘶嘶作響的鍋爐、蒸汽管、震顫的活塞和震耳欲聾的水力引擎聲之間。四周沒有窗戶、沒有空氣、沒有漂亮的商品可以買、沒有出口標誌。與這個如地獄般的氛圍形成對比，六樓是最高的樓層，也就是我將被帶往用餐的地方，那兒有著粉色的大理石地板、玻璃隔牆、開滿鮮花盆栽的陽台。每週七天、每天二十四小時，電扶梯從地下室的地獄道上升到天人居住的天道，再下降返回，恰好可以反映出心境轉換的持續流動。

站在電扶梯上，我發現我們沒有辦法只搭乘一座電扶梯就從底層直達頂樓，反之亦然，每到一層樓，我們就必須走下電扶梯，再踏回另一座電扶梯。換句話說就是「那裡有個間隙」。透過修持，就有可能覺知到「介於之間的空間」（the space in-between）——介於我們每個念頭之間，介於每種心情之間，介於每個感知之間，以及介於呼氣和吸氣之間的空間。

為何這個間隙如此珍貴？比方說我們看著多雲的天空時，有一些雲會比另一些雲更明亮，有一些則會比另一些更灰暗；它們移動得有快有慢，呈分散狀、變換不同形狀、消融於彼此。突然間，雲散開了，在一瞬間，我們能夠瞥見太陽。雲層的散開就是一個間隙。那些雲層就是心未經訓練時所呈現的正常形式，無止境地抱怨我們的生活、餐點、行程、病痛、過去的問題和投射。此外，這些念頭源自於我們過往的心理歷程和社會制約條件而生起，然後經過欲望、貪念、嗔怒、嫉妒、傲慢等情緒的塑造而穿過我們的心。層層浮雲流動著，飄移到心中，再從心中飄走，速度時而緩慢時而狂暴，製造出驚奇或是激發出恐懼。我們有可能深陷於自我編造的故事情節中，甚至不去嘗試了解雲層的背後是什麼。或者，我們可能誤將這一連串流動如雲般（moving thought-clouds）的念頭，視為雲層下的本然心。但是如果我們留意的話，就會認識到這個間隙——介於念頭與念頭之間稍縱即逝的空間。

我只想關掉水龍頭

有位學生曾說：「我只想關掉水龍頭。」這描述了我們猴子心常有的經驗——傾瀉奔流、不曾止息的念頭。但是透過覺知，我們可以察覺到，儘管念頭喃喃自語、看似無止無休，但之間仍有著間隙，有著「介於之間」的時刻，有著空空的空間，它們便提供了認識清明不亂（uncluttered）之心的體驗機會。在這些間隙中，我們經驗到清淨的感知——無時間、無方向、無評斷。喃喃自語和記憶的雲層散去，陽光閃耀。

念頭之間的間隙，就如同呼吸或情緒之間的間隙，讓我們能夠一瞥赤裸的心——那個沒有被偏見和記憶模式障蔽的心。就是這清新的一瞥，讓我們可以受到驚愕而覺醒，並提醒我們雲層只是暫時的表面罣礙，而無論我們見到與否，太陽始終光芒萬丈。留意到這個間隙，讓我們了解到，自己有著一顆不向外攀緣的心，不去執取愛恨得失的故事、榮辱的標籤、或是房子、某人或是寵物。這顆心便會從受困在重複循環之錯誤感知中解脫出來。

「間隙」也是「中陰」的另一個用詞。將此生的生有中陰和臨終中陰加以區分，以便讓我們學習到生命各個階段的狀態。但事實上，這些不同的階段並沒有清晰可辨的邊緣或界線，沒有結束、也沒有開始，一切都在不斷變化中，一切都持續不斷地出現、改變、轉化、湧現和淡出。如果我們的心沒有受困在某個特定的道，或是執著於有限的一組身分，而能啟動和回應各種改變、欣賞無常，那麼我們就可以創造出有助於認出這些間隙的內在氛圍條件。

透過間隙而連結上的明性（clarity），是本然且無造作的醒覺（wakefulness），在我經歷如地獄道的伽耶車站，以及在過去有如天界的早期生活時，這份醒覺一直陪伴著我；甚至當我對穢物四溢的馬桶作嘔、渴望受到保護，以及被火車鳴笛驚嚇時——它也在那裡。這份醒覺不依賴因緣條件，它此刻就存在，就在現在。它不會因為慈悲或殘忍的行為而有所增減。我們所謂的「間隙」，指的就是赤裸覺知（naked awareness）轉瞬即逝的剎那。這個眨眼之間的機會為我們引介本具的本初之心（original mind），並讓我們品嘗從困惑中解脫的滋味。

要我執放棄它自己，可能會受到相當激烈的抗拒。因為它的工作就是保持主導的地位。這位德噶寺住持的「我」，已經在忙碌的一晚對這一點有所體會。即使我能夠斷除錯誤感知，它們卻像日本麻糬那樣又重新黏在一起。你可以把麻糬對半切開，然後看著它們又慢慢黏合在一起——這就是我執的專橫，即便自由的滋味可以把我們帶往一個新的方向。

除非我們已經對心的不同面向有一些了解，否則瞥見空性不一定能帶來益處，有時候還可能會造成困惑，很多人便不知道可以如何理解它們。一位美國朋友曾描述她青少年時期一次在沙灘的經驗。當時正是盛夏，她和朋友們在休閒度假，突然間，她「消失」了。「其他的一切都還在，朋友們、沙灘、海水，一切都閃閃發光、鮮活炫目。我看得到、聽得見，但是我卻不在那裡。」這樣的狀態持續不超過兩分鐘，她坦言自己從沒服過迷幻藥。在這之後，她完全沒有對朋友提起這個經驗。而這個經驗就成了不能和他人分享，且無法解釋的羞愧。她以為自己可能真的「精神錯亂」了，而這個經歷可能表明自己瘋掉了。多年來，她對於精神錯亂和「間隙」（或間斷）兩者間的關聯總是無法釋懷，直到後來她開始練習禪修。唯有到了那時，她才能夠利用這種自然發生的經驗來進入更深層的醒覺狀態。

這位女士也告訴我，幾十年之後，當她向有禪修經驗的朋友提起這段往事，他們很多人也曾有過自然一瞥的類似時刻，而且也同樣害怕向他人透露。我也是透過這些禪修的人，才知道別人有這樣的經歷。然而，這類經歷指出了我們本初、無造作之心所共通和本具的自性。

國王與比丘的故事

接下來的八個小時裡，車站的地板似乎要把我吞沒了。我的坐骨、臀部和膝蓋在大理石地板上被壓得發痛。過去幾個月我竟然沒有想到不用蒲團來打坐。我疲憊不堪，也留意到自己的疲乏中還夾雜著惱怒。周圍的人感覺起來很不友善。最後，我選擇住進車站樓上的旅社。

我也可以任性地把睡在車站地板上的計畫硬撐下去。儘管眼前有一些障礙，甚至正是因為它們，我仍然對迎接挑戰滿懷熱忱。就最深的層面而言，我至今對於認出覺知已有多年的經驗，即使和它失去連結，我還是能信任空性的智慧。雖然海浪比我預期還來得強大，也雖然它們曾讓我費勁地喘息，我也從未完全忘記這廣大開闊的心，並且由它繼續支撐著。我從未懷疑自己是否有能力保持對覺知的認識，或者有時與它真的斷線之後，是否還能重新認出。這就是即使選擇睡在地板上，我也能做到的原因。但我做了另一個選擇，我不想扮演超人，我不是出來逞英雄的。而且我也知道任性地硬撐，只會讓固著的心越糾結。若要如此，就需要投入很多努力，而我將與自己作戰，那樣做並不值得。於是我決定，如果自己不能在一夜之間改變，那也沒關係。我花了大概一百盧比（約台幣四十五元，一點五美元）換取十二個小時的住宿。我被安排住進一個有二十張金屬架小床的房間，這個房間看起來並不舒適乾淨，而且相當的熱，氣味也不怎麼好。但自從有了坐在火車站地板的經驗，我躺上這張小床時，簡直就像是躺進天人的懷抱。

認出那種不適感以及睡在鐵路旅社，更加符合我的打算——把火焰撥得更旺，讓我可以好好地看著內在到底發生什麼事。我想盡可能地了解這種難堪——不是只為了看似舒適地躺在車站地板，而不去理會那份難堪。這與事實並不相符，我知道如果要轉化情緒，就必須讓情緒變得比平時更強大、更清晰可見。我在這次旅程所做的練習中，總是有個「目擊者」；比如說，「我」在這邊，正在以那邊傳來的聲音做修持。這個觀看的「我」從未消失。總是有個觀看者（watcher）。現在，在旅社房間裡，我不得不問：是誰在經驗著這份難堪？在我童年最喜愛的經典故事中，誰又是那先比丘（Nagasena）所指的那個「我」呢？

躺在小床上，我腦海裡浮現一個關於國王與比丘的故事。在釋迦牟尼佛入滅後的一百五十年左右，有一位名叫彌蘭陀的國王（King Menander）遇到備受尊敬的那先比丘。國王並不認識這位佛教僧侶，於是問他的名字。比丘說出自己的名字，但補充道：「這只是個名字、一個符號、一個慣用的事物。這裡找不到一個獨立個體的人。」他向國王解釋：「『那先』只是一個名稱。」

明就仁波切也只是一個名稱。我並不是我的名字，我不是我的頭銜，我也不是我的僧袍。我沉思著那個把我帶到鐵路旅社這張小床上的願望：去除名字、頭銜、僧服的錯誤認定，從而與不受制約之心連結。只有帶著無量之心，我才可以無量地利益他人。

彌蘭陀國王又問：「那麼是誰穿著僧袍？誰享有著它們？誰在禪修？誰在修行？」

比丘答道：「被稱為『那先』的人。」

是誰睡在鐵路旅社的這張小床上呢？

名為「明就仁波切」的人。

國王再追問那先：「你頭上的毛髮可能是那先嗎？」

比丘答道：「不是。」

國王問那先，他的真實身分是否能在像是指甲、牙齒、皮膚、血肉、肌腱、骨骼、骨髓、心臟、肝臟、脾臟、肺臟、腎臟、隔膜、腸胃、糞便、膽汁、涕唾、膿血、膏脂、汗液、脂肪、眼淚、粘液或是尿液等等身體其他部分，或是大腦之中找到？

我掃描了一遍自己的身體，像我小時候做的那樣，去尋找我自己。我確定我不是自己的指甲、牙齒、皮膚。

比丘告訴國王，他的身分在任何身體部位都找不到。

接著國王便問：「比丘是不是一種愉悅或痛苦的感覺？是一種感知嗎？是一種衝動？或是一種意識的狀態？」

正因為過去幾天以來，我屢次感覺到內心的平靜受到衝擊，要確認「我不是身體的某個部分」，比確認「我不是我的感知或意識狀態」更容易。我敢肯定自己不是我的難堪、失敗、傲慢或恐慌。然而無論這些「東西」隱藏在哪兒，都讓我感到刺痛。

然後國王指責比丘，認為他在說謊：「你說你是『那先』，這個人並不存在。」這個時候，問者和答者互換了。比丘便問國王：「您怎麼來到這個地方的？」國王回答，說自己是坐馬車來的。

比丘又問：「馬車指的是輪軸、是車輪、是牛軛，還是轡繩？」

開來瓦拉納西的火車是它的輪子、車廂、渦輪機、鐵皮架子，還是引擎？

國王說馬車不是那些物件之中任何一個特定的部分。

接著比丘又問：「在這些部分之外是否有一個馬車？」國王說：「沒有。」

這時比丘認為國王也是在說謊，「您說您是乘馬車來的，但您又說不出馬車是什麼。」

國王說：「就這點來說，我不是在說謊，因為有了這些部分，馬車便以名字、符號和約定俗成的功用而存在。」

「的確如此，」比丘回答道：「因為我的身體、感受、感知……於是『那先』便以符號、約定俗成的功用，以及名字的方式而存在。但究竟上根本找不到這一個人。」

印象中，這段對話就在這裡結束了。好吧，那麼我不是我的禪修，我不是我的地位，我不是我的特殊身分。要從這張鐵床上離開的是誰？在等候區如此焦灼不安的是誰？猜忌和難堪在哪裡？它們是如何生起的？如果找不到它們的位置，或是無法在感官上感知到它們，如果它們的形狀，包括尺寸和重量，就像雲一樣移動，那麼它們就會飄過。從哪裡飄過？我的雙手無法抓住它們。喔！我這個心可真會製造問題呀！

空不是空空如也

空的心，空的身體，空的情緒，但並不是空空如也。以情緒、欲望和反感形式出現的海浪也是空的，它們的力量也是空的。然而，空的海浪的空之力度卻有著「空的力量」能顛覆一個本質亦空、但對此全然不知還塞滿想法的心。如果不以海浪來編造故事，就能讓空的水消融於空的海，就像水被倒進水中那樣。沒問題，情緒本身不是問題。關鍵在於我們如何對待它們。

儘管我們的夢會讓我們笑著、哭著或尖叫著醒來，我們還是會說夢「不是真的」，同時卻又堅信懼怕、恐慌、傲慢和難堪都「是真的」。我們把自己放入自己的夢中，說這「不是真實的我」；我們把自己放入我們的恐懼和迷惑中，堅持認為它們就是「真實的我」。

這個身體是真的嗎？是否有一個事物叫做「真實的」我或是「虛假的」我？那先比丘說他的名字、地位、身體各部分等等，都不是假的。同樣地，我自己的名字、身體、恐懼或煩惱也不是假的。「無我」（no-self）這個名詞並不是意謂著「假我」（false self）。然而，它並非如我們所想像的那樣「真實」。我們或周遭的世界，都不是由我們所投射的堅固、獨立、持續的特質組合而成。我們的感知是虛假的。我們感知的對境既非虛假，也非真實。

每年都有數百萬人離世。然而，如果是我們或我們親近的某人被診斷出絕症，我們便會問：「怎麼會發生這樣的事？」一個更讓人驚奇的問題是：我們怎麼會固執於這些明顯的錯誤感知？我們無法用手抓取它們，也無法用鏈子綁住它們。只有心才有力量能夠牢牢地抓住關於「我們是誰」的錯誤主張。了知我本具空性(essential emptiness)唯一的障礙是：心之浮雲卡在對難堪的固著、卡在對角色的執著當中，而沒有能力或不願意讓這些雲飄過。知道這點並不足以讓人感到輕鬆，但它允許我對「火上添薪」再次充滿熱忱。

我們只需要看看自己和身邊最親近的人，便能認識到生命本身就是變化。這個訊息遠遠超過我們所需要知道的。但是我們不想看到它，並且否認它會引發痛苦（梵文：Dukkha，音「堵卡」）。痛苦所涵蓋的範圍，從折磨和煩惱，到不滿、焦慮、不安和生氣。每一種痛苦所反映的，都是一種內心煩惱，都是用我們自己希求出現的去取代如是實相時所生起的。

我個人的經驗告訴我，我們學到了教訓，而當舊習氣重現時，我們就必須一次再一次地吸取教訓。住在努日的童年，曾發生一次很特別的意外，這個意外讓我想起「習氣心」（habitual mind）的花招。我家的房子座落在山頂上，而村里中跟我同齡的其他男孩都住在山下。我們結伴玩耍的秘密方式是我從家裡溜出來，然後把手攏在嘴邊，發出「嘎咕」的鳥叫聲。「嘎——咕」，如果他們聽到我的聲音，便會回覆「嘎——咕」，接著我們就會一起跑去滿是參天大樹的隱蔽樹林。這些古樹枝幹盤錯，隨著歲月的增長，有的樹會彎成拱形，有的則是從其他樹木之中穿過或低垂到地面。

在樹林裡，我們比賽誰爬樹爬得最高、最快。像猴子一般的我，用一隻手攀到一根樹枝，再把自己盪到上面的樹枝。有一天，當我正從某根樹枝盪到另一根樹枝時，突然間一聲巨響——樹枝被折斷了。我掉到地上，僧裙翻轉過來蓋住了我的臉。我的手上還抓著斷掉的樹枝。當我終於把頭露出來時，我看到外祖母正俯視著我。我一動也不動地等著她訓斥我溜出來玩。結果她反而溫和地對我說：「把樹枝給我。我要給你看一個東西。」我坐起身，把樹枝遞給她。她告訴我：「你以為它是粗壯有力的，但看看吧，」樹皮下面的木頭已經腐朽，而且像泥土一樣柔軟。

接下來幾天，我花好幾個小時思維那棵樹，試著理解為何事物不是它們看起來的那樣。我的眼睛欺騙了我，那棵樹背叛了我。如果我無法相信表象，那還有什麼是值得信賴的？我想要確定，我想要樹枝對我保證它不會斷裂，我就不會摔下去。*我們如何生存在這個不確定的世界，而當中沒有任何單一的個體是可靠的，即便一秒鐘也不可靠？*這真是一個讓人難以忍受的想法。

那次意外之後，當我再跟其他男孩比賽時，我總會先拉一拉上面的樹枝當作測試，覺得沒問題才會放開下面的樹枝。然而，最重要的是這個經驗給了我一個教訓：我需要一次又一次地學習。需要具備什麼，才能把對一棵樹感知為一種過程，而非一個事物，一個有著成長、衰老、死亡和轉化的生死形式？那麼，對於我們最愛的人或我們自己，又該怎樣看待呢？

我們沒辦法在一夜之間就吸取那麼多關於無常的教訓。我們的習氣太根深蒂固。我們學習，因而有了洞見，但我們沒有運用它們，或者是對它們感到畏懼。佛陀認識到苦最主要的成因之一，就是錯把無常當作恆常。被後人稱之為「大醫王」（Supreme Physician）的佛陀，為輪迴的疾病提供了療法。然而，只有當我們認識到自己的病症時，才會願意接受治療。

10 看到什麼，就說出來

我依然在自己高貴的頭上戴著優越感的帽子，卻沒人能看到。
我周圍這些人，對明就仁波切視而不見，且行為欠妥，
這真是令人困惑，而我不知道該怎麼辦。

什麼讓我裹足不前？

第二天早上，我回到了車站的大理石地板，準備睡在那兒。在旅館待了一晚之後，走下樓梯的感覺像是再走回地獄一般，雖然狀況沒有前一天那麼沉重——是一個多了一點空氣和光線的地獄。人們看起來不那麼暴躁，也沒有那麼愁容滿面，警察看起來不那麼兇蠻，噪音也沒有那麼大了。

離開寺院之後，我只有喝過水，至今還沒有進食。我走到一個攤販，買了一包餅乾和一杯印度奶茶——美味香濃的紅茶加了熱牛奶和糖。通常我喝茶是不加糖的，但是這天早上我想：一切都在變化，沒有什麼通常不通常的。

我拿著早餐，走到等候區的長凳坐下來。餅乾是用花生和黃扁豆做成的，很美味，但很鹹。於是我很快地回到攤販再買一杯茶，之後又買了一杯。最初我打算留幾塊餅乾，想要之後再吃，結果我一口氣就把它們全吃光了。

我回到大理石地板的同一個區域，但因為吃了鹹餅乾讓我口渴無比，於是我站起來走出車站，向一個街頭小販買水。同時我也買了一些烤堅果，堅果用捲成雪糕筒狀的髒報紙包著。然後再走回車站裡。哪種乞丐會買瓶裝水喝？莫非這個僧人是個江湖騙子？可能有人會把我當成可疑人物而告發我吧。

有次我走訪紐約的時候，注意到火車站裡有一個標語寫著：看到什麼，就說出來。這是為了提醒大眾要留意可疑的行為，例如我這樣的閒蕩——儘管在瓦拉納西，如我之人比比皆是。但從紐約到瓦拉納西，有一些特定的事情還是極其相似：我們時時刻刻體現著身體的變化，每天經歷著不同的六道煩惱，在每天的生活和環境中經歷著持續、永無休止的變化。天氣變化著，我們的心變化著，我們的身體也在變化。我們換工作、換房子、換地方。在理智上接受無常是很容易的，但我們好像還不夠了解如何運用這個訊息，也不知道如何將它落實到造福自己和他人的層面。我離開家，沒有向任何人報備行蹤，計畫露宿街頭，這既是證實無常的真理，也是利用無常的真理。我沒有必要一直卡在明就仁波切這個身分上。我不會這樣做。而我不了解的是：現在是什麼讓我裹足不前。我們的習性讓我們期待著舒適感，即便它們與現實相違時也是如此，這多麼讓人迷惑啊！就我所見的，我會說抗拒改變使我們與實相有所矛盾，這就使我們永遠不會感到滿足。

我原本期盼以森林和村落廣場來取代佛堂、佛像和佛經，而那些火車上的乘客都是我修道上的僧團，也就是我的友伴；這個車站就是我的佛堂；行色匆匆趕往目的地的旅人，則是正覺大塔那些菩薩石像的真人版。但在這一刻，我多麼希望自己是透過萬花筒，晃動出這場夢的組合，因為我無法把這裡看作佛剎。我無法看到這裡的每個人都具有佛性（buddha nature），也就是說，我無法看到他們都擁有智慧和慈悲的本具能力，完全跟我一樣，不多也不少。

心煩意亂

快到中午的時候，我餓壞了。對我來說，「食物」指的是米飯和豆湯（dal）。無論我吃過什麼其他東西，只要沒吃米飯和豆湯，就不算有用過餐。到目前為止，我已經一天半沒吃到米飯和豆湯了。我環顧四周，找到昨天跟我說話的男人。我請他推薦我一個吃米飯和豆湯的好去處，他指向車站外的一個攤販。我問他會去哪裡用午餐，他解釋說因為沒有錢，他和家人會煮他們自己帶的米當一頓飯吃。我對他說：「今天我請你和你的家人吃午餐。」他們收拾家當，我們五個人一起去了那個攤販，很開心地大吃了一頓。然後再一起回到石頭地板。

心的狀態總是在旋轉門中不斷穿梭。與之前火車上的情形雷同，片刻的寧靜之後，反感、不悅和評斷的感覺緊跟著出現。逐漸地，聲音成了不安的主要來源，尤其是播報列車班次那尖銳刺耳的廣播聲。

我想起一位來自東歐的學生，他的個頭高出我很多，是個壯漢。他有點粗聲粗氣的，但從來不會粗魯。他說藏傳佛教的嚴謹思維令他深感興趣，但是他認為這個傳統過度受制於文化和「濃厚的宗教味」，他以輕蔑的口吻說出這個詞。最令他不耐煩的是每段修持開始時的念誦部分。「我只想坐下來禪修。」他帶著怨氣說道。

「好啊，」我告訴他：「沒問題。就那樣做吧。」

他試著在我們團體閉關課程中這麼做，但因為房間實在太吵，以致於根本無法做到。

我建議他利用那個時段來練習聲音的禪修。

他嘗試了，但還是做不到，因為他太容易被念誦的聲音弄得心煩意亂。

我建議他用那段時間，問問自己：「心煩意亂是什麼時候開始的？」

他知道自己早在進入禪堂前，就已經過於執著那個反感，以至於內心沒有空間去探究這個問題。

那麼我自己的心煩意亂又是從哪兒開始的呢？

計畫這次閉關的每一刻都讓我充滿喜悅，我對此信心百倍。在離開前的幾個月，好幾次我都害怕自己因為興奮而脫口把秘密講出來，尤其是在我哥哥措尼仁波切面前。在我所有的兄長當中，他和我的年齡最相近，我和他相處的時光遠超過其他人。

「踏出德噶寺的大門」就已經產生很大的影響，像一種震驚，也像是擊中了猴子心的閃電一樣——所有的喋喋不休、一切概念評論頓時戛然而止，都中斷了。那種感覺真是棒極了。心超越了言語、超越了概念，變得光明、鮮活。但隨後發現計程車沒出現，接著，我滑進泥坑裡，擔心被人看見，身邊也沒有侍者陪同。那並不是煩躁的起始處。那樣解釋的話未必過於簡單了。我知道自己不等於仁波切這個標籤，也不等於任何頭銜。但我曾經以為丟棄這些虛幻的現實，會比實際做到更容易——畢竟，它們只不過是一些想法而已。它們只是空的概念。它們不實存。它們不屬於真正的自我。我甚至曾經懷疑過，這些身分或許比我日常作息之中所覺察到的程度還要更深植在我的內心，但卻沒有發現它們已經擴展到以我身體為居所了。因為它們是被造作、被架構出來的，不是與生俱來的，所以，它們就可以被轉化——但需要更多超乎我預想的修持，更多的時間，以及更多的耐心。轉化不會因為意志這麼決定就停止運作，不可能像是到了陰涼處，然後摘下遮陽帽那般容易；那種情況也像是說著：「我是空性的，食物是空性的，飢餓是空性的」，然後活活餓死。這樣對誰都毫無利益。

如藤壺般蔓延的執著

坐在車站地板上，我認識到這些感受能有如此強烈的干擾，便意謂我曾經誤解自己。這便是痛苦向來的運作方式——我們的錯誤感知把自己變成了箭靶。我回想起在東南亞的公園裡，曾看到很多人在練習太極拳。我從旁觀察，驚奇地發現防守原來是基於流動性，而不是抵抗。對於太極拳大師來說，對手的攻擊根本無處可施；對心靈大師來說，也是同樣的道理。自我的感受越堅實，就會暴露出更多可能中箭的部位。是誰被箭射中了？是誰被這些吵雜聲激怒了？除了這位一派溫文儒雅、討厭廁所和體味惡臭的高階喇嘛外，還有誰？我希望自己帶著對弟子那般的慈愛和欣賞，去對待這些流浪者……但這些人並不仰慕我，他們沒有向我鞠躬，對我毫不尊重。

這是你自找的！對，對！我知道……但是……我依然在自己高貴的頭上戴著優越感的帽子，卻沒人能看到。我周圍這些人，對明就仁波切視而不見，且行為欠妥，這真是令人困惑，而我不知道該怎麼辦。

當我的呼吸回到規律的節奏時，我靜靜地坐著。有好幾年，我留意到自己對於作為上師角色的執著已然漸增，像藤壺似地蔓延生長，一片片的介殼悄悄地增加。傳揚法教讓人深感滿足。和世界上任何事情相比，它是我最想做的。但我慢慢可憑直覺知道，巡迴世界各地所得到的關注，以及始終被當作特殊和重要人物對待，讓我自己開始像孔雀般驕傲炫耀。我幾乎能夠逮到（雖然還沒真的逮到）自己就像花朵對著太陽彎腰那般地迎合、奉承。直到隱憂慢慢變得越來越清晰，感覺自己正在偏離正軌以前，我以為這麼做會讓人覺得溫暖、受到滋養。父親曾多次告訴我：對於自己的執著，一定要盡快斬斷。斬斷我對作為上師的執著，就是我進行這次閉關的其中一個動機，儘管我從未如此確切地經驗過這個感覺。我對周圍的人那種無聲的（情緒）爆發，感覺像是一顆有毒的膿瘡突然裂開，現在才開始要癒合。

我需要走動一下，於是起身再買了一瓶水。我在攤販附近逗留，繞著車站周圍走了幾分鐘，然後回到同一區。被我招待午餐的那家人已經安靜地在午睡了，父母的身體讓孩子墊著當枕頭。我想念我的家人。我想念被照顧的日子——不只是它所帶來的保護，還有那份親情。我強忍住眼淚。

11 來自我的老友——恐慌症——的探訪

在克服恐慌症之後，我曾經以為不會再有任何障礙能勝過自己的努力。直到我在伽耶車站，被迫面對第一次體驗的極度難堪和被拒絕的恐懼，到了瓦拉納西後，它們變得更加強烈。

童年的恐慌症

在相對平靜的狀態下坐了大約一小時後，不安再一次地像芒刺般刺穿皮膚。我很快就得出一個結論：這個惡夢比我童年患的恐慌症更嚴重。打從九歲開始，只要遇到冰雹、打雷和閃電等等惡劣天氣，或是被陌生人圍繞，我的恐慌症就會發作。這狀況持續了約五年之久。那時我會頭暈目眩、噁心，然後就像被車頭大燈照到的鹿一般呆住。我的喉嚨緊閉，並開始感到窒息、全身冒汗。完全找不到原因，任何人事物都無法安撫我，就連自己所信任的大人講的合理解釋也聽不進去。我無法確切地分辨自己當時的狀況。我的內心充滿恐懼，當強風肆虐時，我會像是一隻生病的小狗，躲在角落全身發抖。

我曾經希望十三歲時開始的傳統三年閉關以及完全住在寺院的生活模式，會讓我的恐慌症奇蹟般地消失。然而症狀還是持續出現，經常在共修時突然發作。那時我們每天會聚集在大殿兩次，進行祈願和修法儀式。唱誦本身還伴隨著長形又洪亮的藏式銅號、鏗鏘的大型鐃鈸和大鼓小鼓的聲音。大約有二十來位僧人，坐在一個香煙濃厚的房間。這無疑就是寧靜、祈願的佛剎展現——但之於我卻不是這麼一回事。有時候，法器響聲漸強到震耳欲聾時，我的喉嚨會收緊，接著我就會逃出這個讓我感到幽閉恐懼的圍牆，跑回自己房間獨處。恐慌像入侵的軍隊俘虜了我的心，於是我開始憎恨它。

在一次與寺院住持大司徒仁波切私下會面時，我向他描述恐慌症和揮之不去的恐懼和焦慮。我告訴他團體共修時段有多麼令我抓狂時，他說：「當煩惱（affliction）的負面情緒如火焰般燃燒時，智慧也如同火焰般明亮。」這聽起來很振奮人心，但我誤解他了。我以為「智慧」的意思是：用更善巧或更努力的方式去消除恐慌；但他的意思其實是：智慧是當煩惱被放大，彷彿投射在天空中的大螢幕上的時候，我們還是能夠與之連結。我無法接受恐慌和智慧共存的可能性。

我快滿十四歲時，經歷了最嚴重、也是最後一次的恐慌症發作。當時三年閉關的第一年接近尾聲，我怎麼樣都無法超越聲音或恐懼，也因為自己眼中的我和別人眼中的我，都是如此怯懦和脆弱不堪而感到羞愧。但經歷過嗔恨地獄的人都知道，除了你自己的厭惡，沒有什麼能夠將你和你憎恨的對境綁在一起。於是我決定不要再這樣度過剩餘的兩年閉關。我要用教法和修持去面對恐慌。最後，我做出這樣的推論：如果曾經斷枝的樹不是恆常的，那麼我的恐慌肯定也不是恆常的。說不定冰雹、打雷閃電、陌生人都不是問題所在？說不定在我身體裡的強烈痛苦——並非外在的玩具或樹枝——也是內心扭曲的產物？若是如此，佛陀所教導的——「究竟上是自己製造了痛苦」這點，不就是真的嗎？

允許恐慌繼續存在

我獨自在房裡待了三天，觀看自己的心。只是看著，不去掌控或造作。只是看著，為的只是要確定「沒有任何事物是持續的」，所有的一切都在運轉——感知、感覺、感受。我開始接受是我以渴求（craving）的一體兩面讓這些恐慌僵化：其中一面是為了消除問題而將恐慌一把「推」開，這樣做只會加劇我對恐慌的畏懼，以及對恐慌的恐懼；另外一面則是「拉」進，意思是想把我認為與此相反的情形拉進我的生活：如果我沒有恐慌症，人生將是多麼美妙！我仍然把世界分割為各種對立的樣態：好與壞、光明與黑暗、正面與負面。我還沒有弄清楚快樂並非專屬於無憂無慮的生活。我對於自己如何促成自己的苦惱，開始有些許的了解，但這還不足以讓我捨棄固有的模式：我還是困在黑暗的恐慌雲霧中，無法抽離。恐慌症發作時的感受，就像是鐵石滾壓過我，除了感到劇烈的壓迫外，我已喪失體驗其他感受的能力。但是當最嚴重的恐慌一過，我試圖去檢視剛才所發生的事情時，那顆鐵石便會碎裂，並轉化成有如刮鬍泡般柔軟而綿密的物質。如此一來，我能夠實際看到自己的感知在轉變。但為了要以一種持久的方式說服自己，我還是得想盡辦法一再對無常生起確信。

為了做到這點，每個對境以及每件事情都成為一個機會，讓我確定自己的恐慌是無常的：每次呼吸、每個聲音、每種感受。我窗戶外面的樹會老邁衰朽而死亡。薩傑仁波切會衰老過世。大殿牆上的本尊畫像會解體，住在附近的小狗會長大。我的聲音正在改變。四季正在更迭。雨季的降雨會停歇。我越是去檢視萬有現象的無常本質，就越有信心確定我的恐慌只不過是另一種暫時的浮雲。過了一段時間之後，我就不再把它當作是世界上唯一不能改變的事了。是的，所以這也可以改變。這片雲沒有錨。現在該怎麼辦呢？因為它能改變，並不表示它就會改變。

到目前為止，我對安住於覺知略知一二，也對於了知超越概念之心的特質越加信任。把迷失於感官對境或問題的心帶回來，並不意謂心就消失或是死去了。其實恰恰相反。把心從它對無數特定對境、念頭或問題的成見中抽離出來，反而會讓心變得更廣大：開闊、清晰、超越想像。

我開始明白：如果我允許恐慌繼續存在，但保持在對覺知的認知中，我會看到恐慌只不過是自心的展現。如此，恐慌將會自解脫（self-liberated），這意味著，恐慌以及我們的念頭、情緒和感知，在其本身之中就已經是解脫的，也已經從它們自身解脫。解脫來自感知的改變。我們的問題不需要透過外力解決。我看到的是，專注於恐慌或任何問題，並試圖消除它，並不能、也絕不會帶來解脫。我們就隨它在（let it be），然後下一片雲彩將會飄來又飄去，海浪也將時而平靜無波、時而波濤洶湧。人生的問題層出不窮，我喜愛的人不會長生不死，我總會遇到新的恐懼和焦慮。但如果我能夠持續地認出覺知，就會安然無虞。我將有能力處理雲層和浪濤，駕馭它們、和它們嬉戲、被它們撞翻，但不會被淹沒。我不會被困住。我終於發現從痛苦中解脫唯一且可靠的方式，就是不要試圖消除問題。於是，海浪也不再試圖消滅我。它還在那兒，但不具傷害性。這重要的洞見來自對無常的觀修。我的念頭不會持續，我這個身體正在改變，我的呼吸也正在改變。我的恐慌正在變化，而我試圖要整合的生活也會改變。我們所經驗的一切有如海面的波浪，生起又消退。漸漸地，我不再認為恐慌像不可撼動的鐵石，而能對持續變動的一切：雲層、植物、飛機、人們的來去、生滅、腹部擴張與收縮，找到一個更廣大、更客觀的見解。

恐懼像蒸汽一樣升起

我看到與其覺得需要消除恐慌，自己其實更應該去熟悉那個「想要將一切變得按部就班」的僵硬自我感受。我可以讓恐慌過它自己的生活。它可能會永遠消失，或者會一次又一次地出現。但無論是哪種情形，我都能與它和平共處。我也看到，即使我把恐慌消除，別的海浪還是會生起，困境、悲傷、疾病、焦慮和強烈的情緒始終會有。但如果沒有固著的心，這些日常生活的問題就能回到更廣大、更浩瀚的心海（ocean-mind）。試圖阻止海浪，就如同試圖讓心停止，或試圖把空氣握在手中。這是不可能的。

最後那次恐慌症發作之後，就再也沒出現過更大的痛苦，而我也沒有想像過它會再出現。我一直期待進行這次的遊方閉關，正是因為它的難度，而在克服恐慌症之後，我曾經以為不會再有任何障礙能勝過自己的努力。因對其本質的了解，我已經消滅了毒龍，在過去二十多年，所有這類惡魔都躲得遠遠的——直到我在伽耶車站，第一次被迫面對極度難堪和被拒絕的恐懼，到了瓦拉納西後，它們變得更加強烈。

從孩提時代，我就開始接受：對恐慌本身的恐懼會讓恐慌再次發作，就像投射的力量會迫使事情變得更具體化。因此，除了恐慌，恐懼也成了敵人，成了另一個要抗拒和蔑視的折磨。對於我不喜歡自己的那部分，我想做的就是除掉它們，像垃圾一樣把它們丟棄。但是我卻不了解它們對我的清明有著堆肥的價值。

如今，坐在車站的地板上，我可以看到恐懼像蒸汽一樣地，在我和他人之間的縫隙中升起。把他人作為「他」而與其連結，是使他們成為災難的前兆。為了消除恐懼，我應當要「成為」他——這和「以明就仁波切的身分死去」沒有差別。然而在這一刻，離家還未滿四十八小時，第一次獨自一人，儘管我懷著即刻放下自己身分的天真期待，它們卻變得更加堅實了。但我曾放下了恐慌症，並且讓曾是自己的那個男孩死去。我曾以為恐慌症會困擾我一生，但最終它的本質也為空。我的身分地位本質為空，然而我對它們的經驗卻顯示它們並非空無一物。它們滿足地酣眠了一段很長的時間。我沒有預料到在這趟旅程一開始，就驚醒了這些沉睡的惡龍。而我現在要把它們引到表層，我很高興有這個機會在大白天看到它們。所有的一切，我都注意到了，也確定自己這一整天已盡力而為了。晚上，我沒有留在大廳過夜，而是回到了車站旅社，再度花了一百盧比換得十二小時的住宿。

你在這裡，你也不在這裡

「我不是我感受到的尷尬，」我告訴自己：「我也不是我的迷惑或妄想」——儘管這些覺受感覺起來堅固得可以對著它拍打敲擊。那先比丘同意並說：「因為我有身體、感受、感知等等，因此『那先』是以符號、約定俗成的功用和名字而存在。但在究竟上，根本找不到這一個人。」

但是，但是……

我在瓦拉納西的第二個夜晚，還是在鐵路旅社的小鐵床度過。而這次的心態有點像一個弱小的拳擊手。舉著拳頭，我跟那先比丘爭論著，像小時候跟我的老師薩傑仁波切爭論那樣，堅持著「我在這裡」、「我存在」。「我怎麼會不在這裡？」薩傑仁波切一遍又一遍地告訴我：「你在這裡，你也不在這裡，兩者皆是。」

就像草繩和燒成灰的繩子，相同也不同。」

印度和尼泊爾隨處可見一綑綑的草繩，有時候是當作煮飯的燃料。當粗的成分燃燒之後，繩子於是成了灰燼。它的外型完全沒變，但堆積一團的部分則空掉了。薩傑仁波切將草繩比擬為自我，將灰燼比擬為「純粹的自我」（mere self）。這個純粹的自我是除去私心而全力運作的「我」。它是覺醒的我、無執取的我——因此是從執著於構成我們身分的標籤中解脫出來。這是健康的我，以它自身的清明為導向，不被執取的習氣所宰制。「純粹」（mere）削減了對永恆不變之自我的錯誤感知。「純粹性」（mere-ness）變得更像一個全像影像，一個可見的狀態——既不被執取的習氣所拖累，也不因慣於將自己的身分融入外在的現象而焦慮。

我們都擁有那先比丘所提到的身體各部分、情緒和感知，但是那先比丘的重點是：它們並沒有組合成一個具凝聚性、固有的「我」。若能消除對自我的錯誤概念，並擺脫錯誤的見地——尤其是把這些非取決於故事和情境的片段而湊成的組合，誤解為真實、獨立自成的某物，便有可能以「純粹的自我」來運作。是我們把自己變成錯誤身分的受害者。當我們把各個組成的部分誤解為一個實在、不變的「我」時，那我們就難逃這個我（ego）的掌控了。但我們可以學習如何讓這個「我」以一種健康、有建設性的方式來代表我們。「純粹的我」不帶執著地運作，它不會總是為了自己的滿足而操控世界。

我們所希求的解脫，是來自認出那個不是由執取所界定的自我，因而有能力認出它的本初狀態。那麼，我為什麼踏上這段旅程，我要探尋什麼？現在，我希求能摘下這些戴在虛幻的頭顱上的虛幻帽子，待在被迷惑欺瞞、被錯誤感知混淆之心當中的虛幻帽子，這些帽子從未存在過，全都是假造出來的身分，由虛假身分之心所創造、由編造杜撰之我所維持、由扭曲之感知所確認、由習氣所握持其中……而因為它們都不是真的，它們便能路過而去，而我沒有陷入其中，我也不會陷入其中。我要將它們也加入火中。我要將這些身分帽子的草繩丟入烈焰。然後呢？我會燒成灰燼，變成「純粹」的明就仁波切嗎？或是我會成為一具屍體——是活屍，還是死屍？未能了悟空性實相而活著，就如同加入了醒著的死人行列。

我躺在鐵床上，既不是繩子，也不是灰燼，而是在兩者之間的某處。

12 河堤上的一天

我離開河邊，漫步到一條通向河堤頂端的窄路。這一區有很多販賣衣物的商店，我停下來買了一套苦行僧的服裝。

河堤的記憶

在瓦拉納西的第三天，我從旅社下樓，穿越正門，避開車站大廳，繼續走向八公里以外的河堤。每一段河堤都有一組高高的石階向下通往恆河，在瓦拉納西有超過八十段綿延的河堤，構成了印度教的核心聖地。

我沿著河邊的一條路走著，速度不疾不徐，且走路的動作很快便結合了行禪的放鬆感。我將覺知擴展到對動作的覺受。我留意到自己的雙腿雙足在邁步時的感受，鞋底和路上塵土摩擦的聲響，以及周圍的各種色彩和強烈的氣味。有時候，我注意到這些感受，並讓覺知隨著它們轉移。幾分鐘之後，我的覺知擴展得更寬廣，涵蓋了穿過心中的念頭和感覺。念頭不一定是禪修的障礙；帶著覺知，念頭可以成為禪修的助緣——就如同呼吸一樣，可以成為禪修的助緣。我打開自己的心，讓所有的經驗流過，就如天空中有各式各樣大小不同的雲朵飄過。

我的念頭轉向了上次來到河堤的回憶，而我身體的活動，包括抬腳、移動、跨步，也伴隨著念頭的活動。幾年前，我帶著隨行的僧眾和大概十五到二十位學生來到這裡。我們住在河堤後面，一家蓋在舊軍營上的四星級酒店。（抬腳、移動、跨步）在我們參訪的第二天一早，安排了搭船到恆河看日出的行程。我走到大廳時，所有的僧人和學生們都面帶微笑、雙手合十、彎腰鞠躬地迎接我，有些人獻上白色的哈達。（抬腳、移動、跨步）我坐進一輛豪華轎車，被載到岸邊，那裡已經有一艘很大的船在等候我們。船上預留給我的位子，是一個鋪上刺繡緞面和座墊的木椅。（抬腳、移動、跨步）划槳人搖著船，載我們離開岸邊，這時太陽已經升起，將石灰岩階梯染成一片粉紅，人群開始聚集在岸邊，進行清晨的沐浴淨身。（抬腳、移動、跨步）我們將買來的幾串金盞花環放在河面上，部分用來祭奠過世不久的亡者，並將點燃的蠟燭放在棕櫚葉上作供養。

朝聖者不遠千里地來到這一個河段沐浴。他們來到這裡，為的是淨化自己的靈魂，（抬腳、移動、跨步）並從輪迴中解脫。那些能在瓦拉納西過世的人，被認為是很有福報的；旅店會特別為那些不久於人世，等待要在恆河邊火化的虔誠印度教徒提供住宿服務。有能力自己安排葬禮的家庭，會把亡者放在柴堆上，待火化後再把骨灰灑進神聖的河水中。整個河岸的空氣中瀰漫著焚香和焦屍的氣味。之後我們回到酒店，坐在一片茂盛花園裡的長桌旁，裹著頭巾的服務生為我們送來一碟碟新鮮的水果、優格、牛角麵包和拿鐵。（抬腳、移動、跨步）現在我想到，自己離開德噶寺才幾天的時間，記憶卻彷彿是屬於過去的某一世。隨後，我又想到另一位我鍾愛的上師——紐修堪仁波切（Nyoshul Khen Rinpoche）。沒有人走路能比他更輕盈流暢。他帶著花式溜冰般的優雅從房間走過，他的腳似乎沒有抬起和放下，而是滑過。在我主要的幾位上師之中，只有他曾經像苦行僧那樣露宿過街頭。他出生清貧，在逃出西藏的路上險些喪命，托缽乞食應該不是他第一次挨餓的經歷。「堪」（khen）這個頭銜，指的是出眾的修行人，同時也是傳統教法的大學者。因為他沒有被認證為祖古（轉世的修行人），所以不用繼承前世的責任，也比許多其他備受尊崇的喇嘛上師少了一些寺院住持的正式職責。

幸運的紐修堪仁波切

我是從父親那裡得知堪仁波切有多麼特別。這與父親所說的內容並不直接相關，僅是因為每當父親提到堪仁波切，都顯然讓他滿心歡喜，而說到堪仁波切的名字時，他也總是帶著最愉快的笑容。1991年，我十七歲時，才第一次見到堪仁波切。那時候我的第一次三年閉關剛圓滿，還未被指派為第二次三年閉關的指導上師，在這中間的空檔，我被邀請去不丹參加藏傳佛教偉大上師頂果欽哲仁波切（Dilgo Khyentse Rinpoche）的茶毗大典。因為當時堪仁波切住在不丹，我便安排好要拜見他。當時，我提到如果可能的話，我想在他座下學習，但很久之後才終於實現。儘管我是聽著堪仁波切如何決心當乞丐的故事長大的，但在我開始跟他修學前，他就已經露宿街頭多年了。

六十年代末期，堪仁波切和藏傳佛教噶瑪噶舉派尊貴的法王第十六世噶瑪巴（the Sixteenth Karmapa），以及很多地位崇高的喇嘛、寺院總管們一起出席了德里的一場會議。這次聚會的目的是討論西藏和流亡社群的命運。當他們在會議期間相遇時，噶瑪巴非常親切地看著堪仁波切，帶著一種打趣的口吻說道：「您是一位堪布，不應該參與政治。」堪仁波切聽了之後將這句話銘記在心。過了不久，有個寺院邀請他出任該寺院祖古的親教師。堪仁波切接受了這份工作。當時二十來歲的那位祖古，需要去加爾各答，便請堪仁波切陪他前往。祖古訂了一個五星級飯店給他們住，兩三天之後，祖古說他要進城裡辦點事，「你就待在這兒，」他對堪仁波切說：「我過幾小時就回來。」然而他再也沒出現。堪仁波切身無分文，而他們的帳單已經列了很長一串。過了一兩天，他向飯店經理解釋自己的狀況，經理聽了之後火冒三丈，但最後還是說：「你可以洗盤子來還債。」

紐修堪仁波切不會講印度語，但他很樂於那份工作，睡在僕人的住處也心滿意足。與此同時，寺院開始擔憂他的失蹤。大概三週之後，他們在飯店找到他，付清了帳單，把他接回寺院。這時候，他決定要再去見第十六世噶瑪巴，於是他到了噶瑪巴在錫金的法座隆德寺（Rumtek）。

噶瑪巴說：「堪布，您真是太幸運了。知道為什麼嗎？」

堪布說：「我不知道啊。為什麼我如此幸運？」

「因為，」噶瑪巴告訴他：「您被那位祖古解聘了，所以您現在自由了。」

堪布回到自己房間，還在琢磨著「為什麼我這樣算是幸運」。他回憶和噶瑪巴的幾次對話，首先，他告訴我「你不是一個政治人物。」現在他又說「你是幸運的」突然間，他想到：我一生所修持的就是把障礙轉化為機會。今天，我終於明白了！我要好好利用身無職位、錢財和責任所帶來的好處。

那一刻，他決定要開始遊方。接下來的三年間，他交替過著寺院和街頭苦行僧的生活。關於紐修堪仁波切的一切，對我來說都是一種激勵，包括他優雅的走路姿勢、始終保持著覺知、教授佛法的風格，以及他的乞丐生涯。十二年前，他圓寂了。如今我對他的想念更甚以往。我真希望自己曾經問過他關於露宿街頭的問題。

回到混亂的車站繼續閉關

我離開河邊，漫步到一條通向河堤頂端的窄路。這一區有很多販賣衣物的商店，我停下來買了一套苦行僧的服裝，包含兩塊藏紅花染色的棉布，一塊用來裹在腰上，當作類似裹裙（Dhoti）的褲子，另一塊則用來纏在肩膀上。走出商店時，我沒有把苦行僧的披巾披在肩膀上，而是放進了背包。雖然我已大膽地對彌蘭陀國王宣稱「我不是我的僧袍」，而現在很明顯地，我的一部分身分，還是住在這長一百八十公分、寬兩百七十公分的藏紅色棉布裡。儘管捨棄我的僧袍，或許就象徵著我對死亡的渴望，但我還沒有準備好。我好奇堪仁波切當年是否曾經換穿苦行僧的衣著，還是他一直穿著藏傳佛教的僧服。我真希望那時曾問過他這個問題。我也想知道他當時是穿涼鞋還是赤腳走路。

在我走下階梯的途中，發現有個露天茶舖就在樹蔭底下。於是我點了一杯馬薩拉香料甜茶，坐下來遠眺平行於河堤長度的河濱大道。對很多遊客來說，現在天氣已經太熱了，然而猴子們照例還是等待著施食。一些苦行僧和裸身、塗抹膏灰的濕婆教徒（Shaivites，尊奉濕婆為天神的印度教徒）手拿著叮噹作響的三叉戟，在酷熱中緩慢地走著。

坐在茶舖裡，我那種「介於中間」的感受絲毫沒有比過去兩天來得少，尤其是我還穿著藏傳僧服。但因為我以前來過河堤很多次，基於對它的熟悉度，讓這個茶歇時光成為特別放鬆的間隙，接下來我就要回到混亂的車站繼續閉關——或是繼續我已經開始、現在正在做的閉關。我對於獨自一人、買茶、付錢等等事情仍然感到不安，但我很享受這個安靜的時刻。

繼續穿著僧袍？

在藏傳佛教中，我們注重閉關的三個面向：外、內、密。「外」的閉關指的是物質環境。有一些氛圍更有助於斬斷我們重複的習慣模式，並支持內在精神領域的探索。但是佛法之道鼓勵我們要培養不依靠外境之本具、恆久的特質。如果我們處在有助緣的環境，那很棒，尤其對初學者會很有幫助。但如果把氛圍和穿著誤認為是必備品，就等於是落入了陷阱。閉關必需具備的，乃是「想要了解自心深度」的意願。

我的了解是：只要動機正確，瓦拉納西車站和佛堂或花園一樣，都是非常適合禪修的環境。最後，我思考著：我已非初學者，是感知定義環境，而不是環境決定感知。不過，一路從伽耶火車站開始，到跨夜火車之旅，接著坐在無家可歸的人群中，這些事情都對我的內心平靜造成壓力。就現在而言，我需要把身體帶到能安撫我內心的地方。我再次體會到：沒必要假裝自己可以承受超出自己能力範圍的負擔。

「內」的閉關指的是身體。因為我們是透過身體的言行來製造或減少痛苦，所以內在閉關指的是創造一種環境，它可以保護我們不受閒言閒語和造謠誹謗等世俗模式的傷害，或是能保護我們遠離障蔽內心的物質對境，也或者是保護我們避免在居家生活中形成怠惰或不耐煩的習性。

自從少年時期，作為言行指引的戒律便對我有全面的影響，因此我不曾認真懷疑過自己的律儀。我也知道自己需要弄清楚打破文化傳統和真正破戒之間的差別。舉例來說，轉世祖古坐在地上是有違西藏傳統的。一些藏傳僧團仍保有過午不食的傳統；另外一些僧團則是允許在傍晚喝果汁或喝湯，但不能咀嚼食物。我已經戒葷茹素，但在閉關中，我會接受別人施捨給我的任何食物，而且也沒辦法控制接受食物的時間。與不殺生、不偷盜、不妄語等等相關的幾條根本戒，不僅僅只是特定行為的規範，其作用更是為了要提高警覺，並且能敏銳地覺察引發執著而不願放下的傾向。一旦破戒，發露懺悔能夠幫助淨化自心、讓業力重歸平衡。如果不淨除自心的執著，負面行為就容易一再發生。

在我年紀還小、還住在納吉寺的時候，父親的一位德國學生擁有一台全世界最貴的越野自行車。他經常從加德滿都騎著這台車上山到納吉寺——他不走狹窄的泥石山路，而是穿過樹林。他能騎車躍過溝渠和小溪，有時候還能直接衝到納吉寺後面的席瓦布里山頂，彷彿輪胎不著地那般地騰空飛去。他的騎車技術高超到不時能在與山下尼泊爾人的騎車比賽中贏錢。

有一天他告訴我父親：「我聽你教導過放下（letting go）的重要性，但我不知道該如何處理我的越野自行車。」

父親對他說：「我知道你很愛你的越野自行車。但把它丟掉並不能幫助你打破執著。相反地，這麼做還有可能會加強你對它的執著。」

這個人聽了之後，既鬆了口氣，又覺得困惑。父親解釋說：想要「除去什麼」的期望也是從固著心生起的。「如果你執著於越野自行車，而把它送人，那麼無論你是否擁有它，你的心還是會牽掛著那台車，而且你還會對於把車送人的行為感到驕傲。如果你不針對執著心做修持，心仍舊會執著於某個事物。你必須讓執著解脫，再決定你是不是要保留自行車。不推開，也不邀請。取中道做修持，漸漸就能把執著轉化為開放的心，而它能幫助你做出適當的選擇。」

對於內在的閉關，我曉得獨自一人過日子，就會遇到不同於以往我所知道的選擇，某種程度上，我的僧袍保護了我的出家戒律。脫掉僧袍、換上新的瑜伽士衣著，意味著捨棄僧袍所給予的保護。此刻，我仍然覺得自己過於脆弱而無法做到這一點。儘管目前周遭的人對於僧袍所代表的意義，或是僧袍所代表的身分，並沒有相對的回應，但在我內心深處，僧袍扮演了見證者的角色，所以我現在還是要繼續穿著。

成為那個你在世界上想看到的改變

「密」的閉關指的是動機。我一生所持的誓戒是幫助眾生從自己製造的痛苦中解脫，並且為他們引介本具的智慧。而進行此次閉關的動機，並沒有動搖到我所做的其他閉關或修持的動機。

我曾驚訝於一些西方人請我解釋遊方閉關的利益。在他們看來，這種閉關似乎有些自私，然而西藏人卻從來不會這樣想。「為什麼不繼續留下來教導佛法幫助他人覺醒呢？你可以支持菩提迦耶清理地下水的計畫，或者提倡女童受教育的權利。有那麼多值得去做的事情，為什麼要獨自去閉關？」

各方的人們竭盡所能地想讓這世界變得更好。他們的動機都很值得欽佩，然而，他們所尋求改變是外在的一切，而非他們自己。只要你自己成為更好的人，世界就會成為更好的地方。是誰在發展工業，導致空氣和水中充滿了有毒廢物？我們人類是怎麼變得對難民的困境無動於衷，或對待宰動物所受的痛苦表現得冷酷無情？我們在能夠轉化自己之前，就像是一群強烈要求和平的憤怒暴民。為了要改變世界，我們必須要能夠靜靜地立足在其中。我比以往更加相信甘地的方式——成為這個世界上你想看到的改變。對於二十一世紀，乃至於未來，沒有什麼比個人的轉化更為重要。這是我們唯一的希望。轉化我們自己「就是」轉化世界。這就是我為什麼要閉關的原因：為了更完整地開展自己的能力，以此幫助他人了解自己本具的智慧以及獲得平和人生的能力。

我想到了一位我認識的男士，那時他第一次從美國抵達印度時，就曾來到恆河的堤岸。當時他是以參加海外遊學課程的大學生身分進入印度，並經由安排而坐上一艘小船遊繞恆河。當他看到人們在河邊沐浴，甚至用河水漱口，而旁邊不遠處有屍體在焚燒、骨灰被灑入河中時，對此現象感到無比震撼、驚惶不已。水面上甚至漂浮著人類的屍骨殘骸——這麼強烈的體驗讓他整個人完全無法自已。在那之前，他認為精神道路是井然有序的——整潔、舒適、安靜，他把精神道路與完美無瑕的禪宗寺院和默照禪修（silent meditations）畫上等號。那一天的經驗讓他了解到，任何的靈性真理都不離日常生活。若想了解自己的價值和活在世上的價值為何，就必須深入探索自己的內在。

在回車站的路上，我繞到一條離河邊很遠的路。途中我停下買了一包乾泡麵，直接打開塑膠包裝袋就吃了起來。這條蜿蜒的路經過一片農地，田野上草木青翠茂盛，鮮少車輛和行人。現在天氣極為炎熱，我開始想念陽傘下的陰涼。在路旁的田地上，有兩匹小馬，我佇足看著牠們。在牠們身後是一大片茂盛的草地。似乎為了要證明「那邊」的草總是更綠，牠們把脖子伸出兩片木製的圍欄欄板，用盡力氣地吃著另一邊的草。就跟我們一樣！不斷渴求著自己所沒有的事物。成天都認為那邊的草比這邊的草更肥美。

我們持續躁動的狀態，顯示出一種低層次的不滿足。這種不滿足，除了少數幾個巔峰時刻之外，從來沒有徹底停止過。我們因為嗅著「附近還有更好的，但還得不到」的氣味，因而焦躁不安著。它就像是亞常態的發燒。既不足以令人擔心到需要看醫生的程度，但又不完全安然無恙。我們始終深信完美的溫度、完美的伴侶或完美的工作就在轉角不遠處，或者就在藩籬的另一邊，我們想像著自己的衝動會減弱，我們會蛻去不成熟的渴求，某種新的友誼或工作會把我們從有缺陷的自我怨恨或孤獨感中拯救出來，或是從自己總是犯錯的感受中拯救出來。就算不合情理，我們依然堅持這些「一勞永逸」的幻想，哪怕幾十年下來，常常只有少數，甚至連一個幻想都未能開花結果。然而，我們的幻想和欲望，還是以稱心滿足為導向，而且要遠離失望、不滿。

從間隙中溜過去

縱使我們的心願可能無法實現，朝向快樂並避開不滿的這一傾向指出了一個本具的特質。即便是誤入歧途或有害無益的行為，比如偷竊、邪淫、嗑藥，其動機都是源自想要得到快樂。以快樂為導向是舉世皆然且恆久不變的，這其實就反映出我們的本初善。無論快樂的表現是如何被誤導，這樣的渴求就出自對於關懷、安撫和幸福感的內在欲求，並表明了想要快樂的願望乃是從我們存在的核心所生起。它無法來自對良善的信念，或是來自於強加於人心的宗教教條與社會價值觀。信念和價值觀都是概念，因此它們會取決於變化和一時的興致。這一種善待自己的傾向，或許我們可以稱之為「本初善」（basic goodness），與覺知一樣，無論是否被認出，它都存在於我們的內在，我們從未失去過它。

我們對覺知有越多的認識，便會有更多的途徑能夠了解我們自己的慈愛特質。慈愛（loving-kindness）和悲心（compassion）是覺知的本然展現，因為一個開放之心的真實展現，是超越了概念性想法和態度的，它的存在是超越二元、超越文字和邏輯的。覺知也具備同樣的特質，我們越能安住於覺知的無邊狀態，慈愛和悲心也會變得越無邊無際。

我學過這些教法，對它們有信心，也在不同程度上有所體驗。不過，我從未獨自一人，也從未發覺自己全然地孤獨，這兩種狀態的差異造成了出乎意料的殘酷缺口。過去幾十年來，我從未體驗過這種膽怯和焦躁不安。在這個時候，無論我們剛剛怎麼構想著要雙腳穩穩站在車站月台上，或站在任何看似可靠的事物上，這些幻想都消失了。我們該何去何從？我們能夠抓住這不可多得的機會，去探索這個其實一直都在、且無限開闊的心靈新領域嗎？在大多數情況下，我們會盡可能倉促地回到已知世界已然設限的身心範圍。

伽耶車站提供了一個絕佳的機會，讓我得以溜過念頭中斷所創造的間隙，在執取心因驚惶而被摧毀，且尚未平復之前探索實相，並經驗到不受制約的自我。來到伽耶車站前的一小時，我從房間偷偷摸摸地走下樓，躲過守衛的注意，從德噶寺的大門溜走，也是在粉碎我的概念心。然而，那一刻我能夠不帶成見地認出心的狀態。這讓赤裸心的光明和了知特質展現無遺，這也促成一次不可思議的離別。但後來我就滑進了泥坑……計程車沒有出現……接著……對空性的一瞥就像彩虹般消失。

我沒能善用這個間隙所帶來的契機。我沒能讓自己待在那個無形的空間裡，反而奮力地去重獲我的「自我」感，這就意味著，在那一刻，我盡快地重塑自己概念中的「明就仁波切」。

哈——啾！

這些心理運轉迴圈中的間隙，不是靠意志就能夠被認識出來的。但是我們可以透過訓練，讓自己對它們的出現變得更敏銳，特別是針對常見的情況——比如打噴嚏。在許多社會中，認為打噴嚏是為了保護對方不受邪惡精靈入侵；有些社會則是相信打噴嚏會讓人靈魂出竅，所以會說一句「願主保佑你」（bless you）來幫助魂魄回到它內在的位置。在這些對於打噴嚏所給予的回應中，若以藏人的修持來說，打噴嚏被視為習氣心聒噪的一個中斷、一個間隙。在「哈——啾！」的那一瞬間，心流被切斷了。喃喃自語的心靜了下來。它不可能和噴嚏同在。這才是真正的保佑。

突然受到驚嚇、看到野獸、被絆倒在地、收到命危診斷，或者是看到一則自然景觀或精緻藝術作品，又或是看到令我們心跳漏一拍的人事物，都能帶來同樣的效果。然而，我們傾向於把心放逐在外，放逐在讓我們有反應的投射源（projected source）上，而不是放在心本身。若不直接看著心，我們就無法在那一刻認識出它的明空本質。但無論如何，重要的是要知道我們都有赤裸心的平凡時刻。而且我們都能透過學習而認出它們。

當我們開始檢視這些赤裸心時刻，開始慢慢接受它們平常便可出現，我們可能會很驚訝地發現：日常生活中那些時刻是多經常地讓我們的心停下來。我們可以善用這些自然發生的狀況，來了解我們的真實本質。隨著這些赤裸心的閃現，微型死亡（mini-death）也在發生。轉眼間，我們所認定「自己是存在的」那個自我消失了。界定我們身分、指導我們運作的那個「我」暫時死去。但是我們並不會因為死亡而變成空無（nothingness），而是會因為死亡而進入無死的覺知（deathless awareness）。

打哈欠的作用就類似於打噴嚏，伸展身體到一個極限，也有相同的效果；在跑步或從事其他消耗體力的事情當中突然停下來，效用也是一樣的。一旦我們逐漸熟悉一些能讓心停歇的身體活動，便可以開始探索在比較不明確的狀態下，所生起的類似心理狀態，比如在結束一週的繁忙工作後，週五下午離開辦公室的舒暢。

很多人害怕一旦殲滅了概念心，將導致空無的狀態。事實上，概念心的消亡揭示出心的明空本質，而心的明空一直以來都與我們同在。因此，在色身死亡時，心的明空也伴隨著我們的旅程。在死之前就對死亡有所覺知，能讓我們認識到「死亡即是重生」。而認識明空「即是」認識到死亡。現在對空性加以熟悉，可減少我們對失去身體的恐懼——因為當我們失去身體的時候，唯一會持續下去的只有空性。為什麼這麼說呢？這是由於「空性並不是建構而來」的事實。一切有為法（因緣和合的事物）遲早都會消失。對無緣實相（unconditional reality）的信心，只能透過體驗而得來。然而，當我們開始留意到自己平時心的狀態，那個建構版本的自己就崩解了——但我們並沒有死，而且可能還會想要探尋「還剩下什麼」。

西方存在一個大問題，那就是：當我們肉體死亡時，是否還會有什麼屬於我們的東西會持續下去？如果我們能和超越思維心（thinking mind）慣有界限的實相之任何面向連結，那就一定要問：這個實相從何而來？如何產生和存在？如果我們能透過分析自己來證明它沒有開始，那或許我們就能接受它也沒有終結。想要探尋這個問題，並不需要戲劇化、震撼生命的明性經驗。我們可以從打噴嚏、打哈欠、禪修練習、留意呼吸時出息和入息的細節開始——任何自然會出現間隙的事情都可以。但為了讓此探尋有成果，就必須願意鬆開自己的固著心，並放下對於「事物是真實」的想法。「放下」本身就是死亡的一種，認識這種死亡，可以讓我們在死亡和投生的循環輪轉當中從容不迫。

除了能一瞥空性的微型死亡，睡眠也能提供我們在死前有一種更深切的臨終經驗，這可以被理解為一種中型的死亡（medium death），帶我們向捨棄肉身的最終大死（big death）邁進一步。同樣地，唯一真正的利益來自於能夠認識出這一點，而不單單來自具相的事件。訓練心對入睡的整個過程保持覺知並不容易。但即使只在概念上調整我們和這個日常活動的相處方式，也會改變我們與死亡的關係。舉例來說，西藏人有個習慣，是在臨睡前把茶杯倒過來放，表示這不只是一天的結束，也是一個人生命的終結。到了早上，我們首先想到的是：我還活著。我還能看，能聽，也能感受。接著再把杯子擺正。我的新生命開始了，我準備好要迎接它。早晨的時候，心很清新，僅僅是那麼一刻感激自己還活著，就能夠讓我們調整好整天生活的方向，並提醒我們生死輪轉的循環不止。

在酷熱中步行好一段時間之後，我再次走進車站，慶幸自己可以不在太陽下曝曬，也買到苦行僧的披布了。但同時我也有點憂慮，因為車站旅社規定住宿不可以連續超過三晚，這將是我最後一晚在此留宿。回到房間，我躺在小床上，既疲累又思緒萬千。跟往常一樣，我準備進入睡眠禪修——也就是每天最後一個修心練習。我已準備好在這一天死去，並渴望看到明天帶來的重生。

13 關於睡眠與夢境

在傳統三年閉關的正式內容裡，有三個月會用來學習睡眠禪修。接近第九十天時，我每晚仍然像是死去一般地入睡……

覺知入睡

我把覺知帶入身體，將身體從頭到腳掃描一次，並留意緊繃的結點如何隨著覺知而消融，以此作為睡眠禪修（sleep meditation）的開始。接著我把心輕輕放在開始消融的感知上，其中包括所見、所聞、嗅覺、感受……

我們都認為睡眠是生命中不可或缺的生理間歇（biological break）。各個感官的消融對我們來說是理所應當的，而我們通常不會對於它們發生的狀況多加留意。我們就像嗑藥或喝醉了一樣昏睡過去。然而，這個消融過程和身體的死亡是類似的。每到夜晚，我們其實都在進行著一種微型死亡。每晚，我們都帶著一種堅實的自我感覺上床睡覺。當意識漸弱，緊抓著世俗心（conventional mind）的束縛開始瓦解。在此過程中，身體的基礎動力網進入了生理性的關閉，而小我的固著參數也隨之消融，如此便自動將我們釋放到遠遠超越清醒時的生活所框限的宇宙之中。夢境的內容只不過是我們自心的投射，別無其他——只是少了我們平常會強加的掌控或造作。

大部分人無法在入睡時追蹤感官的消融，這個過程進行到一定程度，我們的覺知就會與感官器官一樣，沉沉地睡去。要能夠在整個消融過程中保持對覺知的認識，便需要大量的修持和特別敏銳的心——如同尊貴的第十六世大寶法王噶瑪巴讓炯日佩多傑（Rangjung Rigpe Dorje，1924—1981）那樣開展的心。他談到的覺知，指的是清淨、無二元的覺知，是一種不帶「觀察者」（observer）的覺知。

我從未見過第十六世噶瑪巴，但我的一位兄長曾是法王的侍者。他曾經分享了一段精彩的故事。噶瑪巴曾安排與達賴喇嘛尊者的一位親教師見面。對方是一位不分教派的堪布，噶瑪巴當時希望談談自己在禪修上的問題。我那位調皮的哥哥奉上茶點之後，就躲在門後偷聽他們的對話。

噶瑪巴提到，他可以整天都保持覺知，並覺察消融次第直到「幾乎」入睡的那一刻。當他睡著時，還能再次認出覺知。但每天晚上都會有那麼一些時刻，正當他要入睡時，會失去對覺知的認識。因此，他尋求堪布的建議，希望能夠獲得消除這種間斷的方法。

這位備受噶瑪巴禮遇的客人聽了之後肅然起敬——能如此持續不斷地認出覺

知，著實令人驚嘆，這也是他前所未聞的。於是他立刻起身，頂禮自己面前這智慧的象徵。接著，這位堪布告訴噶瑪巴，他無法給予任何建議，但他們還是接著討論了描述心和無晝夜差別相關的文典。

這個故事聽起來是如此激勵人心，但我從未達到或趨近那種能穩定認出覺知的程度。從我第一次三年閉關中投入在睡眠禪修的努力來看，便已證明那是相當困難的。在傳統三年閉關的正式內容裡，有三個月會用來學習這個修持。接近第九十天時，我每晚仍然像是死去一般地入睡。有一天，我們清晨五點要在大殿集合修法。因此我們得到的指示是要在兩點醒來，先各自在房間完成早上的禪修和念誦，再到大殿共修。前一晚我沒有睡好，到了大殿之後，我一直打瞌睡。我嘗試以各種方法讓自己保持清醒——向上轉動眼球、用指甲掐大腿，但還是止不住睡意。然後我想：好吧，那就試試睡眠禪修。一開始，我感覺有點像是在下沉；接著，心靜了下來，安住在禪修的覺知大約五分鐘，接著，我丟失了這個狀態，並如同往常一樣睡著了。幾分鐘後，我醒了過來，再次睡著時，我終於第一次帶著覺知入睡。

一顆巨石向我砸了過來

當我醒來時，感覺很有精神、十分輕安，心還在禪修當中——平靜、放鬆、清明而開放。那是我第一次做到睡眠禪修。對我而言，練習睡眠禪修最好的時刻，是在禪修過程中感覺很有睡意時，或是在那些冗長沉悶到無法形容的法會中。

我在車站旅社的最後一晚，整個人翻來覆去，花了好一段時間才能入睡，在某些時候還丟失了覺知。然後還做了一場完全沒有發揮安慰效果的夢：夢中，我在前往努日家鄉的路上，那是一段我走過無數次的路途。步行需要八天的時間，途中得攀爬危險的狹窄山路，沿途景觀都是頂峰熠熠閃亮的喜馬拉雅雪山。有些山路崎嶇險峻，一邊的懸崖峭壁直通千呎以下奔騰的河流，另一邊的岩壁則有巨型怪石突出。如果有人從路上墜崖，將永遠找不到屍首。

夢裡我就走在這條山路上。突然間，空中一聲巨響，頭頂上方的巨石開始傾斜下墜，向我砸了過來。我驚醒過來，坐起身，靠在床邊，心臟怦怦直跳，口乾舌燥。我環視四周，一排排鐵床上都睡了人，有人鼾聲如雷。在巨石壓身的夢中，我沒能認識出來並且保持清明——但我所受的訓練是這麼要求的。我在夢中的反應像個可憐的受害者。從這場惡夢中醒來，讓我如釋重負，但仍然幾乎含著淚試圖說服自己：這個夢代表的是不理性的恐懼，而不是預示著我接下來的旅程。

進行睡夢禪修（dream meditation）的修持，就是要訓練自己在夢中清醒過來，並知道自己正在做夢。我們經常將證悟形容為「醒來」——指的是如實地直接看待一切事物。不論白天或黑夜，要做的一樣，那就是：醒來！如果岩石向我們砸過來，而我們認識出「這是夢」，那麼我們不管躲在一旁或是從懸崖跳入河中，都不會受傷。我們已經知道，在夢中什麼事都可能發生：下墜、飛行、遇到亡者、形體改變等等。我們知道，夢中的現實可以是毫無限制和百無禁忌的。然而，即使知道夢中的身體乃是從自心生起的，我們還是堅持認為夢是「虛幻」、不「真實」的。

夢境能揭示一些有意義的心理訊息，是我們白天在心中無法全然得知的。若想要用夢境來分析實相，所要做的並非是嘗試解析或了解它們的含義，或者是尋找某些徵兆或象徵；而是要運用做夢所帶來的直接經驗，去挑戰自己的認知，以及擴展我們的感知。僵化的心需要所有事情都按照自己的期待發生，包括我們的夢。基於這個原因，當我們夢到自己過世的親人，或是夢到溺水、飛行，會立刻得出結論：它不是真的。我們不去理會夢境中的現實，繼續以我們困惑、僵固不變的感知來衡量現實。然而，當我們開始探索無我（no-self）時，這樣的見解就開始轉變了，對無常的認識開始遣除我們對固化（fixation）的執著。接著，我們便能用全新的視角去看待夢境，因為它們代表了封閉心、僵化心的相反面。夢中的景象往往非實質、朦朧、透明，如幻境一般不受我們控制——但並不是在我們的心之外。我們或許會被自己的夢驚嚇到，或試著把自己從惡夢中搖醒，也或是想要抑制夢中所浮現的禁忌。但我們的夢境就是我們自己，因為這些影像只會在我們的投射中生起。

夢不是真的

在夢中，沒有任何事物顯得穩定，經常還會看到一切都在疾馳或變化。白天時，我們認定有個獨立個別、能掌控的「自我」，同樣這個自我到了夢中，便融成了各種可思議與不可思議的現象。

從做夢到重回世俗的白天生活，這之間的過渡期可當作是投生中陰的另一個例子。我們可能在醒過來時會覺得備受驚嚇，或者感到無所適從，像我夢到巨石砸下來那樣。接著，我們通常不會讓自己與這些感受同在，不想要深入了解其中的意涵，而是倉促地依照昨天的現實樣態來重建我們自己：「這是我的床，這是我的房間，這是我的身體。」再一次地，「錯位」所引起的不安把我們從無常、未知和不真實的現象推開，推向看起來堅固持久而令人感到熟悉的影像。我們希望回到最符合自己期待的狀況。「感謝老天，那個夢不是真的。我的愛人沒有離我而去，我的孩子不是在起火的房子裡面，我沒有被淹死。我還是我，那個真正的我。」我們逃避恐懼，並從自己熟悉的事物上尋求安慰。然而，我們所逃避的，就來自我們的心，所以我們其實是在逃避自己，並以此作為一個獲得快樂的計策，但這個方法是永遠都行不通的。

我沒有被巨石壓碎，但並不表示我很堅固。我還活著，並且日復一日地死去。我還在用父親的那個問題追問自己：你是明就仁波切嗎？你和夢中的明就仁波切是不是一樣的？我可以觸碰到自己的手臂、臉頰。如果我現在伸出手去觸碰夢中的我，我將會什麼都感覺不到。巨石沒有傷害到我，但如果現在天花板塌下來，我可能就會被砸傷，可能會流血。所以我和夢中的我一樣還是不一樣呢？那先比丘說，他只是作為一個以符號、約定俗成的功用和名字而存在；他不是他所流的血，但他還是會流血。那麼，流血的是誰？

夢境就像我們存在的其他每個面向：它們發生了，我們經驗到它們，但它們不是真的；它們的顯現是一種錯覺、假象，我們很容易認出自己夢境的不真實面向。這就是為什麼對於了悟實相的空性面向，夢境是如此的重要。空性遍及一切人事物，包含我們的身體和血液、向我們砸下來的巨石、我們的名字，以及我們的夢境。白天的時候，各種現象「顯得」更密實，因此在白天學習空性會比較有難度。在夢中認識空性，則容易多了。「人生如夢」就是在我們自身、所愛的人，我們的蘋果手機、飛機、食物、憤怒、貪欲和財富等等一切現象當中，認識到不曾止息、無邊無際的空性特質。現象沒有實存的本質，一切都在空性中生起，也從未與空性分離。然而，用夜晚的夢境去感知這點，會比對著鏡子去認識自己的空性來得容易許多。

我醒過來，明白這是自己在瓦拉納西車站度過的最後一晚。我在想，今晚自己會在哪裡？會睡在哪裡？這個不確定帶來一絲恐懼，但同時也令人異常興奮。

14 學習游泳

現在潮起湧動，我想像自己是一位在水中毫不畏懼的游泳高手。
就在這個全印度最髒亂的火車站，我將學習如何游泳……

外祖父的大理菊

我最後一次走出旅社，回到了車站大廳的石板地。很快便不安地意識到自己不能再回旅社住了。我也不想住在瓦拉納西城裡，因為即使在這麼酷熱的夏天，那裡都還是人來人往的遊客和朝聖者的聚集地。我還沒準備好要睡在街友的專屬區域。我曾渴望過著整天沒有計畫、不用一直看時間的生活。但此時，這個無盡開放的視野令人迷茫。我必須做出決定——就跟之前一樣。

我回想過去三天的經歷，試圖仔細看看自己對周遭一切的抗拒、脆弱，以及反感。我不僅感到厭惡，還對自己的厭惡感到羞愧。我不想再經歷那些感受。我不想再感到困惑。這個車站依然不是我的家，但我對自己和他人不再有初來乍到時那種強烈的疏離感了。我開始放下了一點防範之心，至少足以讓我帶著好奇與善意的態度，向坐在地板上的人群稍微靠近一些。

我可以看到自己的每一個動作，從眨眼、呼吸，到買一杯茶，甚至負面投射的生起——都是源自於想要改變的願望，而這個渴望也向來是以快樂為導向。批評某人外表邋遢、散發異味，或是聲音過大，又或者是「任何狀況」，都是以一種神經質的方式來尋找快樂的，但是這種方式提供了一個可以向上攀登的立足點，讓你能夠暫時享受自己比他人優越的幻相。它從來不只是「他們很糟」，而且還包含「因此，我很不錯。」的感受。甚至在我非常自我封閉時也看得到：我還是渴望和自己的真實自性連結，以及和他人連結。就算是扭曲和投射，也結合著想要「藉由將負面的一切往外推遠」以便獲得內在自由的願望——儘管這些都不是獲得快樂的善巧方式，但這個意圖的本身是合乎情理的。

我之前坐在火車上身體僵硬、心態封閉，造成洶湧澎湃的海浪，但我不知道怎麼借助如此強勁的浪濤來衝浪玩耍。我無法以任何由衷、同理心的方式和他人建立連結。在我能承認自己對快樂的渴望之前，我無法知道，也完全無法以身心去體會其他人對快樂的渴望。

當我在家鄉努日的時候，曾經很喜歡觀察四季的改變——夏天翠綠的草地逐漸枯黃，樹木在秋天落葉，湛藍的天空開始因冬天的雨雪而佈滿灰色，還有初春時新芽蓓蕾的到來。我家有個石板庭院，庭院周邊有著我外祖父悉心照料的花圃。每到春季，我總是興奮不已地期待花開，尤其是外祖父珍愛的茂盛大理菊（dahlia）。只要看到花苞，我就會每天跑去看看它們是否綻放了。有一年春天，兩株大理菊含苞待放，連續幾天成為我們每個人關注的焦點。我急切地等待，希望其他的花蕾都能迎頭趕上。不料，一場春末的暴雨來襲，氣溫驟降。第二天早上，花園裡所有的花都凍死了。我哭了起來。外祖父試著跟我解釋一切都是無常的，外祖母拿出糖果來哄我，但這些都無法安撫我，我還是傷心欲絕地啜泣著。接著，外祖父提醒我，說我是多麼喜愛觀看季節的更迭，「那樣的愉悅就來自無常，你喜歡的夏季莓果來自無常。一切都從無常生起。明年春天，我們將會擁有新生的植物，也正是因為無常。」

一切都存在變化中

如果能了解再生的種子就存在於變化之中，那麼就可以更從容地面對每天的死去（dying every day）——包括在自己死去之前要面對臨終，欣然接受沙堡被海水沖刷。我們現在可以對消融和重組的過程變得更自在，我們可以重塑自己對入睡、做夢和醒來的想法。所有當下的可能性都在於無常。

這並非一夜之間就可以辦得到。舊習氣堅固難摧，但它們會消亡。火車上，我不斷反覆地看到：這次旅程就是關於改變（change）和轉化（transformation），而再生的種子已經開始生長。但是，不會的！它們不會像外祖父的大理菊那樣，在還是蓓蕾的階段就凋零了。我告訴自己。

願我具足快樂。願我可以自由。

我重複著這段祈願文，直到我能感受到它的內涵滑進我的喉嚨，就像是耗時熬製的濃稠糖漿，緩緩地融入我的心臟、肺部，再滲入我的胃部，充滿我的雙腿，沁入我的雙腳。願我具足快樂。願我可以自由。

我重複著這段祈願文，直到我的整個存在都沉浸在祈願文裡面，直到我柔軟下來，我的心打開了——雖然程度還不到我曾有的那種完全開放，但比起前些天已經算是進步很多，我不禁帶著感恩落淚。願我具足快樂。願我可以自由。

大約三十分鐘之後，我覺得與自己的連結已經夠穩定，能夠將這個祈願延伸到其他人身上。與先前在火車上我所重複提醒自己不同之處在於，我不再看待一群「他人」，而是將覺知帶到一個特定的人身上。我選擇將曾經和我閒聊的男子之妻作為修持對境，前天我們才一起用過午餐。她一直很害羞，低垂著眼眸，不太說話，但她的舉止始終很溫和、柔順。我大略看了她一下，把她的臉記在心裡。接著我垂下目光，默念著：願她具足快樂。願她可以自由。我想到她的人生，她所經歷過的艱難。願她具足溫飽。願她擁有安身之處。願她的孩子健康。願她具足快樂。願她可以自由。

我如此重複著，直到自己能感受到她甜美、可愛的特質，她跟我一樣值得被愛和尊重。我們有著相同的智慧，相同的根本光明空性。在二元對立之外，我們共同生活在無緣慈愛與覺知的無限空間中。與同理心一起生起的悲心，能了解到痛苦的根源乃是無明。此處的痛苦，所指的並不是貧窮和無家可歸，而是由於錯誤感知，而把不真實（not true）的現象看作是真實（real）的痛苦。這位女子和我一樣珍貴，卻沒有任何徵兆顯示她已怎麼知道把自心從錯誤感知中解脫出來。

讓頭浮出水面

我的心就停留在這位女子的影像上，直到我知道自己無條件地愛她。我愛她的丈夫和孩子。我祈願他們如同我自己家的孩子和德噶寺的小喇嘛們，都得到同樣的快樂、也同樣從痛苦中得到解脫。我將這份心境延伸到車站裡的所有人，包括坐在車站地板上的人群，匆匆而過的行人，賣給我米飯、豆湯和茶的小販，還有旅社的經理。我把慈愛擴及到從伽耶來的車上所有乘客，包括那些踩到我、撲倒在我身上的人。而我很確定地知道：他們也都想要快樂。全世界的每一個人都是如此，每隻寵物、每隻野生動物、每隻昆蟲，包括那些在麵包屑中尋找快樂而碎步奔跑的每隻老鼠，也都是如此。

我安住著，寧靜而平和。我並未幻想這樣的暫時緩解能夠結束我的困境，然而它的確減少了那種無處可去的焦慮。我心裡不斷浮現自己是游泳新手的影像。面對強勁的水流，尤其是因為獨自行動而增加的脆弱感，讓我失去了自己內在的保護。我必須讓頭浮出水面，但也為此費勁而掙扎不已。現在潮起湧動，向前推進。我想像自己是一位在水中毫不畏懼的游泳高手。喔，不，不只是無畏，只是否定恐懼還不夠好。一位游泳健將會把洶湧的浪濤視為挑戰，張開雙臂迎接它。就在這個全印度最髒亂的火車站，我將學習如何游泳。沒錯！我能做到！

我已經離開家，按照計畫到了瓦拉納西。現在，我不再有下一步的計畫，但我可以把握自己的未來。我有很多選擇：可以回到菩提迦耶或是加德滿都，或者甚至向北前往我在西藏的寺院。不。那樣的居所對我沒有吸引力，暫且不談過去幾天遇到的困境。我想重生為一名遊方的瑜伽士。我是自願、清醒地做出這個決定的。能有機會進行這次閉關，是過去修持所帶來的禮物。這是我的業力種子，我不會讓它們荒廢。對這次閉關的欣喜和興奮，源於我自己的修持。我的自信和勇氣是透過學習而來的成果，包括修持覺知和洞見、睡眠和睡夢禪修、空性和慈悲等等一切修學。

我不會放棄，儘管我還是感到難堪羞愧，身體裡的震驚感也還在，但是我仍然可以找到未來的方向——不是捨棄這些同行的不速之客（unbidden companions）繼續閉關下去，而是帶著它們繼續前行。不會改變的（unchangeable）覺知就在驚濤駭浪之中。我正引導著這個身體繼續與難堪羞愧和孤身一人的震驚感共處，就如同太陽與雲層同在。赤裸且著衣。在波濤起伏中學習游泳。

15 莫忘死之必然

身旁那群年輕的西方遊客肯定會去恆河的堤岸，
如果有機會看到火化屍體的儀式，聞到空氣中人體燒焦的氣味，
他們將會毫無疑問地知道自己也終將一死。

深夜的修道士

由於車站的規定，我不能再回到車站旅社的房間，所以此時也不該再繼續坐在車站大廳的地板上了。我需要想想自己下一步該怎麼做。我注意到身邊不遠處站著一群西方人。他們朝我瞄了一眼，我迅速低頭，坐著不動，斜眼打量著他們。這群人裡頭有男有女，看起來好像比我年輕一些，白人，講著英文，可能是美國人。他們的穿著休閒而整潔，拿著地圖和旅遊指南，計畫要參訪瓦拉納西，接著再去佛陀初轉法輪的鹿野苑（Sarnath）。與我身邊那家印度人不同的是，這群西方人占用了很大的空間，講話時比手畫腳、揮舞手臂，站著的時候雙手叉在腰上，

撐開兩個手肘。他們是那麼的無拘無束、充滿自信。也許是自負。我看到有位年輕人走向賣茶的攤販，雖然他是外國人，卻對自己如此確定。然而，他們到此顯然是想要從這古老世界神聖的一角，獲得某些他們在現代生活中找不到的東西。或許他們是在尋找內在的轉化。我祈願他們能有所獲益，找到一些了解這個世界和如何立足其中的方法，從而對他們的人生方向有正面的影響，讓他們可以帶回去分享給自己的家人朋友。希望他們不會被正在摧毀我們星球的貪婪、金錢和權力這種現代機器所誘惑。他們肯定會去恆河的堤岸——那裡舉辦公開火化屍體的儀式，為活著的人創造一種強烈的心靈體驗。遊客來到這兒都會去河堤，我想知道他們會如何看待那個地方。

我曾經聽過一位男士在法國阿爾卑斯山滑雪的故事。一場暴風雪在毫無預警的情況下席捲了整個區域，他和朋友失散了。在狂風中步行了好幾個小時，他最後來到一座偏遠的天主教修道院。當時天色已晚，周遭一片漆黑，看不到任何人。他用力敲著大門，直到一位年長的修道士開門讓他進到屋內。他喝了一碗熱湯，接著被帶到一個有單人床的小房間。他頭頂上的牆壁掛著一幅耶穌像。就在他剛進入沉睡時，一陣響亮的敲門聲把他吵醒。他打開門，門外站著一位手持燭台的修道士，對他說了聲：「莫忘死之必然」（Memento mori），接著再沿著走廊去敲下一個房門。「莫忘死之必然」。這個疲累至極的滑雪遊客看了看自己的手錶，確定這是個午夜儀式，便酣暢地再次入睡。一小時之後，同樣的敲門聲再次吵醒了他——同一位修道士，對他說了同一句話：「莫忘死之必然」。一整夜下來，每小時都會再發生一次同樣的事情，這裡的修道士從來不允許對死的遺忘。

身旁那群年輕的西方遊客準備要離開。「每一小時就被提醒一次死亡的必然性」這種作法，和普羅大眾的想法是截然不同的，尤其是看起來和這些西方遊客類似的人們，通常會認為思維死亡是很荒誕的，而在公開場合談論死亡也有失禮節。他們或許會馬上前往河堤，如果他們夠幸運，會有機會看到在河邊焚燒的屍體，聞到空氣中人體燒焦的氣味，並且毫無疑問地知道自己也終將一死。

「獲得」證悟？

他們離開之後，我立刻站起身，在車站裡徘徊，思索著接下來的去處。我停在一個報攤前，拿起一本印度旅行指南。書裡頭對於每個城市之間的距離和路程都有清楚詳盡的說明，其中還特別介紹了佛教四大聖地。書中以時間軸列出旅程，朝聖路線先從成佛前的喬達摩・悉達多（Gautama Siddhartha）出生地——現今尼泊爾南部的藍毘尼（Lumbini）開始。心中還想不到能做什麼的我，就像初遇佛陀生平故事那樣地讓自己沉浸在其中了。

旅行指南描述了佛陀出生時的一則預言：他將成為一位有影響力的政治領袖或精神領袖。想到太子未來可能會成為精神領袖，這令他的父親，也就是釋迦族國王淨飯王感到擔心害怕。為了確保兒子會繼承王位，他修建了供太子奢華享樂的宮殿，試圖讓悉達多沉迷其中，以便能抑制他對其他事情產生好奇心。在皇宮區域裡，看不到任何令人不悅、壓迫或恐懼的景象。然而，淨飯王的計謀不但沒有達到預期的效果，還大大地適得其反——悉達多順著一條小路來到附近的村落，他沿途目睹了年老色衰的人、疾病纏身的人、一具死屍，以及在人群中安祥穩重的苦行僧。父親的障眼法落空了，悉達多不久之後便從王宮逃離，開始去尋找真理。

有一次，我在孟買的時候，有人帶我參觀一座搭建成鄉下街坊模樣的寶萊塢電影拍攝場景。現在我聯想到：假如現代有這麼一位將會成佛的人，逃出了人造的完美生活、如一次元電影版的鄉村恬淡生活、被監禁的宮殿，並且來到了瓦拉納西，會是什麼樣子？或許剛才我看到的那群西方人就來自那樣的城鎮，那裡的每座房屋都千篇一律，每座花園也都一模一樣——經過精心修剪，卻沒有生機。瓦拉納西是了解老、病、死最好的地方。但悉達多走出皇宮看到的第四個人呢？那個泰然自若、精神專注、穿著僧袍的苦行僧，可能就像我這樣子？因為無所適從、也不知何去何從，所以我把頭埋在旅行指南書中等待著，這樣的我有什麼辦法能激勵他人呢？

從父親的王宮逃離之後，作為悉達多太子的他便不復存在。他捨棄了奢華的王族生活，開始遵循叢林瑜伽士的苦行戒律。他幾乎不進食，也從不沐浴，並以大地為床——以戒絕身體的舒適來作為喚醒心靈的修持。然而六年的極度苦行，並沒有帶領他達到心靈的解脫。為了追尋法道，他需要放棄苦行。

旅行指南接著介紹了菩提迦耶（Bodh Gaya），而當年喬達摩曾經在一棵菩提樹下靜坐，那個地方即是現今的正覺大塔（Mahabodhi Temple）所在地。就在這裡，悉達多重生為佛，也就是「覺者」（awakened one）。儘管我知道自己比旅行指南的作者更熟悉菩提迦耶，我還是充滿好奇地想要往下讀。為了釐清離開車站後的下一步，我可以繼續閱讀我的傳承故事——需要多長的時間都可以。

書中談到了佛陀在菩提樹下「獲得」證悟。我開始想要糾正書中的內容。證悟經常被誤解為達成一種新的意識狀態，好像是某種在我們自己之外可以獲取而得的客體，或一種經由努力爭取而來的東西。然而，佛陀看到問題是出在他的執取心。他曾經對實相有顛倒的理解。在試圖控制自己的心且否定身體基本需求的多年之後，他決定不再試圖「得到」證悟；而只是坐下來，往內觀看自己的心，看看若是直接觀察自己當下的經驗，能從中學到什麼——這就是他在菩提樹下所做的事。他發現，我們的真實自性已經是覺醒的，已經圓滿如是，他原本試圖要獲得的東西，其實已經在他的內在了。

佛陀所發現的洞見是那麼的簡單，然而要讓人接受卻是那麼的困難。他的教法為我們引介的，是自己蟄伏、潛藏、未被認識的那部分。這正是佛法修道的偉大悖論（the great paradox）——我們修持，是為了要了解我們本來是誰，因此，沒有什麼東西是要去「獲得」的、沒有什麼事情是要去「達到」的，也沒有什麼地方是要「前往」的。我們所要探尋的，是去開顯一直以來都在那裡的東西。

佛陀初次講法的鹿野苑，距離瓦拉納西只有十多公里的路程。旅行指南介紹它是佛陀第一次教授苦諦（truth of suffering）的地方。「是很有道理沒錯，」我想著：「但卻沒有更進一步解釋，這樣的敘述會讓非佛教徒誤以為佛教傳統是虛無主義，甚至是病態、內心充滿苦惱的。」

痛苦從何生起？認為自己和所愛之人的生命將永遠持續，並依此而運作，這顯然是一種錯誤感知；認為我們絕不會和自己的家人或伴侶分離，也是個錯誤概念；以為我們的人際關係、健康、財務、名聲等都會穩固不變，也實在是錯得離譜——因為我們當中有很多人都已經從失落和驟變之中學習到很多。甚至現在，世貿大樓已經倒塌，鐵達尼號已經沉入海底，巴米揚大佛已經被炸為塵土，我們卻傻傻地相信建築物是恆常持久的，甚至還覺得越大越耐用。

佛陀所看到的真理是：人生的確是苦，只要我們還卡在自己的錯誤感知當中，我們的生命本質就是種種的不滿、挫折和不安，這是眾所皆知的；然而，這些錯誤感知並非堅固不變，它們並沒有與任何事物綁在一起。因此，我們是有選擇的。逃避我們內在的魔——對改變和死亡的恐懼、怒氣和嫉妒，只會令這些魔更有力量。我們越是想要逃，就越沒有機會逃脫。我們必須面對痛苦，並走入痛苦，唯有如此，我們才能從中解脫——此為第一聖諦。

我突然間意識到自己可以在這裡待上很長一段時間，因為我又回復到上師的身分了。我還是老樣子，跟我身上穿著的僧袍一樣熟悉。我的朝聖之心在哪裡？那顆謙卑低頭前行的心、面對任何狀況都會祈請的心在哪裡？我不能一直在這裡耗下去。

四大主要聖地的最後一個，是大約公元前487年佛陀入滅的拘尸那羅（Kushinagar）。旅程在此結束。兩千六百年後，受到佛陀的啟發，我才剛要展開我個人的旅程。或者，它已經開始了。或者，在我換下僧服的那一刻才會開始。又或者是在……我沒有被釘牢在這塊地板上。即使我一動也不動地站在這裡，我的血液、心臟、肺臟都還在循環、跳動和呼吸著，我的細胞正在死亡、正在更新，我的器官正在衰老。如果我知道要去哪兒，或許就可以動身了。

從這裡往西北方向推進，只要八十公里的路程就可以到達拘尸那羅。我只有在多年前跟哥哥措尼仁波切去過那裡一次。一般而言，拘尸那羅不像其他幾個我多次參訪的聖地那樣，充滿擁擠的朝聖人潮。六月的印度，氣溫可以高達攝氏四十九度，即使最虔誠的信徒也會待在其他地方——尤其是還在適應南方氣候的流亡藏人。這個細節對我而言很有幫助，因為我不想被認出來。於是我買了下一班去葛拉普（Gorakhpur）的火車票，從那裡再搭坐巴士去拘尸那羅。

在那先比丘和國王的那段對話發生後約莫五百年，西元八世紀的印度大師寂天菩薩（Shantideva）以不同的說法來表述同樣的自我解構，並且將此又推進了一步：

髮甲齒非我，骨肉亦非我，非鼻涕非痰，非膿非胆汁，

非脂亦非汗，非肺亦非肝，亦非餘內臟，我亦非便溺。

（譯註：寂天菩薩《入菩薩行論》「第九品 智慧品」，如石法師譯。）

為了顯示迷惑的自我如何製造了它自己的痛苦，寂天菩薩問道：

若我自性有，於境有貪著；無少自性我，何因生畏懼？

（譯註：寂天菩薩《入菩薩行論》「第九品 智慧品」，如石法師譯。）

這位稱為明就仁波切的「我」，在瓦拉納西車站裡面焦慮不安。而這個「我」被寂天菩薩問到——而這也是在問我們每個人：「既然我根本不存在，恐懼還能威脅到誰？」或者，換個問法：「我是誰？」

如果我們都認同那先比丘和寂天菩薩，即使是當作智識的文字遊戲，也會很容易得出結論：這個「我」，也就是這個恐懼的接收者，並不存在，並沒有一個具有實質的形體。然而……這個找不到在哪裡的「我」，本質上如同水一般透明，並且具有流動性，卻還是很容易受傷。

想要得到更多，卻從未滿足

如果沒有任何修持，我會斷定問題是出在這個火車站，而不是我的心。說實話，這個車站的確可以採取一些抑制老鼠的措施，可以更有效地清潔垃圾和糞便。若是那樣，就太好了。可是當我們審視中產階級的生活，或檢視那些無災無禍、食物充足、坐臥舒適的人所過的生活，我們並不會看到真正的滿足。佛陀教導我們：心是痛苦的來源，也是解脫的來源。當我初次旅行到一些現代化、工業化的國家時就發現，世界上沒有什麼比親眼目睹受折磨的苦楚與天界的奢華共存更能證實這一項基本的真理。如果沒有個人的轉化，如果沒有一定程度的謙卑——即使是對宇宙本身，貪婪和嗔恚都會把我們推入深淵。看來，若未能認識到我們是如何把自己設成箭靶，我們就只會錯把痛苦的來源視為「外來的」，而一味地向彼此放箭射擊。

這次坐上火車，我覺得自己像是個乘坐三等車廂的老手，被其他乘客推擠時也沒那麼害怕了。我不再抵制自己的不適感，變得更能順應周圍環境。我的確感到緊張不安，那又怎樣？我不喜歡人們用可疑的目光看著我，那也沒關係。注意到了，不要假裝。然後任它如是。儘管瓦拉納西帶來了超乎想像的難度，但離開時我不再覺得像初來乍到時那麼迷惑了。如果對於變化無常這個真理沒有一些信任，我可能已經返回菩提迦耶了。

帶著比初次火車之旅更放鬆的心，我發現與我同行的旅客雖然跟上次在火車上遇到的人一樣窮困，但他們看起來不再像外籍軍旅，也不帶有我第一次在瓦拉納西遇到的那種敵意。我注意到他們經常微笑著，彼此分享自己微薄的食物，溫柔地抱著自己的孩子。我再次得出一個結論：現代的都市人看來比貧困的鄉下人更有壓力，更焦慮易怒。物質的享受似乎會讓人們過度執著，因為他們更害怕失去自己所擁有的一切。他們總是想要得到更多，但卻從未滿足過。尼泊爾和印度的窮人沒有過多的期待，似乎更滿足於手中微不足道的擁有。我已經開始認識到，現代人在他們事業和家庭生活的高峰期所倍感困擾的，和任何地方的人在生命終結時所面對的問題幾乎相同：沒有能力接受無常，執取無法獲取的事物，沒有辦法放下。

潛伏在現代社會過度焦慮之下的，是對死亡的恐懼：死時將會發生什麼，以及它會怎麼發生。那會是個痛苦的過程嗎？會很艱難嗎？是否會出現愧疚、悔恨和救贖？所有的人都害怕死亡，但是對死亡的「恐懼」和否定，似乎被物質的價值，以及緊抓我們所知人生的傾向所強化了。

我心想，明就仁波切這個頭銜死去，會如何影響我面對未來的變化，以及修持無常和肉體的死亡——假設我真的能把它卸下的話。我好奇父親那一輩的大師們是如何在火上加柴薪的。包括父親在內的很多老一輩上師，都曾經想要進行遊方閉關。然而，在一九五〇年代西藏政局變動之後，作為上師，尤其是祖古和傳承持有者們，對保存傳統有著巨大的責任感。他們把在海外重建道場和訓練年輕僧人，看得比個人的閉關修持更重要。我幸運地出生在尼泊爾，因而躲過要逃離西藏的艱險。另一個使我感到幸運的地方是，當我想做這次長期閉關時，藏傳佛教在尼泊爾和印度的根基已經夠穩固，讓我可以暫時放下自己所擔負的傳承責任和繼承前世寺院的責任。老一輩的西藏大師們已經完成寺院重建的工作，因此我才有機會可以進行這次的閉關。此時，我正在路上，對他們的付出和犧牲再度生起了感激。

獻給巴楚仁波切的金幣

在我離開寺院的前幾週，前人留下的一切像一座金山那般赫然在目，映現出所有我信任和珍視的人事物。幾個星期以來，我的心都盤旋在向前展望的興奮與回顧過去的傷感之間，也多次懷疑自己能否徹底執行這個計畫。甚至在前往葛拉普的火車上，我對於自己是否有勇氣要以這般厚重如山之愛的光明溫暖，來換取街頭人們不確定的招呼款待，我的心仍然游移不定，一會兒堅決，一會兒質疑。當我覺得自己太偏向陰暗面時，便靠著回憶故事來增強閉關的信心。就像所有藏族小孩一樣，我對佛法的認識多半是從那些令人難忘的故事開始的。其中有一個特別的故事，是關於父親的一位親戚。

在這位親戚還是一個二十幾歲的年輕僧人的時候，他想要去拜見巴楚仁波切（Patrul Rinpoche，1808 – 1887）。巴楚仁波切是藏傳佛教最偉大的上師之一，他通常喜歡獨來獨往，經常試圖迴避一些寺院的責任。除了默默無聞地住在山裡，他別無所求。他看起來貧困潦倒，穿著破爛老舊的衣袍，經常被誤認為是乞丐，甚至曾在某個邀請他去傳法的寺院門口被拒絕入內。巴楚仁波切有時會坐在住持的法座上傳法，有時會被人擋在門外；人們或者以最好的供養款待他，要不然就是給他一把青稞粉，把他打發走。無論如何，他都欣然接受。我想知道自己是否也能訓練好自己的心，在所有狀況下都那麼穩定，坦然接受眼前發生的一切。

我的父親告訴我，這位年輕僧人後來在一次旅途中，遇到了和幾位喇嘛同行的巴楚仁波切。有一晚，他們露宿在一個高山隘口下方的平地。一夜之間，巴楚仁波切途經此地的消息不脛而走，來自各村莊的信徒們衝到山腳下，這群露宿的朝聖者被信徒們的興奮歡呼聲喚醒。村民們都來向仁波切頂禮、獻供。其中一個男子拿著一塊特別厚重的金幣走上前，告訴巴楚仁波切自己的一位家人剛去世了，希望供養仁波切這塊金幣，懇請仁波切為亡者修法。巴楚仁波切回答說他很樂意為亡者誦經修法，但不需要金幣。這名男子堅持要供養，並解釋：「如果仁波切不接受金幣，我也不能接受修法。」他倆這樣推來推去好幾次，直到巴楚仁波切說：「好吧，我接受這塊金幣。但修法之後，我會還給你。」這名男子同意了，但巴楚仁波切念完祈願文之後，男子卻不願意把金幣拿回。

在雙方僵持不下的時候，隨行的其他人已經打包好所有的寢具和廚具。然後，巴楚仁波切說：「我們就把金幣放在這塊岩石上，留在這裡吧。」所有人都同意這是個很好的解決辦法，接著便陸續離開了。最後只有這個年輕僧人留了下來。他目不轉睛地盯著那塊金幣，不敢相信其他人就這樣留下金幣走了。他算計著，如果他不拿走金幣，一定會有村民溜回來拿走它。他想讓自己的偷竊合理化，於是想像自己擁有金幣後帶來的財富，可以做很多利他的善行。他坐在放金幣的岩石邊很久，直到巴楚仁波切一行人已經走到了隘口頂上，也沒有任何村民跑回來。他開始往隘口跑去，但半路又折了回來。朝陽已經升上了山巔，陽光照在金幣上，反射出的金光就如太陽一般耀眼。他的雙眼再次緊盯著金幣。他又來回了一次之後，決定跑步向前，追趕出發多時的隊伍。

無論父親對我說過這個故事多少遍，他總是要確定我明白其中的核心重點：「你有上千次的機會，在負面與正面的方向之間做出選擇。」這意味著為自己和他人增加或減少痛苦，「如果你真的發願斬斷自己的執著，那麼無論情況如何，你都可以做到」——雖然總是會出現把你朝反方向拉扯的事物。這絕對不容易，但可以做到。

我理解到，斬斷執著必要的一部分，是被那些自己所重視、喜愛和熟悉的人事物牽扯的感受。我也開始看到，「要讓曾經的自我死去，並重生為新的事物」並不會在一夜之間發生。我已經不在熟悉的寺院環境之中，但是這個「自我」還是過多，太多明就仁波切的自我，因而無法在一群陌生人中自在地席地而坐。但那是會改變的。我很確定。

我從火車窗戶望出去。剛才腦海中的畫面是巴楚仁波切身處於清涼乾爽的西藏山脈中。現在我眼前卻是一片太陽曝曬下的平地。如果那時我可以跟父親交談，他會說什麼？

「阿米，聽我說……」

接著……下一句是什麼？

隨著火車的搖晃，我睡了過去。

第二部

回家

16 佛陀色身圓寂處

門衛放行之後，我直接先去禮拜臥佛像。放下背包，我向佛陀行三次大禮拜，然後跪坐在地板上。

離開瓦拉納西

從葛拉普火車站到拘尸那羅的巴士車程差不多一個半小時。「使用貨幣」這件事對我來說越來越順手了，但我還是得把一張張盧比翻來覆去地查看，確定鈔票上頭的確切面額。我坐到窗邊的一個木凳座位上。高速公路經過的風景顯得越來越偏僻和鄉野——在遼闊的農田綠地間，村莊變得更小、更加稀疏。纏著少許白色裹裙的老農們，從後面趕著鼻子上套著繩索的牛群，緩緩列隊從田間走過。牛尾巴不停地向兩旁搧趕蒼蠅，有的農戶全家出動下田勞動。巴士行駛的公路上，除了轎車和卡車，還有小馬拉著的馬車，有的馬車上面載著人、關在籠裡的鳥兒和一個個用塑膠袋裝著的穀物，有的馬車載著成堆新鮮收割的花椰菜，有的馬車則是滿載著像是建築用材的一綑綑長木杆。

離開瓦拉納西讓我感覺放鬆許多。前面幾天過得有點辛苦，但我仍然對這次閉關滿懷熱忱。我始終覺知著內心的起伏，而這些起伏都只停留在表層。在內心更深處，我感到警覺、自信，甚至滿足。我知道這些起伏不是真正的問題。我還是想重生為自在的遊方瑜伽士。我不想過著像王子一樣的生活，被困在乾淨衛生的環境裡。如果禪修單純就是為了消除負面情緒，那我對這樣的修持完全不感興趣。

汽車越往安靜的鄉村行駛，我越感覺到輕鬆。隨處可見野狗自由地漫步，牛、雞、豬等家畜埋頭進食或覓食。樹上的烏鴉叫著，白色的野鶴像柱子一樣佇立或棲息在牛背上。這樣的鄉間景象一定與佛陀當年看到的相似。在佛陀時代，拘尸那羅是一個叫作末羅（Malla）的小王國都城。那時候應該有更多的森林，林中有危險的蛇、虎、豹。我猜佛陀應該是赤腳走在泥巴路上。我好奇佛陀是否也曾經害怕過。

朝聖者來到拘尸那羅，通常是為了禮拜紀念佛陀入滅的涅槃園區（Parinirvana Park）。根據我在瓦拉納西車站讀到的那本旅行指南，這裡由兩個區域所組成，一區是由修剪整齊之開闊草坪所圍繞的佛塔，另一區則是毗鄰著一棟十九世紀建築，其內是一尊六公尺長的砂岩佛像，雕塑出釋尊右側吉祥臥、面朝北的涅槃身姿。一點五公里之外，是拉瑪巴爾塔（Ramabhar Stupa），也被人們稱為荼毗塔

（Cremation Stupa），塔內供奉著佛陀大體焚化後所留下的舍利子。除此之外，這裡沒有太多地方可供參訪。自從我上次來過這裡之後，目前已經有泰國、緬甸、西藏等等佛教國家在這個佛陀聖地附近興建了好幾座寺院。而拘尸那羅大致上還是維持著一個模糊難辨的印度村莊模樣。

入住「達蘭沙拉」

涅槃園區的入口就在公路旁邊不遠，若從葛拉普的方向過去，就在巴士站前。好心的巴士司機答應把我放在大門附近。我跳下車，朝園區走去，很高興自己已經離開瓦拉納西來到這裡。大雨剛過，空氣清新，雨水在草尖閃著點點的亮光。

入口處有兩名身穿制服的門衛，他們檢查了我的尼泊爾身分證，揮手放我進入。我直接先去禮拜臥佛像。放下背包，我向佛陀行三次大禮拜，然後跪坐在地板上。我祈願能和超越時間的覺知保持著連結，它是一切起伏情緒的本質。我祈願能允許不適的感受存在，特別是一路上這些難堪的感受，我祈願允許它們自解脫，任由感受如是存在，並在覺知當中擁有它們。我祈願能有勇氣接受煩惱，能嘗試用它們做修持。我祈願能不把海浪看作怪獸或其他有威脅的障礙，而是把它們看作反映自心真實本性的證悟事業展現。我祈願能深化自己的領悟，以帶給眾生更大的利益。

我拾起背包，面朝著佛陀入滅像退了出來，直到走出殿堂大門才轉過身去。

然後我繞著花園走了幾圈，享受著這裡的寧靜，同時觀察著明早想要禪坐的地點。我向外走去，經過門衛，信步走向距離園區五分鐘的旅店區。我在一個路邊攤花了五盧比買了一根烤玉米，又在另一個小販那兒花五盧比（約台幣二點二元）買了五根香蕉，一根香蕉只要一盧比，廉價得讓我感到吃驚。

我住進一個平房客棧。它的名字叫「達蘭沙拉」（Dharamsala），意思是「朝聖之家」，暗指最簡樸、最廉價的住宿。客棧主人是個友善的中年男人，他把我帶到一個大約長寬各二點五公尺的房間。房間配備了一張小床、吊扇、有淋浴的洗手間，但不含餐點，每天住宿費二百盧比（約台幣九十元，三美元）。

這裡將是我的家，早上我從這裡出發冒險，試探地過一天流浪生活，晚上再回到這裡。「不要著急，」我對自己說：「我需要在這座橋上待多久都可以，然後過渡到居無定所，再過渡到當乞丐和苦行僧，逐漸熟悉這種新的方式。」

瓦拉納西的車站旅社曾是我的「安全場所」。這家位在拘尸那羅的客棧也同樣是。這次閉關理應該擴展我的局限，遠遠超越我所認識的自己之界限，直到沒有「我」去感覺不自在。這裡沒有要扮演的角色，沒有需要滿足的期待，也沒有需要尊奉的頭銜。但我做過頭了。父親總是提醒我不要急躁。我花了種種努力讓他開心，但還是沒學到這個教訓。我把「火上添薪」誤解為單一的事件，而沒有理解到它其實是個過程。在我想像中的某處，我把「一次加一小條引火柴」和「點燃一堆篝火」搞混了。

17 你的美夢是什麼？

黎明時分，我把一些印度盧比連同身分證件塞進上衣口袋，將背包留在旅店，出門追逐我自己的美夢……

回去一間寺院

住在旅店的第一晚，我又做了一個令人不安的夢。夢中我在室外一處不知名的地方。那是傍晚時分，周圍的景象呈模糊的黑白兩色。突然間一陣騷動。警察包圍了我，把我押進了一輛汽車，載我回去一間寺院。我能記得的就這些。一覺醒來之後，我不清楚夢中「回去一間寺院」所表達的是願望還是畏懼。寺院代表的是對我身體的保護和心的解脫。但是當我仔細觀看夢中的場景時，確實像是電影中的壞人被關進監獄，或是犯人住在牢裡那樣。

從我像囚犯般離開德噶寺，至今還不到一週的時間。現在警察已經抓到逃犯，危險的頭號通緝犯是一名佛寺住持，他用空性武裝自己，並渴望能更深入體驗空性。與我之前在瓦拉納西車站做過的惡夢一樣，我還是沒有在夢中認識出夢。由於我把夢中的場景當成真的，所以再一次被恐懼佔了上風。現在我醒過來，想著：「那是個奇怪的夢。我跟寺院之間並沒有負面的關聯啊。我熱愛自己的寺院和那裡的僧尼，但我不希望自己的閉關被干擾，也不想現在回到寺院。無論是哪種原因，那就是個夢——好壞都沒關係。無論如何，我更感興趣的是如何以夢來證實空性，以及夢的透明顯現如何映現出我們自身的本質為空。」儘管我感覺被警察推進車子，但在自己或他們的身體之中，都沒有實體物質的觸感。我帶著受到脅迫的驚嚇感醒來，但它並沒有形狀，而它具有多少可信的真實度，與我在火車站所經驗的強烈難堪之真實度，兩者實在都不相上下。然而，車站的難堪和夢中的恐懼都是經驗的體現。看似真的，但不真實（real, but not true）。

夢中的臨海別墅

「你的美夢是什麼？」

我曾對一位在加州遇到的男士問過這個問題。幾年前，他辭去了矽谷一家高科技公司的絕佳工作。他讀了一些關於空性的書，並得出一個結論：他的工作是空的——空無意義、毫無價值，而工作環境、職務和收入這些事物的本質通通都是空的。他認定自己的人生沒有意義，於是辭職去做他一直想做的一件事：成為一名畫家。

他在敘述這個過程的時候態度很真摯，不時將自己的手放到嘴邊，像是要檢核自己話語的準確性。他的頭髮和鬍鬚都已開始花白，穿著休閒但得宜。他花了好幾年待在自己的工作室進行藝術創作，並過著這樣有意義的生活。後來他來上我教導空性的課程。一堂課結束後，他要求跟我會面。「我很喜愛這些空性的教法，」他告訴我：「但是有一個問題。以前我讀了關於空性的書，而看到我的工作是空性的，所以我放下了它。我真的很喜歡作畫，但今天聽了你所講的，我看到連我創作的藝術也是空性的。現在或許我需要把藝術創作也放下，但如果這樣做，我將會一貧如洗。」

我告訴他：「空性不代表空無。」

他聽了相當震驚。我對他說：「一切都來自空性。它充滿了生機蓬勃的潛力，充滿了各種可能性。」

接著我問他：「你的美夢是什麼？」

他說：「擁有一棟在海邊的別墅。」

「好的，假如有一天你做了一場好夢，夢中你擁有了一棟臨海別墅。你會為此開心，對嗎？」

「是啊，當然！」

「後來，突然一場大火燒毀了你的房子，而夢中沒有房屋保險。你會感覺怎麼樣？」

「那會讓我心碎不已。」

我問道：「那棟別墅是不是真的？」

他說：「當然不是真的。那是個夢！」

我說：「如果你遇到一個重大的問題，像是你的臨海別墅被燒毀，最好的對策是什麼？」

他很仔細地思考了一下，然後說道：「也許是在夢中清醒過來。」

「沒錯。如果你知道自己是在做夢，那麼老虎就抓不到你，火也燒不到你。如果你的房子毀於大火，你可以再建一棟。我們在白天的生活中，並不否定對於房屋或是事業的需求。但如果我們能認識到現象的本質為空，就可以在不執著於那些會帶來痛苦的錯誤感知的同時，享有自己的渴望。」

「現在的你和我，也跟夢中的臨海別墅一樣——並非真實，但也並非什麼都不是。很多人認為空性就是什麼都沒有（nothing）。但其實一切都來自空性。如果你在夢中認出夢中的別墅，你看著你的夢中別墅，你就知道那不是真的，但夢中的房子還是在那裡。是真的，同時也不是真的。」

當人們聽到關於空性的說法，經常會認為它代表負面的某些東西，就像這位高科技主管在他工作中找不到意義一樣。這是一種普遍的誤解。空性並非一個想法或故事，它是在我們探索經驗本身的過程中，發現「看似堅固和永恆的現象並不真正存在」時所體現到的一種經驗。

夢境是一個最好的例子。夢的房子出現在夢中，我們看得到它、感受得到它，然而它並不存在。我們很容易可以接受「夢是從自己心中生起的」，那位主管認識到夢中的房子空無實體，並不真實存在。但這不表示他沒有經驗到那棟房子。如果夢中的房子被燒毀，還是會讓他心碎。

飲下毒水的王公

這就是人生的運作模式。我們的心時時刻刻都在創造著經驗，而我們把這些創造視為是真實的——如此的真實，以至於我們誤認為自己所看到的真相，是有別於自心而獨立存在於心之外的。但是「感知的對境」不可能和「感知對境的心」分離。我們無法感覺（觸摸）自己的夢，我們不能感覺、品嚐或觸摸到空性，我們無法知道它的來處，事實上，我們也不能說空性是存在的。然而，這樣說不是否定空性。空性跟夢一樣真實。一切都從這個不可知的空性之基生起。事物出現，但它們不是以我們假設的方式存在。我們在此所指出的內容，超越了文字和語言，並且無法以概念心去了知。我們已經學會用二元的方式思考：真實相對於不真實，白日夢相對於夜間的夢，好相對於壞、生相對於死。當我們遇到與這些二元性不符合的經驗時，就會傾向於不去理會它們。那些經驗令我們緊張，我們沒辦法用自己的二元邏輯去領會。當世人都一致認為，把這個心以其一般感知所得知的東西加總起來，就等於世上所有可得知的一切時，要追尋真相就更加困難了。

若能對於心在晝夜的各種特質有更多的洞見，我們就會更具信心地接受所謂共識真理（consensus-reality）的局限。隨著檢視，我們可以了解社會的建構是由共識所拼貼在一起的。越多人有的共識，就會變得越真實，而想將之改變或拆解，就會變得越困難。

有一位古印度的王公，就為此付出了沉重的代價。今天的印度曾經是由各自為政的眾多公國所組成，每個公國有各自的國王或王公。諸公國之間的仇恨經常殃及相鄰的區域。有一次，在一場特別嚴重的雨季過後，所有的水井都滿溢到井口，其中一個公國的居民進入他們敵對的區域，並在每個村子的水井下毒，只有國王的水井因為有衛兵守護而沒有遭殃。

人們喝了有毒的井水之後，引發神智錯亂的狂歡。每個人都停止了工作，田地和家畜無人照看，村民在街上徹夜歌舞、縱情恣欲。王公知道這是勁敵所施的計謀，想要毒害他的子民而摧毀他的王國。他走到大街上，對人們解釋敵人對他們所施的詭計。但所有人都認為是王公自己瘋掉了。他花了好幾天的時間，試圖說服這些胡言亂語的人民。最後，王公被他所愛的人民孤立，獨自一人陷在淒慘之中，於是，他喝下平民井裡的水，加入他們狂歡的行列。

這個王公孤立無援，備受折磨。而我們不必如此。我們可以借助於祖師和智慧法典，以及我們自己的智力逆流而上。密勒日巴在冬天遊訪於雪域山間，沒穿鞋子和衣服，遇到他的商人和獵人都以為他是瘋子。密勒日巴反而認為是他們瘋了，這些人握有可以讓自己解脫的鑰匙，卻反而被囚禁在自己打造的監牢當中。

戶外禪修的第一天

黎明時分，我把一些印度盧比連同身分證件塞進上衣口袋，將背包留在旅店，出門追逐我自己的美夢。這是我在戶外禪修的第一天！險惡的夜間夢境被心中的熱忱一掃而空。早晨的空氣清新涼爽，夏季的涅槃園從早上六點至晚上六點對公眾開放。我到的時候門衛正打開大門，他們檢查了我的尼泊爾身分證，揮手放我進入。我一直走到離大門很遠的樹林中，在樹蔭下脫去僧服上衣鋪在地上當作坐墊，接著開始思維自己的發心。

我的發心跟我坐在瓦拉納西火車站的地板上時相同，也跟我坐在任何一個佛殿前的時刻完全一樣：從自己製造的痛苦中解脫，因而能幫助他人解脫。這天早上，我的觀修從思維佛教傳統為何如此著重發心作為開始。過去幾天，儘管在禪修中我看到比往常更多的散亂，但是我的發心卻從未動搖。禪修的覺受會起伏不定，如果我們執著於自己認為的「好的」禪修，那肯定會感到失望。修心的承諾意味著堅持動機和發願，然後不斷地嘗試。「持續的努力」比轉瞬而逝的效果，具有更長遠的意義——無論那些效果看起來有多麼的正面。

接下來的幾個小時，我單純就是練習把心安住在覺知中。接著，我用迴向來結束這一座禪修。迴向是一般正式修持的最後一個步驟，我們不想把修持所累積的善德只留給自己。基於這個理由，我們要迴向他人。我將福德迴向給家人、上師、世界和一切眾生。迴向是一種分享的方式，一種我們稱為「心靈布施」

（spiritual generosity）的修持。

在樹林中度過前面幾個小時後，熱浪逼走了早晨的清新。幾位遊客走進園區，我仍享受著相對的獨處。即使是待在一個被圍起來且有門衛守護的空間，獨自一人待在這個新環境，還是讓我保持高度的警覺。我歡迎這個庇護所，同時也留意到其中的諷刺意味。這是我體驗新生活的完美場所，既不在野外，也不會成為肉食動物的目標；足夠隱蔽，卻不孤立。這座庭園處於全新和熟悉兩者之間，是座落在某個印度教小鎮裡頭的佛教地標……「就如同我一樣」……

我站起身，穿上僧服上衣。不顧天氣炎熱，我還是保持著把披單搭在左肩的傳統，露出右肩。這慣例不會改變——暫時不會。我之前喝過的幾杯茶都加了糖，跟我平常的飲食習慣完全相反，而僧服則屬於另外一個範疇。它們是我唯一珍視的所有物，我需要時間來慢慢捨棄它們。

我沿著園區繞行了幾次，使用了公廁，然後在公用水井打水喝。這又是一次初體驗。接著，我去覓食。

走到一個擺了幾張長形鐵凳、用防水布撐起頂棚的戶外食物攤位前，我停了下來，點了菜單上最便宜，也是我最想念的米飯和豆湯。讓我感到開心的是，我吃到曾在努日吃過的那種大顆粒、黃色品種的扁豆，而且味道很接近我外祖母的烹調方式。有那麼幾分鐘，它的味道把我帶回了童年，讓我完全沉浸在記憶中。

吃過午餐之後，為了避開最高溫的幾小時，我回到了旅店，坐在吊扇下的床上繼續修持。我還是在挑選揀擇，但沒有關係，我正在學習。大約下午三點鐘，我回到了涅槃園，進大門時再次出示身分證。午餐後我沒有再進食，涅槃園關閉時，我由最直接的路徑回到旅店，沒有繞進村子。我坐在床上，重複早上和下午做過的修持，最後是回顧剛過完的這一整天。

在夢中認出夢

表面上，身處在這個世界、獨自一人所帶來的新奇和陌生感還是左右著我：在戶外禪修，住在旅店，支配錢，買食物，獨自在公共場合用餐。但在另一個層面，每一個初體驗的事件都帶來興奮、驚奇和樂觀。我的閉關之旅真的已經開始了。現在我正在行動。我要去哪裡？我不知道。真棒啊！

當天晚上入睡前，我把動機專注於要在夢中認識出夢。如此設定動機，是基本的準備步驟之一，就像我們會說：「明天早上我要在五點醒來」。想要在醒來時依然記得自己的夢，也可以做同樣的祈願。如果我們下決心要在夢中醒來，則可以再三地重複，重複幾十次也行，今晚我要在做夢時認識出自己在做夢。

我夢到自己在西藏。在湛藍的晴空和光芒四射的太陽下，一望無際的翠綠原野不受岩石和樹叢的阻隔，向四面八方延展。草原上點綴著色彩繽紛的大朵鮮花，而且像是用特藝七彩（Technicolor）技術處理過那樣，更加的飽和生動。一群黑犛牛在遠處吃著草。走到草原一邊的盡頭是陡峭的懸崖，懸崖下是一條河。當我正走在草地上時，認出自己是在做夢：「我可以做任何想做的事！」於是我把兩隻手臂張開，撐開僧服披單跑了起來。一開始我先是上下跳了幾次，接著再加速奔跑，讓風把披單吹掀得像一只風箏，帶我飛了起來，飛昇到山上，再飛落到河邊。在空中飛翔真是一件愉快的事。被風帶著，像鳥兒一樣自由。

這個夢比起那個被警察抓走的夢讓我歡喜多了。比起在瓦拉納西時所做的夢，我更喜歡拘尸那羅的夢。我喜歡有這些樹和新鮮空氣的夢。佛陀之所以成佛，是因為他認識到一切都是夢——包括他自己。

第二天早上，在去涅槃園的路上，我停下來買烤玉米。正要付錢的時候，卻被小販拒絕了，我的僧服促使他把這個作為第一次的供養。這真的讓我很開心。這一天，天氣特別的晴朗、清新，無雲也無下雨的跡象，就像昨晚我夢中的完美天氣。我回到了涅槃塔，出示身分證，接著走到遠處。身邊的環境開始令我感覺非常友善。

我很享受飛翔，也很歡喜和小販的相遇，而且烤玉米幾乎是我吃過最美味的食物。我想家的念頭夾雜著今早的甜美回憶。然而，在園區這裡，各種關於家、玉米、攤販、橫空飛翔影像的存在，都離我坐的地方有著同等的距離。任何一個影像都不比另一個更近或更遠，也不能說某一個念頭比其他念頭更「真實」。這些念頭、圖像、概念就像雲一樣飄過。對於家的記憶可能會帶有些許情緒的糾結，但是「思鄉」這件事情本身在這個所謂「家」的客體中所生的根，並不比被稱為「玉米」的植物所存在的玉米影像來得更強大。當我們停下來檢視這些念頭浮雲的特質，它們的出現並不像我們通常標註為「真實」的事物，反而更像是夢一般。

無論是夜間的夢或是白天的念頭，都沒有實體、也不長久。然而在我們醒悟到實相以前，晝夜的感知依然有著擾亂生活的力量。

我跟在瓦拉納西那時候的我，已經不一樣了。在過去四十八小時間，我已經遊歷過地獄，皈依過旅社的庇護，與我的上師們——尤其是紐修堪仁波切共度了一些時光；和那先比丘一起遊歷，幫助我確定自己的頭銜只是外在的面具。我曾感到難過而孤獨、自信、樂觀，也曾感到沮喪。但那個經歷過如此多焦躁的心，已經消失了，結束了，死掉了。這並不表示它不會再出現——它或許會重生。無論如何，都是可以的。

我決定把過渡到露宿街頭的速度放慢下來，對此我感到安然。身為明就仁波切的我，肉體還未死亡，但我卻處在心的不同狀態之間。我已經像彩虹一樣，無有實質地從空中飛過，我也已經穿越了不同的精神領域，帶著這個和我昨天的身體不盡相同的人身，全新地重生在這個道界中。如果我們能意識到身體已然起了變化，就能夠培養出一種重生感，並且感到能量飽滿而充實地度過我們最美好的一天——在一次次重新入睡和死亡之前。

18 來到黑暗的盡頭

離開寺院之前，我期待自己能在一夜之間就讓過往的生活死去，後來發現這種想法實在很天真。但那時我並沒有覺得自己像蘑菇一樣生長在黑暗中……

活在黑暗中的生物

父親曾經告訴過我：「如果沒有不斷死去的能力，我們最終只會在長霉菌的地方生活，而那是從無機物質中生長出來，並活在黑暗中的生物。」世俗的看法認為先活過才會死亡。智慧的見解則認為我執死亡後才是真正活著。在我們開始看見那不受文化和執念過濾與曲解的純淨覺知前，我們都是如夢遊一般，無論晝夜都沒有全然地活著——只在長霉菌的地方生活。根據智慧的見解，為了開始認識此生的實相，就必須先放下有限的、受條件制約的自我，並允許它死去。

我曾看過卡通裡有個嬉皮探險家，他爬到山頂去見一位智者，並問道：「你能看到我的未來嗎？」

智者回答說：「當然，小事一樁。除非你覺醒了，否則明天跟今天沒有差別。」

我們理智的心知道：如果今天跟昨天相同，我們的肉體將永不會死亡。然而它們會有死亡的那一天。今天經常「感覺」和昨天差不多。就像這個例子，我們其實能看出自說自話的故事和實際情況的差別。我們能看到自己的感受和現實不一致。我們身體一直在變化，而我們的心還處於停滯不前的狀態。這不是一劑人生良方，尤其是當我們步入老年的時候。不管怎樣，我們現在就可以著手培養自己，讓自己更敏銳於每天細微的變化，以及它們需要放下的方式，還有這些觀察讓我們學到了什麼。

在生有中陰裡，我們每個新的嘗試都有三個階段。這三個階段類似臨終中陰、法性中陰和投生中陰。它運作的方式有點像是一段與戀愛對象、生意夥伴，或是新上司、新住所、新寵物的全新關係——任何一種新的開始——都是以死亡那一刻作為起點。想要進入一個嶄新的未知領域，想要完全開放且面對它所帶來的一切，我們就必須放下總是認為「事情應該如何運作」的這類想法。我們必須讓這些先入為主的成見消融，唯有透過死亡，過去才不會掌控當下。此後，我們便能全然地欣賞伴隨此階段清新氛圍的甜美。

我們經常下決心要堅持實行新的減肥或健身計畫，或是設定自己的新年新計畫，卻只是坐視自己的舊習氣頑固不化。儘管我們有著最好的打算，只要習氣佔了新願景上風的時候，我們就會停滯不前。一旦當下此刻被過去的問題拖累，我們就一直活在黑暗中，而無法由重生帶來的復甦中受益。我們把舊的理想主義和完美幻想帶入新的領域，從而使新的征途備受困阻而難以真正成功。

很自然地，我們會利用自己過去開展出來的技能、才幹和創造力，但如果要真正讓新的局面開花結果，就必須捨棄自己的執著。這跟臨終中陰是相同的道理。在肉體死亡時，除了從所知的此生離去之外，我們別無選擇。但其實我們還是可以「選擇」要放下執著或是緊抓住它們。

無死的覺知

在這個血肉之軀終盡時，我們都有著認出無死覺知（deathless awareness）的絕妙機會。繫縛在身體上的二元心，由於色身這個基礎架構的瓦解而自動鬆脫，創造出一個極其顯著的間隙。這個過程是二元心在我們入睡時分離並消融於夢境的放大版。把中陰和此生進行這類平行比較的目的，是為了認出死亡和重生這一個持續的過程。如此將確實有助於我們現在就得以擁有喜樂的人生。它也能讓我們的感知逐漸適應於身體耗盡時的「大死」狀態。

若能在大死的狀態結束時，認出明光的空性，也就是超越死亡之死，就不會再繼續進入下一個階段或下一個中陰。與死亡完全合一，並且認出這個合一，能夠讓我們進入無死之界（deathless realm），也就是不受過去或未來影響的永恆當下（eternal present）。它超越時間，超越開始，也超越結束。在這一個狀態中，不會再有下一階段。我們完全從容於所處的狀況——新的關係、新的工作等等，不比較過去，也不預設未來，不強加任何期待，也不誇大各種可能性，不鬼鬼祟祟，也不疑神疑鬼，不會小題大作地把小土堆說成大山，也不會否認不愉快的時刻。

然而很典型地，就像我曾經歷的那樣，一開始的清晰動機會變得含糊不清。我依然清楚自己的動機，但在費神弄懂如何買車票和買茶這些事情之後，動機就不再是我的優先考量。離開寺院之前，我期待自己能在一夜之間就讓過往的生活死去，後來發現這種想法實在很天真。但那時我並沒有覺得自己像蘑菇一樣生長在黑暗中，無論是過往的生活還是現在的生活，我都沒有完全融入其中。我試著放下。我感覺自己在慢慢地、慢慢地進入到一個新的形體。我很明白這一點。我正在嘗試。但我沒有試著把過往的自我推開。情況會改變的。順其自然。讓它過去。

生有中陰的第二階段所顯示的是機會，這也反映出我自己的現況。遊方瑜伽士身分的鷹架還在搭建中，沒有什麼是完全成形的，但這種模糊不清，反而帶來創意的動機。這一階段不穩定的特徵就像我當時的狀況那樣：可能粗糙也可能平順，起起或伏伏，但熱忱依然堅定，諸多的不確定也沒有使樂觀減退。一切都在變動中，起伏不定，沒有什麼是完全凝固的，而氛圍就感覺像夢一般。

第一個階段就像我們命終的死亡，或是一天結束而終於入睡的過程。在這種情況下，我們不得不放下。接著在下一階段，我們進入夢境，在此我們經驗到無實的形體。這等同是法性中陰，也就是在臨終之後發生的。但無論這個階段是出現在我們死前或死後，它都不會永久持續。慢慢地，夢中透明的形體變得更加半透明，流動的氛圍變得更加靜止。接著，框架演變為堅實的牆壁，而機會逐漸開始受限。我感覺自己還是在夢的狀態，有點漂浮，走路時雙腳並未碰到地面。我的心知道自己已經離開德噶寺，來到拘尸那羅，開始雲遊閉關了。但我的身體仍然還不覺得現在這個過渡狀態是我的家。

在第三個階段，半透明的夢中形體開始變得和我們過去的血肉身軀相似，舊的習氣也在增強著。我們屈從於週而復始，甚至也不得不接受自己厭惡或鄙視的活動。我們讓自己跟伴侶的爭執合理化，讓善意的謊言發展成欺騙和不忠。到此時，我們通常感覺自己真的被困住了。沉重的業習感覺如岩石般難以穿透，我們也無法觸及或許能讓自己從深陷之處解脫的新穎創意。實際上，我們固守舊思想、不知變通的態度，與那個被告知「如果不醒來，明天將與今日無異」的男子不相上下。然而，我們說服自己「做什麼都沒用」，出口已經被堵死，我們注定要在輪迴中流轉，而令自己感到如此無能為力。但重點在於：即使在這個階段比在前兩個階段更加難以產生改變，但它絕對是可能的。

神經可塑性

上了年紀的人尤其難以相信幾十年根深蒂固的習氣模式仍然有辦法改變，社會規範也曾經肯定過這個假設。然而，腦神經科學家發現，大腦在人生所有階段都具有改變和應對新體驗的能力，這個能力被他們稱為「神經可塑性」（neuroplasticity）。這個訊息對我們來說非常有幫助——因為如果我們不相信有改變的可能，當然就不會著手去嘗試。

在我這次閉關的前幾年開始，我已經感覺到某種停滯。我熱愛自己的寺院和弟子，也沒有什麼比分享佛法能帶給我更多的喜悅。然而祖古、上師、仁波切和住持這些身分開始讓我感覺壓迫、窒息。我對自己如繭生活所帶來的局限已經開始抗拒。雖然每年有一半的時間我都在世界各地巡迴講課，也到訪了一些新的地方，每到一處，人們對我尊重和恭敬的方式也都雷同。我逐漸對此感到有點焦躁不安，並且渴望超越自己的固有模式。

我很幸運能透過修持，進而了解改變「始終」都在發生。感覺受困、卡住和動彈不得，都是自我編造的故事。我們有本具的能力讓自己從這些麻痺人心的說辭中解脫。我們確實是每一秒都在改變著，就如同我們看得見和看不見的世界中其他所有事物一樣。我們身體中每天有五百億到七百億個細胞會死去，讓百億個新的細胞得以短暫地存在。生命在死亡的海洋上出現。沒有死亡，就沒有生命。

如果能認清這個實相，我們就能積極地導引到下一步，而非只能被動接受那些無可避免的錯誤結論。這跟投生中陰很相似。如果我們在這一階段醒來，就能夠引領自己的明天，或是重生到自己的下一世。在瓦拉納西車站，我承認自己對於我的角色和過去身分的執著。那時我還放不下，但我沒有放棄，即便我坐在車站的石板地上時，也還在努力嘗試。在我的想像中，我的瑜伽士生活並不會變得僵化和一成不變，但我知道自己若不對此警覺，任何事都有可能如此。

與大雨同在

這天我沒有吃午餐，也沒有在傍晚前回到旅店。下午三四點左右，清朗的藍天開始變得灰暗、陰晴不定，風開始刮起來。我享受著涼風拂面，接著，豆大的雨點開始灑落，逐漸像冰雹一樣傾盆而下。剛開始下雨的時候，我坐在樹下，並未受到影響；但樹葉很快便承受不住雨水的重量，無數的水柱從枝葉縫隙灌下來，像水龍頭的水澆在我身上。於是我抓起披單，跑到公共廁所躲雨。周圍一個人都沒有，我靜靜地站著，繼續禪修。

我打算做的修持是一直保持在開放覺知的當下——對發生的任何事保持覺知——並安住在覺知之中。在對覺知的認識之中，我留意到暴雨的聲音、風的聲音、身上溼答答的感覺、難聞的臭味，以及自己站著的狀態。我沒有試圖去抓取任何感受。不逃避，也不丟失。

當我在前往瓦拉納西的火車上，廁所的確惡臭難當，我那時很想走開，坐到一邊捂住鼻子，或是下車去買頭等車廂的車票。而現在我能夠認識到：我不喜歡這個氣味，但沒有關係，我不是一定要喜歡它。我只需要與它同在。這個氣味也是另一種雲霧，不必邀請它來喝茶——意思是不要因為它而製造出一大篇故事，比如抱怨火車上的人；也不須把它推開，因為這樣只會讓內心的不安升級，而阻擋了覺知的能力。

雨停了，我走出公共廁所，離開公園回到旅店。在回去的途中，我立誓在未來的日子裡要與大雨同在，不會再去廁所尋求庇護。

第二天，氣溫飆升。整個早上我主要都在盡力不要睡著。汗水從我的頭頂流下，溼透了我的僧服。我的眼鏡老是起霧。潮溼似乎把空氣中的氧氣，並且連同我都一起吸走了。熱度從大地蒸騰起來，周圍看起來像沙漠的幻景一般。中午，我回到餐廳，點了美味的豆湯當午餐。接著回到我那個有吊扇的房間避暑。下午三點，我再度回到涅槃園。才剛脫掉僧服上衣，便再度下起雨來。這是類似雨季的傾盆大雨，感覺整個天空下沉到了地面。我仍坐在樹林裡。雨水敲打著我的頭，沖刷著我的臉頰。我可以感覺到雨水流進耳朵，順著眼瞼向下滴落，再從下巴滴到胸部，然後浸透我的衣衫。從後腦勺流下的雨水則是滑到肩膀，再順著脊柱淌下。溼掉的衣服緊黏著後背，感覺癢癢的。幾分鐘之內，我已經渾身溼透了。頭頂的雨還在傾瀉而下，地面的積水則已經把我包圍。下裙兜住的雨水，在雙腿之間積成了一個小水窪。我告訴自己：不要逃避任何情況，不迴避任何事，不貪愛或憎恨任何事，也沒有任何值得慶賀或應該遺憾的。溼的、乾的，快樂的、難過的，好聞的氣味、難聞的氣味。只要與覺知同在，我就會沒事的。

這裡夜晚的溫度也有將近攝氏二十七度，所以全身溼透也不會有什麼危險。這可不像是決意要坐在暴風雪中被活埋一樣。這是明辨的智慧。而且我還從未自己洗過衣服，我的僧袍就這樣在雨中沖刷乾淨了。

在這之後我不再跑進室內躲雨，或是回到旅店避暑。我還是會繼續挑選揀擇：香蕉或烤玉米、這個或那個食物攤位，但我會減少挑選，尤其是那些有關於自己所逃避的選擇。

躲過夢中的土石流

三天之後的晚上，我又再次夢見自己走在加德滿都和努日之間。這一次的路線是經過一個被高山環繞的河谷。與我同行的是我的母親，還有一群我不認識的人。一條很寬的河流平行於我們行走的路徑。突然，就在我們身後，山的一側崩裂，土石滾落到河裡。像房屋一樣巨大的岩石和泥土截斷了河流。當水流猛烈沖擊這個堅固的河堤，河水開始上漲。母親和我退到一邊，試圖遠離河流，但河水迅速地持續高漲，很快就要把我們淹沒。

這次我沒有為了逃離恐懼而逼自己醒來，而是認識出「這是一個夢」。我抓著母親的手，走到水面上，越過河流，穿過一片綠地，最終脫離了險境，繼續我們的旅程。

如果我能夠讓自己從夢境的恐懼中解脫，我現在也能讓自己解脫，就這樣睜開眼睛站在街頭。有何不可？究竟上，清醒狀態的形體不會比夢中的形體更加堅實、更長久或更「真實」。唯一明顯的障礙是：我們在閉上眼睛睡覺時認出夢的空性，比我們在睜開眼睛時認出一切現象的空性，要來得簡單很多。關鍵並不是在於說服自己相信「我們能夠在水面上行走」，而是要了解我們一般認為身體的堅實牢靠並不是真的，以這般務實的見解來看待「我們是誰、我們是什麼」，才會對我們產生長遠的利益。接受我們自己的本質空性和一切現象的空性，能減少我們想要緊抓那些無法真正被掌握之事物的衝動。

我逐漸加長每天在涅槃園禪修的時間。每次進入園區，門衛還是會檢查我的身分證。回到涅槃園裡「我的」地方，再回到旅店裡「我的」房間，我很快地就適應了這個規律作息。一個人待在戶外變得更加容易了，但我還是注意到這引起的不自在之感，會隨著回到「我的」地方和「我的」房間而減少。而與此同時，我也留意到自己心中對「安全性」的感知變得更平和，也變得更小了。就好像是它縮小到恰好適合這個房間的大小。當周圍環境的限制帶來一定程度的舒適，同時也激發著我對外面世界的好奇心，對於擴展自己的冒險，我變得躍躍欲試。

我開始嘗試光顧旅店附近不同的餐廳，但依然還是點米飯和豆湯。同時我也加長了兩餐之間的間隔，並嘗試禁食一整天。飢腸轆轆的感覺把我帶回了努日和外祖母烤的蜂窩蘑菇。每年春天，她都會採好牛肝菌，外頭裹上青稞粉，再灑上一點鹽和牛油，然後放在柴火餘燼上烤熟。當菌菇開始冒泡變軟，她撣掉上面的柴灰，我們就站在火爐邊吃起來。這是三十幾年前的夢了，記憶中的香味這時仍令我垂涎欲滴。

夏日的炎熱讓人們幾乎停止了戶外活動。整個村落瀰漫著通常在墓地才有的一種寧靜。在傍晚氣溫涼下來之前，村民大都在屋內酣睡，盡量減少不必要的外出。來回於涅槃公園五六天之後，我便開始探索這座小鎮——更準確地說，是當我走在空蕩蕩的路上或沿途坐下來禪修時，去探索自己的心。我不時會經過一座藏傳佛教寺院，但從沒走進去過。有一天，有個穿著僧袍的藏人跑出來站在街上，試圖引起我的注意。我假裝沒有看見。但我很享受泰國的寺院，那裡很寂靜，石面地板尤其帶給人清新的涼爽感。我在那兒從沒看到過任何人，坐在美麗的室內庭院和芬芳的花叢中一禪修就是好幾個小時，相當愉快。

接著，我再探索更遠的區域，其中一處曾是釋迦牟尼佛接受鐵匠純陀（Cunda）供養最後一餐，而留下千古懸案的地方。鐵匠純陀是佛陀的虔誠信徒，但收入微薄，他感到最大的幸福就是迎請佛陀和他的弟子們來家中，供養他們午餐。傳說有一天，佛陀直覺到在他供養的食物中有毒，為了保護僧團大眾，也不希望對他謙恭的邀請有所冒犯，便要求自己一個人去應供。用完這餐之後，佛陀就一病不起，很快便在熙連河（Hiranyavati）附近的娑羅樹林裡圓寂了。相傳佛陀抱病圓寂是因為吃下了毒蘑菇或是腐壞的豬肉，這點一直都有爭議。在早期的經典中，關於佛陀最後一餐的相關文字，「豬」和「蘑菇」這兩個字眼都出現過。但因為豬經常被用來尋找蘑菇，經典上的文義因此模糊不清。純陀的房子有個小紀念塔作為標誌，但周圍的環境更像是一個鎮上的廣場，而非聖地。那裡沒有大門，也沒有守衛。一到傍晚，孩子們在草坪上玩耍，一個個家庭也在那兒野餐，年輕的情侶漫步走過。眼前這些景象看起來毫不陌生，而我卻記不得自己曾幾何時這樣坐在一個市民公園，除了安享此刻，沒有其他任何計畫。

有一天黃昏，我走到村子裡，打算盡可能夜深地留在街頭禪修。當我一坐下來，一大群像是糖漿一樣稠密的蚊子就開始圍著我的頭飛來飛去。我用僧服上衣把臉和頭包起來，接著又把它展開，拿來遮住雙手和雙腳。最後，還沒天黑我就回到了旅店。我有期待蚊子的光臨嗎？我必須接受所有出現的一切，讓每個小蚊子都變成我的朋友嗎？理論上我都知道。我都懂。但是……我有可能因為它們而染上登革熱。這的確是有可能的。事實上，我是後來在試著找躲避的理由時，登革熱的念頭才冒出來。

19 偶遇者

這個男子形容他自己在公司身居要職，是個很忙碌的人，但為了禪修和找到內在的平靜，他把自己整年的休假都用在這趟旅程，然而卻深感挫敗……

認識心的瘋狂

大約過了十天，涅槃園裡來了一位亞裔男子。他個子相當高，深黃色皮膚，大概四十幾歲，穿一件有衣領扣的白色棉襯衫，卡其色長褲和拖鞋。我分辨不出他的國籍，但留意到他坐下，然後站起來，再坐下，又站起來，反覆地坐下站起。第二天他再度出現，還是坐下，站起來，又再坐下。幾天之後，他走過來，對我問道：「你會講英文嗎？」

「會的。」我答道。

「你是僧人嗎？」

「是的。」

「你在禪修嗎？」

「是的。」

「我來這裡也是為了禪修，」他說：「但我發現太困難了，我沒辦法坐很久。你介意讓我請教一下嗎？」

他解釋說自己學過安般禪（Anapanisati，入出息念禪）。在梵文裡面，sati的意思是「正念」，anapani 指的是「呼吸」，合起來意思就是「正念呼吸」（mindfulness of breathing）。他試著把心安住在自己的呼吸上，留意腹部起伏的感受，以及由鼻孔進出的氣息。他曾經在東南亞南傳佛教的一位禪師那裡學過這個方法。但他的心越來越躁動不安，沒有辦法讓洶湧而來的念頭停止，心總是追隨著這些念頭，而無法安住在呼吸的感受上。

我解釋說沒有必要消除念頭。「不要讓念頭成為你的敵人，」我告訴他：「問題不在於念頭，而在於跟隨念頭。當你發覺自己開始跟隨畫面、想法、某一件往事、稍後或明天的計畫，那些才是你需要留意的，而不是念頭本身。當你在念頭中迷失，或是被故事牽引，就把心帶回到呼吸上，以此作為把自己帶回來的一種方式。」

接著，我向他說明：「如果忘記了覺知，就不是在禪修了。呼吸像是一個幫助你和覺知保持連結的錨。只要你沒有忘記覺知，便可以允許念頭像出入旋轉門那樣來去。沒有問題。」

他說：「當我試著讓心平靜，念頭卻成倍地出現。」

這是一個普遍的經驗。我解釋，當我們開始覺知到念頭，它們似乎會成倍數地增加，但實際上，這些念頭未必比以往還要多，我們只是更覺知到它們而已。學習禪修，就表示對自由的嚮往以及超越我執的真摯願望，但我們同時也對禪修懷著恐懼，所以我們的世俗心總會耍一些把戲來抵擋這種追尋。我告訴這位亞裔男子：「你所形容的確實如此。」

他看起來迷惑不解，不確定自己是否被拿來當作笑話。那不是開玩笑。「當我們開始禪修時，會發生的第一件事，」我對他說：「就是認識到我們的心有多麼瘋狂。很多人把它看作是我們不適合禪修的徵兆。恰恰好相反，它是我們開始對自心熟悉的第一個徵兆。那是很棒的洞見，你會好起來的。」

我是認真的。這位男子大老遠來到這個聖地，每天在悶熱難擋的氣溫下到涅槃園區來禪修。努力嘗試。這也是我們當中任何人能盡力做到的。

「有個建議是，」我對他說：「不要認為你的心跟其他人的心有多麼不同。我們都有這樣如猴子一般的心。一旦我們把這隻猴子擺在放大鏡下面，這個心通常會比以前看起來更瘋狂。其實不然，你只是允許自己開始熟悉它向來如此的瘋狂狀態。這是一個很棒的消息。」

事實上，是心製造了念頭質疑。肺在呼吸，身體中的動態元素「氣」（air），有時也被稱為風（wind）讓念頭頻繁運作。我們無法讓念頭停止，就如同無法讓風或呼吸停止一樣。

這個男子形容他自己平時是個很忙碌的人，為了禪修和找到內在的平靜，雖然在公司身居要職，還是撥出時間來到這裡。他住在鎮上唯一一家豪華飯店。他把自己整年的休假都用在這趟旅程，然而卻深感挫敗。他和自己的念頭交戰、對抗，卻一敗塗地。我對他說：「你選擇這樣度假，真是不可思議啊。而你正在摸索學習，就如同其他所有的人一樣——帶著錯誤的概念，感到灰心，一再地嘗試。除此之外，沒有其他途徑。」接著我告訴他，他的挫敗感表明了一種正面的跡象，這表示他已經認出念頭是苦惱和不滿的成因。「想想通常人們會如何不停地抱怨環境，而從不在自心找原因去解決問題。」我接著說道：「我們想要的一切，都已經在我們的內在。我們需要放鬆下來，讓我們本具的智慧顯現。」

過了兩天，這位亞裔男子再度前來找我。他說我的建議很有幫助，所以特地來感謝。學習禪修不需要消除念頭，這一點為他卸下了一個很大的包袱。他終於在禪坐時不那麼躁動了。他的心在專注於呼吸時，還是不時地變得散亂，儘管他不再試著把念頭推開，卻還是被它們干擾，其中有一個念頭尤其讓他困擾——他很難接受智慧是本具的，證悟的功德特質只需要被開顯出來，而不是被製造出來。他的生意依靠的是盈虧的最終結算、目標和生產力。為了獲取利潤而努力，就是他一生的寫照。「我總是害怕自己越是接受這個想法，就會讓我變得消極被動。我不想成為一個消極的人。」他說道。

佛教關乎的是有成效，還是創造力？

「接受和消極完全是兩回事。」我解釋道。把這兩者區分清楚很重要，特別是談到非暴力、和平、消極抵抗和被動的相關內容時，這些全都被混淆了。甚至有一些佛教徒也認為，我們在面臨危險的時候，就應該坐以待斃。真正的接受需要開放的心，也就是有意願去探索任何會發生的事。這種狀態從來都沒有辦法以程式來設計。正好相反的是，它必須帶著自由與世界相遇，而且不論出現任何狀況都要保持清新的心。它必須信任不確定性。有了接受，就能讓真正的明辨力從智慧中生起，而不是用生搬硬套和不加置疑的模式來限制我們的決定。

男子解釋說，雖然他的工作令他倍感壓力，但也帶來了意義和成就。自從第一次學到了安般禪，他就在嘗試如何讓禪修更積極有效，更能成為工作的助力。

原來他對禪修的興趣是為了用禪修來提升自己的事業，這讓我想起了一段發生在台灣的對話。對話的一方是一位經濟學的華人教授，另一方則是我的一位好友——受過傳統經論訓練的學者僧。那位教授當時問道：「佛教關乎的是有成效，還是創造力？」這個問題令我朋友目瞪口呆。他幾乎不明白這句話問的是什麼，也從未把這些字眼跟佛法加以連結起來。但他還是希望以自己的傳承來做最佳的詮釋。最終，他給出的結論是佛教與成效有關。

那位教授回應道：「其實，成效並不能幫助到任何人。如果你關心的是自己的努力能否帶來成效，你就會被束縛。情況始終在改變，那是肯定的。如果你執著於成效所帶來的固然結果，就不能保持開放和靈活，沒辦法適應和創新。你開始變得僵化，因而無法調整目標，哪怕它們已經不再是你所需要的。很快地，下一個新事物，諸如新的方法、新的產品或新的策略到來，而你的運作方式早就已經過時、無效了。等到你發現自己開始走下坡，就為時已晚了。」

那一晚，我的朋友輾轉難眠。他一直想著那段對話，幾天之後，他要求跟教授再次會面。這一次，他告訴教授：「我很抱歉，我上次給的答案錯了。佛教與創造力更有關。」他解釋說自己是透過分析不確定性而得到這個結論。你永遠無法確定任何事。「一切事物都是無常的。死亡不期而至⋯⋯」我們可能會在任何一刻死去，而即使我們會把這個訊息當作是一個難以忽視的事實，無論我們多麼努力嘗試，也從未真正看不見它的存在。無常是生死之間的橋樑，因而讓每一步都不可預測。保持開放和靈敏的反應，需要有彈性。「這個彈性，」學者僧對教授解釋說：「就是有創造性的。無論我們是否對此有所認識，我們總是在碰運氣，正因為沒有確定性的緣故。而接受無常和不確定性，意味著要冒著失敗的風險；一心想著『肯定會怎樣』，就表示對於成功的執念。創造力意謂保持開放的心，以面對改變和失敗的風險。」

我對亞裔男子說：「不用擔心成功或失敗。你對自己心的大小和尺寸一無所知，因此你無法測量所謂的進步。把焦點從目標移開，並不表示放棄，而是表示對當下保持接受的態度，也表示對現況給予全新的回應，並且更能輕鬆創新，而非枯燥無味地重複扮演著過去的自己。當然，你的心會散逸。它會被抓住、被吸引，你會因影像和聲音而分心，你內心的安定會崩塌，然後再建立起來。整個運作就是如此。如果你能接受發生的任何事——好事、壞事，或無關痛癢的事，那就是最好的修持。」

將面具層層剝離

為了知道摘掉面具並非自殺的瘋狂行動，而是一種更新的（renewal）行為，因此就需要開展出信心。我曾經看過一段影片，內容是小孩子把剪成長條的報紙敷上麵粉和水，貼在自己的臉上做成石膏面具。當面具風乾之後，他們將面具摘下來，塗上彩色的圖案，然後再綁上繩子，把面具戴在臉上。孩子們的快樂具有感染力，我記得自己當時心想：「只要記得摘下面具就好。面具是你增添上去的，你也可以將它們除去。不要忘記這點。」

對我們所有人而言，也都是如此。我曾經聽心理學家說：「三歲至六歲幼童的性格特徵會發展成他們一生的模式。這些模式又會透過與反映和強化性格特徵的環境互動而增強。」或者我們可以說：你製造了一個面具，然後成為那個面具。再過十年至十五年，你就完全成為了這個面具。在朋友和家人的通力協作下，面具於是變成「真正的你」。但事情也不完全如此，在內心某處，在思維心底下，我們知道自己的存在不只是這些遮蔽真實自我的面具。午夜時分，一種折磨人的低度干擾使我們懷疑自己的真實性，但我們經常就是不知道該怎麼辦，因而最終一事無成。

修心的過程就是將面具層層剝離。我們不是經過程式設計來模仿自己的機器人，但我們卻不知道如何運用創造力來放下自己生搬硬套的行為，即使那些行為令我們抓狂。自我防禦、焦躁、懶惰、易怒，或是不自在，這些行為表現並不在我們基因中，也不需要繼續受它們的破壞性影響。它們可以在我們死亡前死去；我們會在模仿自己和戴面具這兩者死亡之後繼續活下去。還不只是活下去，而是會生機蓬勃。

亞裔男士安靜地坐著、點頭聆聽。他看起來很專注、很感激，然後逐漸傷感起來——彷彿慢慢明白自己也許很快就要跟曾經珍愛的行為說再見了。他向我表示感謝，然後我們各自再回去做自己的禪修。

又過了兩天，他再次來找我，問我是在哪裡學禪修的。我解釋說因為我的父親是一位大禪師，我自己則是完成了傳統的寺院教育。我沒有向他提任何問題。我希望維持一個獨自閉關的界限，儘管我想幫助他的修持，可是我不希望就此開始和他交朋友。不過他看起來的確對學習藏傳佛教很有興趣，並問我是否能介紹我所屬傳承的一些修持方法。

這個人的主要問題似乎還是在試圖控制念頭。而且他卡在「禪修是為了要透過不思考而獲得喜悅和清明」的想法裡——這是對禪修的一個普遍錯誤認知。禪修的精髓是覺知，而喜樂、清明和內在的平靜，都是附帶產生的結果，而非禪修本身的精髓；我們越是努力想要得到這些覺受，心就越是被「應該」發生什麼的想法所限制。關於「應該」發生什麼的想法，削弱了我們認識自己覺知的能力。

我決定向他介紹念頭禪修（thought meditation）。我讓他從跟安般禪相同的方式開始禪修。就像你把心安住在呼吸上那樣，現在你可以讓心安住在念頭上。無論出現什麼，就只是看著。就像呼吸可以成為禪修的助緣，現在將念頭作為你禪修的助緣。呼吸不曾有一刻保持不變，但它可以是個穩定的助緣。那麼，試著用這樣的方式，只是對你的念頭保持覺知，而不去追逐它們。

念頭來來去去，這沒問題。注意到聲音、感受，也沒問題。留意到身體的不舒服、躁動、不安，都很好。與心的清明同在，與單純知道（mere knowing）的清明同在。知道而不具概念，知道而不具我執攀緣的衝動，知道而不固化。如此便能讓你和自己內在的實相、內在的智慧相連。

我建議他嘗試這種禪修方式，然後再回來告訴我做得怎麼樣。於是，他走到園區的另一區。大概一個小時之後他回來了，並告訴我：「當我試著看念頭的時候，我找不到它們。我的心一片空白。」

「這就是念頭禪修的秘訣，」我對他說：「你所稱的『空白』，其實是開放的覺知（open awareness）。這其中沒有覺知的對境，比如呼吸或是念頭。覺知在覺知它自己，它認識到心的廣闊、知道的特質始終現前。當你要去找念頭，但忽然間卻一個念頭都找不到，那一刻沒有了對境，只是覺知，而那就是不被對境牽引而認識出覺知的一個絕佳機會。但因為你不習慣如此認識，所以認為那是空白的，或是什麼都沒有。」

接著我指出，在經驗到空白之後，他發現自己找不到念頭。我解釋道：「這個經驗並非真實的開放覺知，但它比充斥著念頭還要開闊一些。這是沒有太多念頭的覺知。如果這個空白的經驗被視為不相干或不重要而被忽略，那將不會有所助益。這個『空白』就存在於覺知之中，但即使我們無法認出，也表示少了一些思考和心理運轉。如果你能認出在這個空白當中有較少的思考，那你就連結上了空心（empty-mind）的特質——而在那一刻，有著明晰和光明。這個光明的心是什麼？它便是帶著覺知而經驗到念頭的心。」

換句話說，如果你認出覺知，那麼這個空白的經驗或是間隙，就會變得開闊。這個亞裔男子看到了空白，而有的人在他們去看念頭時，他們就會看到念頭。

「如果你能看到念頭，」我告訴他：「那就像是看電視，你沒有在電視『裡面』，你是在『看著』它。」這就像是站在河岸而沒有掉入河裡的狀態。你看的是內在的電視，但同時保持在它之外。它有著大螢幕，而且有很多免費頻道。「這裡只有兩個問題：節目相當老舊，而且不停重播。」

我們再次決定分道揚鑣，各自繼續禪修。

幾個鐘頭之後，門衛來巡視，並告知園區要關門了。我們同時走到大門口，他再次感謝我，說他真正感覺到自己修持的變化，而我們的對話使他這次旅行比他的任何預想都有價值。他看起來很開心。我們互道珍重。我將不會再見到他，因為我的錢快花完了，我已決定從旅店退房之後就搬到佛陀荼毗處。

這個男子的真誠打動了我。我所承諾的誓言，包含盡可能布施我被請求的任何事物，布施時也不揀擇。這並不關乎於喜歡誰和認可誰你才布施，而只是給予——在你力所能及的時候。然而，當我回到旅店的房間，才認識到自己是多麼容易落入上師的角色中，重拾熟悉的話語是多麼舒暢。我在兩週之內遊歷於兩個人生之間——然後再現為明就仁波切，藏傳佛教喇嘛、持戒嚴謹的出家人、全心投入的上師。我發誓以後要對此更加提防，並希望穿上瑜伽士的外衣能對此有所幫助。

20 赤身與著衣

終於，我不再身著藏傳僧服，
棉質的裹裙如此輕薄，實際上就像什麼都沒穿一樣。
我的肌膚從未在公眾場合如此暴露，整個身心都被羞怯感籠罩……

成為苦行僧

在旅社的每個晚上，我都把苦行僧的那套衣衫裹在身上，只是試穿。房間裡沒有鏡子，空間也有限。第一次試穿時，我把裹裙裹得太緊，讓自己幾乎無法動彈。最後，我終於知道怎麼把布束在前面，才能讓雙腿自由活動。然後，我脫掉裹裙，把它折起來再放回背包。沒穿僧服還是令我不安。

我的第一套僧服，是在我四五歲時從偉大上師頂果欽哲仁波切（Dilgo Khyentse Rinpoche）的手中接過來的。從那時起，僧服就從未離身。出家人的僧服有助於心不走上邪見或錯誤行為的歧途。它們不斷地提醒著：安住在此、安住於覺知。佛教出家僧尼所持守的毘那耶（Vinaya）戒，也因為身著法袍而更加堅固。在行為方面，我並不是太擔心；而在混亂的新環境中訓練自己保持對覺知的認識，才是我所關注的。我的戒律一直有僧服守護著。現在我即將失去這個在公眾場合的主要道具，我在瓦拉納西火車站所經驗令人窒息的不適感，已經讓我的信心留下了陰影。越靠近換下僧服的時刻，它們就越感覺像是新生兒的毯子。沒有它們，我將會是赤身裸體且弱不禁風的嬰孩，被遺棄在林間之後，死活成敗全靠自己。那麼，這又是……我提醒自己，……這是我自己的選擇。這是我為什麼此刻在這裡——要捨棄僧服，放下執著僧服的自我，不依靠道具支撐地生活，讓自己赤裸，去認識赤裸的覺知。

我把所有剩下的錢都拿來再付一晚的旅店住宿。第二天一早，我將紅色僧服和有著中式衣領以及金色鈴形鈕扣的黃背心折起來，像寶貝一樣收進我的背包。我把橘黃色的裹裙圍在下半身。沒有用肥皂地洗個冷水澡已經足夠讓我全身清爽乾淨，但我已經超過兩週沒有剃頭和刮鬍子了。我的鬚髮長得很快，這讓我的臉和脖子有種前所未有的感覺。我像離開菩提迦耶前那樣，環視整個房間，再一次地揮別。向我穿佛教僧服的歲月告別。也告別睡在一個「屬於我」的地方——縱使「屬於」也只不過是每晚以二百盧比換來的表面交易。我不會再有個人的住處，除了有可能在某個洞穴中；但多半會是在街道、樹叢和森林的地上。我不會再有錢可以支付食宿——真正開始以整個世界為家。

我最後一次環視房間，然後走了出去，步伐短而呼吸長。在旅店的接待區，我告訴老板我不會再回來了。我以為他會問起我的衣著，然而他只說了一句：「你的袍子很不錯。」我以謝意回應他。

終於，我不再身著藏傳僧服。我感覺像剛從樹幹砍下來的一段樹枝，留下的新傷還滲出汁液。我的傳承主幹若沒有我，不會發生問題；但我不確定倘若我沒有它，自己是否還能安然無恙。然而，當我最終做到這一點的時候，還是有一種通透全身的愉悅，甚至是雀躍的感覺。但就在我踏出第一步後，就立刻感到尷尬不已——我變成了一個橘黃色的雕像。棉質的裹裙如此輕薄，我一隻手都可以把兩塊布抓起來，實際上就像什麼都沒穿一樣。我感覺全身赤裸。我的肌膚從來沒有在公眾場合如此暴露。整個身心都被羞怯感籠罩。過去幾天看著我出入的附近餐廳和食物攤位的工人，還有賣烤玉米的攤販，都開始盯著我看。我再度進展得太多、太快了。全新裝束，沒有僧服，沒有錢，沒有住處。

「我必須走動起來。」我告訴自己，然而束縛卻變得更緊了。沒有人講一句話，也沒有人對我微笑。他們只是直直盯著我。我奮力裝作一副冷靜超然的樣子，就像那時我在伽耶車站的月台上那樣。當我的呼吸一平靜下來，心跳也放慢了。我轉過身，開始向前走。

陰影如果離開了光

跟我在離開伽耶的火車上，被夾在車門與乘客之間的推擠相比，眼前這一波的衝擊力有所不及，但它也強大得足以把我的覺知截斷。我不帶特別評判地注意著它。跟前幾年相比，尤其是當我還是個年輕僧人時的狀況，這已經是多麼棒的一個變化了啊。當年，我會因為自己實際做的修持和某種理想修持之間出現差異，而時常痛斥自己。

如果我能保持覺知，非常好。如果不能，那也沒關係。不要在好壞之間，或是因為覺得「應該怎樣」而虛構故事。記住，陰影如果離開了光，便不可能存在。

到現在為止，涅槃園的門衛和我已經互相認識了，而我還是擔心橘黃色裹裙的裝束會引起他們的懷疑，猜想我是不是做了什麼違法的事，所以要用不同的身分來隱藏。我朝荼毗塔走去。一般的遊客對於這座沒有任何裝飾、不規則形狀的大土堆，或許不會留下深刻的印象；但對於朝聖者來說，裡面所供奉的聖物會召喚我們和釋迦牟尼佛共有的心。無論我的穿著是什麼，這兩個聖地都同樣地為我帶來撫慰。

荼毗塔的位置也在有門衛看守的園區裡。按照計畫，我打算晚上留宿在園區，所以我沒有從正門進入，而是走在圍牆和一條小溪之間，那條小溪據說是佛陀最後一次沐浴的地方。溪畔沿路都是廢棄的塑膠瓶、袋子和包裝紙。大約走到一半，出現了一座建在空地上的印度教小廟，我選擇走進空地的一側，靠近一口公用水井的樹林。在苦行僧模樣的裝扮之下，即使我被印度廟看門人注意到，也不會引起任何懷疑。我將折好的藏傳僧裙當作座墊鋪在地上。這一區沒人走動，很安靜。我走到那裡時，一群癩皮野狗已經躺在那兒，用睡覺打發慵懶的夏日時光，牠們不時驚醒過來，搔一搔身上的蝨子。一旦我在樹蔭下坐下來，並且開始我的日常修持，穿著上的改變就不再造成絲毫的影響了。

中午時分，我走到最常光顧的那家餐廳，途中經過有很大片玻璃櫥窗的商店。這是我頭一回看到自己穿成苦行僧的模樣。這個人是誰？他看起來有點熟悉，卻又不然。這時我可以看到我的鬍子已經變得有多長、有多濃密。我以為自己的肩膀周圍有黑色的昆蟲飛舞，仔細一看，原來是幾縷頭髮。我已經瘦了一些，但讓我最震撼的是看到自己沒有穿佛教僧袍。只有在不具備外在形式的保護而涉足世間時，我才會意識到自己曾經多麼依賴這些保護；同樣地，在還未經驗到身上不著僧袍時，我也不曾想像過自己把它視為身分的象徵，已經達到什麼樣的程度。

21 不挑也不選

服務生舀出一些剩飯剩菜放在碗裡給我，把其餘的拿去餵狗。
我站在廚房門口吃著晚餐，
覺得這比我在五星級飯店吃過的餐點還要美味。

出外乞食

接受任何放入你乞食缽裡的食物，對於執迷於挑選揀擇的自我是個極大的挑戰。佛陀雖然知道食物有毒，卻仍然接受了純陀的供養。他藉此在教導什麼嗎？即使冒著生命危險也不挑選揀擇？或者，佛陀選擇保護純陀，勝於保護自己？當我一步步向餐廳靠近時，呼吸明顯變得紊亂不定。這是我第一次行乞，我開始深呼吸，彷彿試著以我的自信來增加聲帶的張力。只是去問問，卻隱約是對這次閉關的關鍵性考驗，是個完成過渡到居無定所生活旅程的決定性時刻；是個刺穿我的傲慢、檢測我的謙卑、度量我的決心的時刻。

我對此已經反覆思量。我知道該怎麼做——可以這麼說。當侍者只會奉上你最喜歡的食物時，想像要吃下任何放在你缽裡的食物，其實並不會太困難。我已經承諾要吃下任何被施予的食物。如果盛在缽裡的供養是肉食，我也不會拒絕；我不會為了堅守自己的喜好而把自己餓死。現在我已經非常飢餓，當我身穿橘黃色袍子走進餐廳，服務生認出了我，並用對印度聖人的尊稱衝著我大聲叫著：「巴巴吉（Babaji），巴巴吉，你現在是印度教徒了！」

面對這麼熱情的招呼，儘管我已在心中已經排練過許多次，但我還是有種血液凝固的感覺。這是我今天第二次像雕像一樣站著不動，我的手心冒汗，聲音被堵住，嘴唇微顫著。我真的很想拔腿就跑，但有個內在的聲音激勵著我：「去吧！你能做到！你必須做到！」但我的身體說：「不！你不行！」服務生都開始盯著我看。我不得不從嘴裡硬擠出幾個字：「我的……我的……我的……錢……用完了……」我結結巴巴地說道：「能請你給我一些東西吃嗎？」餐廳經理看到我，態度既不驚訝也不輕蔑，他就事論事地告訴我，等餐廳接待好所有用餐的客人之後，我可以在傍晚去廚房門口等候。我當時的感覺是：無論把這個請求說出口對我來說有多麼重要，他可已經是個應付乞丐上門的老手了。

出外乞食對我而言是邁出一大步，儘管結果喜憂參半。我的請求沒有被完全拒絕，但也沒有被接受，這讓我感到羞辱；我繼續餓著肚子，裹著像蚊帳一樣透明的袍子，幾乎和裸體沒有兩樣。我循著回涅槃塔的路，走到賣烤玉米的攤販前。攤販看到我換了這一身衣服，他一絲友善的表情都沒有，並拒絕給我食物。雖然這更令人沮喪，但我還是開口請求了，我又在舊習慣的織物上刺了一個洞。

我走回印度廟附近的樹林。在我感到飢腸轆轆的同時，因為太在意乞食被拒而生起的各種情緒也再次湧了上來。簡直是瘋了！我在修持把自我的帽子摘下，去認識它們都不是真的，去了解我出家人的身分也不是真的，我的苦行僧角色也不是真的——然而，某個版本的我因為沒有得到自己所要求的東西，而感覺被刺痛了。這是誰？被寵壞的明就仁波切寶貝？備受尊崇的住持？那有什麼差別？完全沒有。都已經放下。都是空性的，都是迷妄，都是無窮的錯誤感知——如那先比丘所說的，把標籤的聚集誤認為這個指稱，意思是說，由於我們約定俗成的邏輯所組合而成的這個身分，並不真正存在，因此並沒有一個「真實」的事物被箭射中。由於我們本質為空的自性，我們所經驗到的傷害，都是自己造成的。

我一直在做開放覺知的禪修。實際上，所有的禪修都是在修持覺知。禪修的精髓是認識並保持覺知。如果我們失去覺知，就不是在禪修了。覺知像水晶或者鏡子，會反射出不同的顏色和角度：色相、聲音、感受都是覺知的不同面向，也都存在於覺知當中。或者，你可以將覺知視為一家旅店，有各種不同的旅客經過——感受、情緒等等。歡迎每一種客人，無一例外。但有時候客人會造成一點小麻煩，而且需要得到特別的幫助。此刻，伴隨著飢餓的折磨，脆弱、害臊、遭拒、自憐的感受劇增，那個名叫「難堪」的客人正在尋求關住。難堪也許比憤怒更微細，但它帶給身體的影響卻是一樣的顯著。

以情緒來禪修的意圖是要穩定地和每個感受同在，就像我們用聲音來禪修那樣。只是聽著，只是感受著，不加以評論。讓心安住在呼吸，讓呼吸成為保持認識覺知的助緣，這個道理也同樣適用於憤怒、被拒和難堪。一開始，我只是試著連結上難堪這一個主要的感受。

難堪在哪裡？它是如何在體內展現的？我在胸口上方感覺到害臊的壓迫。如果我有一面鏡子，我想我的胸口也許看起來會是凹陷的——因為我將肩膀向前縮，讓我的身體看起來比之前更小，好像試圖要躲避開公眾的視線。

我的眼瞼也因難堪，感覺像被兩片扁石壓得低垂。

我能在向下撇的嘴角感受到它。

我能在自己無力的雙手中感覺到對它的無可奈何。

我感覺它在後頸，把我的頭壓下去。

壓低，壓低。沉落的感覺。在瓦拉納西，我希望有個地洞讓自己鑽下去。現在我腦海裡沒有這個畫面，但那感受對應著的是被看低、變小、空間縮減，以及不值得活在這世上的感覺。

一開始，我感到對這些感受的抗拒；而必須把抗拒本身當作覺知的對境。後來，我可以直接去覺知身體的感受。我不喜歡這些感受。我開始感覺很糟。而現在，感受又多了一個：我對感覺很糟而感到難過。

失去保護

慢慢地，我把每一個感受都帶進覺知的旅店。接著，我放下了抗拒，放下了消極負面，試著安住在很渺小、不被疼愛、沒有價值的感覺上。我把這些感受帶到自己內心，帶到覺知的廣大心，在這裡，它們都變小了。覺知的旅店心（guesthouse-mind）容納了感受、沮喪、陰鬱，並且變得比所有這些情緒的總合更大，讓這些情緒的影響相形見拙，改變了與它們的關係。

我持續這樣修持了幾個小時。雖然還是很餓，但很開心自己感覺到難過。「難過」只不過是另一位客人、另一片雲朵。沒有理由要求它離開。但我的心現在可以接受它了，透過接受，有一種明顯的生理滿足感充滿我的全身。

拘尸那羅的夏夜沒有太多活動，餐廳很早就打烊了。我整天只喝了水。水井的泵把很長，距離水龍頭有好幾公尺。壓下水泵的手把之後，我得快步跑過去水龍頭接水，於是這就成了我的私人健身器材。大約傍晚七點，我走到餐廳，站在廚房門口。客人吃剩的米飯和豆湯被收集在一只陶罐子裡放在櫃台上。我不再有選擇。一個服務生舀出一些剩飯剩菜放在碗裡給我，把其餘的拿去餵狗。我站在廚房門口吃著晚餐，覺得這比我在五星級飯店吃過的餐點還要美味。

我回到涅槃塔圍牆外的那片樹林。當夜晚的街燈熄滅，我鋪開披單，躺了下來。我簡直不敢相信這是我第一次露宿野外。我用掉最後的錢，換取露宿此地的通行證。那個可以把我拉回到安全、食物和居所的救生索已經斷了。我現在漂泊不定。因此不論我得到的食物，或是現在睡的床，我再也不能拒絕任何東西。我準備好開始這段旅程了。當我離開菩提迦耶時是一次開始；當我登上火車，是一次開始；當我坐在瓦拉納西車站地板上，又是一次開始。現在我想到：這才是真正的開始。睡在野外，獨自一人，以大地為床，乞食為生。即使我死在這裡，也不會有人知道。

在我有生以來，身邊始終都有人陪伴，但我從來沒有認識到他們給予我的保護有多麼厚實。我明白，某些人有責任照顧我。現在我有一種更微妙的感覺是：他們的軀體連在一起，像環繞著我的鐵絲網圍欄，形成了一個完整的環形盾牌。我也看到自己在這個保護盾消失之前，並沒有完全感激過它的作用。從現在開始，冬天不再有外套，夏天不再有遮陽傘。

雖然我渴望著自給自足，在一開始的那幾天，尤其是在瓦拉納西的時候，已經用非常原始的方式讓我明白自己一直把生活視為理所當然。終於有了這些有史以來的第一次——獨自行走，只對自己講話，獨自搭火車，一個人點餐、用餐，自個兒大笑起來。離開了我的保護者們，帶給我孤立的感覺，讓我感到體無完膚——剝去自己的皮膚，甚至連一層單薄的外殼也沒有。

我慢慢開始注意到這個保護盾的消失。火車站帶給我的極度不適已經有所暗示。儘管白天我在拘尸那羅遊走已經逐漸越加輕鬆，但我仍然感到暗伏的難堪和脆弱。現在，是我露宿野外的第一晚，暗濤已經變成了激流。完全的孤獨、遠離安全的感覺，以及徹底毫無防備的感覺把我震懾住了。

我曾經完全把這層無形的保護盾視為理所當然，以至於我根本看不見它。就像視空氣為理所當然——然而現在我忽然間發現自己進入了一個沒有氧氣的房間。啊！現在我知道了，這是我生命所依賴的元素。我進入了一個奇異之地，一個要求迥異的陌生領域。我渴望能感覺到這個世界的熱情友好，但它沒有，而我找不到自己的立足點。回想起我在旅店睡過的床，它比我在菩提迦耶那張更舒適的床更令我渴望。我甚至在還不知道它是什麼的情況下就拔掉了自己的救生設備，我窺視著黑夜，就像一個試圖導航回家的水手。我真想要把這種不適應、這樣的不得其所，甚至不適合跟瘋狗共用這個公園的想法，都拋諸腦後。這塊土地不接受我的身體。我的外型不對，我的氣味不好。無論如何，我已經放棄其他選擇，而來到了這裡。

那是我一生中最漫長的一個夜晚。蚊子一刻也不讓我入睡，當我起身去小解，白天對我視而不見的野狗變得兇暴好鬥。但是在陣陣緊張的不適之間，我的心持續對於完成這個計畫的絕妙勝利發表評論，驚嘆於自己真的已經睡在這裡——就在公用水井旁不遠的泥土地上，躺在鋪開的紅色僧袍上。整個不眠之夜，我輾轉於痛苦和欣喜之間，直到迎來黎明的第一道曙光。

22 以疼痛為修持

我將心引導至胃痙攣的感受上，以此開始做疼痛禪修。
我開始嘔吐，胃被掏空，整天只喝了水，
從餐廳走回茶毗塔外圍區域的那段路，令我感到筋疲力盡……

安住在疼痛

大約清晨四點左右，我的胃開始痙攣抽痛。感覺並沒有太嚴重，在印度發生消化不良的頻率本來就很高，所以這個情況不怎麼讓人擔心。除此以外，我也長期有腸胃敏感的問題，因此認為痙攣也會像往常一樣消失。我走到水井邊洗臉，喝了一點水。然後回到原處開始每日例行的修持。幾小時之後，痙攣帶來的疼痛加劇了，每一次持續的時間也變長了。我早上一直在做簡單的安住修的練習。當疼痛越加劇烈，我就延伸練習，用疼痛來做修持。

有關疼痛的好消息，是它以大聲呼喊來引起注意力的方式。如果你的心放在自己的疼痛上，你就會知道自己的心在哪裡。這個訣竅是保持對心的覺知。大多數時候，當疼痛想要我們注意它時，我們會以「試圖將它消除」作為回應。疼痛成了在心之外的一個對境，是需要被驅逐、被丟掉的東西。關於疼痛的一個引發好奇、且違反直覺的面向是：當我們用抗拒面對疼痛，疼痛不但不會減弱，反而會在（生理的）疼痛上增加（心理的）痛苦。疼痛的感受從身體生起。對疼痛的負面反應從固化我（fixed self）的心中生起，並且將身體的疼痛轉化成敵人——這就是痛苦產生的過程。試圖消除疼痛，便會形成自我對立，形成一個私人戰場。這絕對不是療癒疼痛的最佳環境。對很多人而言，自怨自艾就像膠水般黏在病痛上，而自我的聲音問著：「為什麼是我？」但這個聲音並不是來自身體的疼痛，而是來自「把自己視同為疼痛」的那個心。

我在年少參加的三年閉關當中，曾經學過疼痛禪修（pain meditation）。要在劇烈疼痛發作時才開始這個修持是很困難的，所以在需要用上它之前，就展開疼痛禪修的練習，才是更實際的作法。這是指當身體健康狀況良好時，就學習用疼痛做修持。這對於衰老和臨終是個很重要的準備。因為隨著我們日漸老去，就會有越多機會體認有關色身的難題。

疼痛禪修屬於所謂的「反向禪修」（reverse meditation）範疇。「反向」的意思是我們刻意把不想要和不受歡迎的東西都邀請過來。對於呼吸禪修，我們通常都會聯想到一種平靜的、鄉村的景象；若是如此，那麼我們就應該嘗試在印度火車的低等座車廂，或是搖滾音樂會中做同樣的禪修練習。如果盛開的玫瑰是色相禪修的愉悅對境，那我們可以試試用排泄物作為對境。

在寺院的時候，我們學到幾個製造疼痛的無害方式，比如用指甲掐自己的大腿或手掌，或是咬自己的下嘴唇。我們會小心不要過於用力，不要導致出血，一旦感到不舒服就停止。如今，二十年過後，我明白這個遊方閉關本質上也是一個反向禪修。我有意把煩惱邀請來了。

逆流而上，反向而行

整個佛法的修持道路有一個常見的比喻，那就是：逆流而上。這指的是所有修心方式的「反向」層面。去探究世人已有共識的真理，是違背社會規範的。在一個喧鬧和物質至上的社會，安靜坐著不動，就是個反向行為。在這個追求名聲的世界裡，甚至每天只當一小時的無名小卒，也會和公認的成功目標相違背。祈願「一切眾生具足快樂，遠離痛苦」，與自我中心所關注的事情背道而馳。當我們用寬廣的視角去看「反向」，會領悟到：把一些看似不相關的練習標示為「反向」的類別，其意義是更加深刻的。它可以成為指導日常生活的基本準則，也能用來斬斷我們盲目的行為迴圈（loops），並以這樣的斷開（disruption）把我們從夢遊般的習氣中喚醒。

如果迴避死亡是世俗準則，那思維死亡就會成為一個反向的行為。這並不意謂我們要排拒死亡帶來的傷感。我們會死，我們最愛的人也會死，這是我們生命中珍貴的傷心時刻。但伴隨這種創傷而生起的恐懼和困惑並非不可避免。面對自己未來的恐懼，我們就能轉化當下。

我將心引導至胃痙攣的感受上，以此開始做疼痛禪修。讓心安住在那裡。只是與疼痛的感受同在。不接受；不拒絕。只是感受著。去探究這個感受。不要困在關於痙攣的故事中，只是感受著它們。幾分鐘之後，我開始分析：這個感受的特質是什麼？它住於哪裡？我把心從表層轉移到胃部，轉移到疼痛本身。接著問道：是誰在疼痛？

是我受尊敬的身分嗎？

它們都只是概念。

疼痛是個概念。

痙攣是個概念。

安住在超越概念的覺知。

讓超越自我的自我（self-beyond-self）去適應概念和無概念：疼痛和無疼痛。

疼痛只不過是飄過覺知心的一片雲。

痙攣、胃部、疼痛，都是覺知的強烈展現。

保持覺知，變得比疼痛更大。

在覺知中，如同在天空中，沒有概念可以停駐的空間。

隨它來。也隨它去。

誰在抓著疼痛？
如果你和疼痛合一，那就沒有人受傷。
那裡只有一個我們標示為疼痛的劇烈感受。
沒有人在抓著疼痛。
如果沒有人抓著疼痛，會怎麼樣？
只是疼痛。實際上，甚至連疼痛也沒有，因為疼痛只是一個標籤。
感受著感覺。超越概念，仍在當下。別無其他。
經驗它。任由它如是。

接著再回來，只是讓心安住在開放的覺知。

我愛這個痛

無論我們是用呼吸、疼痛或是悲心的修持來訓練心，所有的練習都是為了覺醒，以及認識超越自心範疇的普世真理。就像水晶或鏡子，覺知的本具能力之一，就是映照（reflect），即使沒有對境可被映照時也是如此。這就是「純粹」的覺知（mere awareness）。純粹的覺知是一種了知的能力，不管有沒有對境或映照。無論是透過密集的禪修，或是其他讓概念心解脫的方式，即便感知不到它的映照，我們也能連接上純粹的覺知——它就是了知（knowingness）的本身。這就是心的光明面向，覺知的了知、認出。

之所以有很多種不同的禪修練習，其中一個原因是：長時間使用水晶的某一個反光切面，會讓它變得枯燥無味。禪修的心在轉移到其他切面之後會煥然一新。有時候我們在疼痛或負面情緒的修持中感覺招架不住，那麼最好方法就是去休息一下，去喝杯茶，繞著街區走一走，或試試其他的禪修方式。重要的是不要放棄，不要停止嘗試。我們可以轉換到另一個切面的映照，比如從聲音轉換到視覺或是呼吸。現在的我無比感激這個覺知的練習，它是我最值得信賴的夥伴。

一般的疼痛，也就是我們想消除的疼痛，是靜止和堅固的，它的產生是因為心卡在對疼痛的負面態度中。有了對覺知的認識，便可以不採取立場或添加故事而與疼痛同在。於是便可以易如反掌地讓疼痛減弱或消失。我們無法直接改變疼痛，但是我們可以改變和它之間的關係，如此一來就能減輕痛苦。

一年前有個朋友來到我菩提迦耶住處的二樓房間拜訪我。看著他拄著拐杖走進來，我很驚訝。「你怎麼啦？」我問道。他經歷了一場鬧得不可開交的離婚，我已聽說他太太把他從家裡趕了出來。他解釋自己為了回到屋裡，於是爬上一棵樹，想要接到二樓一扇打開的窗戶，從窗戶爬進室內。但不料腳底一滑，就跌下來、摔斷腿了。接著他開始大笑起來。「這個疼痛，」他告訴我說：「真是棒極了。我愛這個痛。它把所有的痛苦都從我腦子裡拔出來，然後塞進這一小塊地方，就像把我的腳穿進襪子那樣。我知道痛在哪裡，也知道如何對待它。現在我的頭腦又能清楚地思考了。」

接近中午時分，腹瀉開始發作。我不斷告訴自己「這是印度」——也就是「這很正常」的另一種說法。一路拉肚子到傍晚，我的胃被掏空，整天只喝了水。雖然沒有胃口，我認為豆湯也許能幫助我恢復體力，或許吃點東西能安撫我的腸胃。於是我收拾好東西，慢慢走到昨晚給我食物的那間餐廳。我回到廚房門口，靜靜地站著，等待有人注意到我。

「你好，巴巴吉！」

我拿到了一碗從客人吃剩的盤子裡刮出來的米飯和豆湯。

經理走了過來。他看著我問道：「巴巴吉，你還好嗎？」

「我很好。」我回答他，儘管他明顯看得出我並不好。這便是我最後一次光顧這家餐廳。

從餐廳走回荼毗塔外圍區域的那段路，令我感到筋疲力盡。我不時感覺頭暈，呼吸短促。走回小廟附近的時候還是黃昏，我背靠著圍牆坐下來。晚上我開始嘔吐，一整夜輪番上吐下瀉之間，斷斷續續睡了幾分鐘。儘管我的狀況並沒有隨著新的一天來臨而好轉，但看到晨光出現還是讓我感到歡欣鼓舞。

23 四種自然之苦的河流

當我站起身時，雙腿顫抖，每一次抬腳都變得更加費勁，我的頭已不再受我控制而向前垂下，雙手也不自主地從大腿滑到兩側。如果我死了，我的母親和其他家人朋友一定會很難過……

我可能會痛死在這裡

在野外探險的第三天，我一直穿梭於樹叢、水井和我的小營地之間。熾熱的天氣使園區無人造訪，我對有這樣的隱私空間深感慶幸。同時我也保持樂觀，我的身體還能維持正式禪修的坐姿。

接近中午時，我勉強正視自己體力開始在流失的情況。當我站起身時，雙腿顫抖，每一次抬腳都變得更加費勁。我開始擔心了。我曾經路過一個鎮上的小診所，但沒錢買藥。苦行僧去乞討藥品，通常都會被打發走。這是來佛教寺院診所看病的苦行僧告訴我的，他們只有在佛寺診所才會得到治療。「不如回去菩提迦耶」的想法掠過我的腦海，但我不會那麼容易畏怯退縮。我站起身，斷定自己已經無處可去。於是開始倚牆而坐。

雖然我沒有把自己的病狀看得很嚴重，卻無法迴避明顯聳立在圍欄另一邊的荼毗堆。我開始想著：這是佛陀入滅的地方，至少沒有哪裡比就在此處死去更好。這是多麼不可思議的因緣巧合啊！如果痙攣加重，我可能會痛死在這裡，但也帶著這個聖地的加持。

眼看自己只能上半身倚靠牆壁，體力也在消散，這個想法似乎即將要成真。雖然我沒有認真想過自己可能真的會死，只是消遣般地觀看這些念頭——直到這想法突然轉變成一個不太鼓舞人心的選擇：或許來到這裡並非巧合。或許我就是被帶到這裡往生的。當我在瓦拉納西車站旅社第一次從惡夢中醒來後，就很害怕它預示著災難。也許那個夢境正在成真。而那個向我砸下來的岩石，已經預示我會死在這個搖搖欲墜的大塔附近。

我想起了一則關於幾乎要慘死在完美之處的故事。有個來自東藏康區的藏人，他最大的心願與許多藏人所祈願的一樣，就是去拉薩朝聖。他和一位朋友一起踏上了朝聖之旅。他們花了幾個星期的時間步行穿越西藏。一抵達拉薩，他們便立即去朝禮達賴喇嘛法座所在地的布達拉宮（Potala Palace）。這個如願以償的男子走進布達拉宮之前，心馳神往地看著莊嚴無比的聖地，他站在宮殿腳下仰望上方，淚流滿面。當他一踏進布達拉宮，便開始參訪不同的房間。一些外層房間在木柱之間開有很小的窗口，上面裝有鐵柵防護欄，窗外是拉薩的壯麗景色。為了擴展視野，這個男子把頭伸到了護欄外面。在他欣賞完美景之後，卻沒辦法把頭收回來。他把脖子左扭右轉，試著脫離困境。「我要死在這兒了。」他對朋友說道。「請轉告我的妻子和家人，我死在布達拉宮，這是全世界最殊勝的往生地。雖然死的方式不是那麼好看，但我還是很歡喜。」他在接受了自己的現狀之後，便放鬆了下來；而當他一放鬆，頭於是就從兩條欄杆之間抽回來了。

「如果我能更放鬆，或許我的胃就不會繼續擠壓在兩條鐵柱之間。」我尋思著。他有朋友在旁，而我身邊沒有朋友。我甚至不接受自己可能會死。我想著，即使我的頭已不再受我控制而向前垂下，雙手也不自主地從大腿滑到兩側。

我頻繁去樹叢之後，每次返回打坐的地方時，都會在坐下之前轉身面朝大塔。我試著專注在佛塔上，彷彿是在哄騙自己的雙眼要像X光透視那般。我希望看到真正留下的是什麼，已經死去的又是什麼。佛陀已經死去。而我也是佛，那個門衛也是佛，那隻狗也是佛，你也是佛，甚至佛塔也是佛。如果我們都是佛，與佛無別，那麼是誰在死去？無論我的身體怎麼了，我都正在死去。我從出生的那天就已經開始死去。佛陀的肉身死去之後，還有某些事物延續下來。如果我就這樣在荼毗處獨自地死去，身邊沒有朋友可以協助，會有什麼延續下去嗎？

為什麼我沒有想過自己可能會死？

這個地點上的巧合不再讓人感覺有趣。如果我的心散逸了，我很懂得如何規範自己而將它帶回到覺知上安住，但它現在卻更頻繁地散逸在對死亡的恐懼。可是我骨子裡拒絕死亡這個結局。這就像在飛機上，由於即將遇到強烈亂流時，聽到機長廣播要求乘客繫上安全帶。你想說：「啊，別這樣！我可能會死掉。」你對此並不真的相信，你的手還是緊抓著座椅扶手，然後開始祈禱，以防萬一。對著上帝、佛祖、阿拉祈禱，祈願自己不會遇難，你試著在心裡想起自己所愛的人。你最喜愛的人事物湧上心頭，在飛機墜毀之前，你熱切地想讓他們知道你有多麼愛他們。

我想到了一位女子，她丈夫曾在建築工地工作。他被派去一棟新的摩天大樓，進行最高樓層的作業。大樓外牆還沒築好，風把防護網撕破了。後來他被一陣強風從室內吹了出去，墜樓身亡。這對夫妻相處得不太融洽，丈夫在去世前一晚是睡在客廳的沙發上，第二天一大早，他沒跟妻兒道別就離開了家。他的妻子從小在天主教家庭長大，相信每個人在地球上都有各自的時限，因此不論是出於什麼神祕的原因，她接受了自己丈夫的時限已到。但卻因為沒來得及告訴丈夫自己有多麼愛他，讓她一直難以釋懷。

很多從事臨終關懷的人士都聽過類似的遺憾：愛沒有表達出來，或是未曾充分表達，卻已經沒有機會了。有個學生告訴我，她的母親在臨終前曾對她說：「要告訴你所愛的每個人，你愛他們；不要等到自己臨終才後悔。」

我猜想我母親、措尼仁波切、外祖父和大司徒仁波切是否知道我有多麼愛他們。我曾經充分表達嗎？我也想到自己栽培的那些堪布，以及世界上每一個幫助過我的人。我每天都在為他們祈福。我開始回想離開之前所做的安排：接下來幾年將陸續面世的教學錄影，以及我在加德滿都寺院的新建築設計。許多在菩提迦耶的小喇嘛，都是孤兒或出身貧困家庭，我回顧自己為了保障他們生活所盡的努力。我已經道別過，我已經充分地做了準備。如果我死了，我的母親和其他家人朋友一定會很難過。但我又想到：我們遲早都會死。那位墜樓的先生無法控制自己什麼時候會死，我也是如此。但是……為什麼我沒有想過自己可能會死？把生命視為理所當然，是多麼的無明啊。火上添薪是一種自殺，但動機是為了能以另一種形式重生，以便能為他人帶來更大的助益。如果我在身體死亡時能保持同樣的動機，那麼同樣的道理也適用於此。（而保持同樣動機的）意思是不會因為疼痛、遺憾或自憐而讓心變得散亂。

釋迦牟尼佛曾教導過，有四種自然之苦的河流：生、老、病、死。這是生命不可避免的難題。但是，在經驗它們的時候，可以不帶額外的添加，也可以不用故事情節來固化我們因對實相之錯誤感知而導致的痛苦。有一則佛陀時代的經典故事指出了這一點。有一天，一位年輕女子抱著她死去的孩子來到佛陀面前，來尋找可以讓孩子復活的奇蹟療法，她向佛陀請求並問道：「為什麼是我？」佛陀要她回到自己居住的村子，到那些從來沒有人亡故的人家蒐集芥子，然後把這些芥子帶回來給他。於是，這位女子回到自己的村子，挨家挨戶地詢問。

在出發閉關之前，我曾回過努日家鄉一次。那段期間我走訪了每戶村民，聽他們講自從我上次回來之後，家裡有誰已經過世——一位老爺爺、我兒時最要好的朋友的父親，一位朋友的三歲女兒在跟家人出遊時墜崖，還有一個我小時候認識的女子死於乳癌。每個家庭都曾有過生與死的經歷——連幾粒芥子都蒐集不到。

這位年輕的母親兩手空空地回到佛陀座前。這位母親問：「還有其他方法嗎？」佛陀對她說：「你無法找到讓你孩子復活的方法。但你可以學會與死亡共存，讓自己變得比這次的失去還要更大。那你就能在悲痛中支撐住自己，而不被哀傷淹沒。」

24 憶起中陰

整晚我有很多次從痙攣抽痛中醒來。每次我都掙扎著起身到樹叢腹瀉，並自問臨終中陰是否已然逼近。我開始經驗到身體下沉、墜落、沉重……

五大元素消融

在「戶外實驗」的第三天將盡時，我再次認為吃一點食物會有所幫助，於是準備回到餐廳。這時站起身已經相當吃力，邁出幾步之後，我的腿便支撐不住了。我跌跌撞撞地回到牆邊，靠著牆壁坐下，直到粗重的喘息平和下來。

我想起瀕臨死亡時第一個不可逆轉的衰退徵兆便是經驗到沉重。我想像那感覺一定就像現在這樣，因為當我走回牆邊坐下時，感覺身體的重量會持續沉到地面之下。隨著「地」（earth）的元素消融，便會出現這類經驗。

我們對於入睡之際感官的收攝都有所了解。「五大元素」也會在每晚的睡眠中消融，但它發生的狀態相當微細，只有少數人能對消融的過程保持覺知。不過，在臨終時，元素消融的過程會變得與感官的消融一樣明顯，我們也能直接經驗到自己的心識停止對色身的認同。

我們色身的元素有五個特質：堅實、流動、溫暖、移動和開放。在佛教傳統裡，這五個特質對應的是（上述的）五大元素：地、水、火、風、空。所有現象的組成也同樣有賴這些元素。在我們接近生命終點時，身旁的照顧者可以觀察到這些元素的消融，臨終者自己也能經驗得到。只有少數人能在睡著時循著元素消融的歷程而行，但也有很多人表示自己有過相關的經驗——即使他們無法說明原因何在。有些人在迷迷糊糊睡著（drift off）時感覺自己在下沉，如同「沉」睡那樣，感覺到有一種把他們往下拉的重力，那就是來自「地大」元素（earth element）的消融。而漂浮（floating）的感覺則是暗示著「水大」元素（water element）的消融。

對於各大元素的理解不需要過於依賴字面上的意義。「地大」指的是密度和重量，它像房子的樑柱承載著我們；當這個支撐崩壞倒塌，我們就會經驗到下沉的感覺。而「火大」（fire element）元素，指的不是從燃料和氧氣燃燒而生起的火焰，而是指熱度和散發出的溫度，或是一種燃燒的感覺。在我們昏沉入睡時，經驗這個元素的消融，就有點類似臨終的過程。在入睡和臨終這兩個過程中，每個元素都會漸次地融入到下一個元素中，到最後，「空大」元素（space element）將消融於它的自身，用另一種說法來描述，即是空大會消融於心識

（consciousness）。

這五大元素從無始以來就一直存在，它們是由空性的本初之基生起。包含我們（的色身）在內，它們是所有物質的主要成分。了解這些元素，將為我們提供一種能和全宇宙所有生命形態相連的基礎——我們都生活在這個由自然力（natural forces）掌控一切事物的相依緣起世間。當死亡來臨，我們如白駒過隙的短暫生命流動，會帶著我們流轉回到我們最基本的開端。光是知道這一點，便足以撫慰人心。

地大元素和我們身體質地密度最高、最具重量感的血肉和骨骼相關。死亡時，地大元素會消融於水大元素。我們力氣會明顯地衰退，通常會出現下墜或是下沉的感覺。

水大元素和我們體內的液體有關。死亡時，當水大元素消融於火大元素，內在體驗就像是漂移的感覺，我們會感到口渴。此時，身體會乾涸，血液流動會逐漸緩慢直到停止，嘴唇明顯感到乾澀焦灼，皮膚感覺乾裂，粘膜分泌的粘液會凝固。

臨終時，當火大元素消融於「風大」元素（air element），我們無法保持體溫，手腳會變得冰涼。雖然心臟還有溫度，但心會感覺自己正在燃燒。

吸入的空氣，或者風，是讓一切得以持續移動的元素。當風大元素消融，呼吸就會變得困難。

「空間」或「空大」元素（space element）是包括我們身體在內的所有現象

的根本實相。如果沒有空大元素，我們便不可能擁有其他元素。

為臨終做準備

我的心思游移到這些「如何為臨終做準備」的描述，以及「死亡時身心將出現哪些狀況」的中陰教法。但我的動機不夠堅定，無法讓自己保持在某個特定的教法上面。法教的內容就像潮汐一樣湧上來，又退了下去，忽近忽遠。我還是認為細菌或病毒所造成的感染會有它自然的進程，就像熊熊燃燒的烈火會自然熄滅一樣，我的胃痙攣也隨時會被控制住，而無有大礙。和我認識的其他人一樣，我也在印度經歷過很多次腸炎，它們不會要你的命。然而，我以前從來沒有吃過剩飯。健康的食物在我看來是理所當然。我在研究菩提迦耶乞丐們的生活時，認為他們看起來瘦弱乏力，是因為吃不飽的關係。但我沒有想到，他們的身體也會因為有毒的食物而受到折磨。我曾經以為他們就像生活在森林裡的動物那樣，會因為選擇有限，而根據自身的情況適應了某種飲食習慣。我並沒有想到無論他們的食物如何匱乏，這些食物的來源本身就會導致他們身體的虛弱。現在，我了解他們和我一樣弱不禁風，他們一定為身體所受的折磨而痛苦不堪。我仍然沒有發覺自己體內失去的水分，已經遠遠地超過我所攝取的水分，我的身體已經嚴重脫水了。

我有位很要好的朋友，是我在智慧林的師兄。我十一歲時就認識他了。兩年後，我們一起進入為期三年的閉關。我們倆都是好學生，當我們出關後再繼續一輪三年閉關時，我成為閉關上師，他則是擔任我的助理。當我在歐洲遊歷時，有一天，他從印度打電話給我，告訴我他患了嚴重的胃癌。「我現在是癌症末期，已經不能進食了。」他說。

我問道：「你現在感覺怎麼樣？」

「我沒有遺憾，」他告訴我：「我一生都在觀修無常與修持中陰。我已經準備好，所以不要擔心我。但請為我的身體祈願。」

即使他不再害怕肉體的死亡，但他的證量還沒有超越他的身體。他尚未於此生的中陰死去。只要我們還用概念心來理解自己的血肉之軀，並用我們的感官來應對世俗諦（relative reality），那麼我們就會經驗到身體的疼痛。對於我父親而言，則相當不同。

在父親去世的前幾年，他已病得相當嚴重，而他的整個教團都傳聞他快要圓寂了。他的弟子當中有藏醫和西醫兩方面的專業人士，他們都聚在父親在納吉寺的小屋裡指導對他的照護工作。外面天氣很冷，室內沒有暖氣，水泥牆壁讓他的房間潮濕陰冷。除此之外，那裡水質並不是太好，這或許也加速了他的病情惡化。我的一位兄長來探望時，試圖說服父親旅居到一個氣候更暖和、更有助於健康的地方，可能去泰國或馬來西亞。但父親拒絕了。他說：「我看起來是生病了，但實際上已不再有個真正的概念身了。我感覺很好。無論發生什麼，無論是該離開或繼續活著都沒有關係。我沒有在受苦。」

對於明光（luminosity）的認識，即是我們於生有中陰死去之前的臨終經驗。當它發生時，血肉之軀對心來說不再是過濾器或停泊處。儘管身體就平常人看來還是平常的樣子，但對於覺醒之心來說，身體已經成為我們所稱的「幻身」（illusory body）。它在世俗的意義上不再「真實」，但是對覺醒的心而言是存在的——只是它更像是個映照（reflection），如全息圖一般存在。在這樣的狀態下，即使其他人感知到一個生命將盡，但對於已了證自身無死空性（deathless emptiness）的人而言，他不會把臨終經驗視為終局——它僅僅是一個過渡。

以中陰作為訓練，意思是要熟悉死亡的持續過程。我受過訓練，但證量遠不及父親，理解也不如我那位師兄。我猜想師兄所說的意思是：在這一生——「生有中陰」裡，對於認出覺知的廣大心，也就是這個不生不滅之心，他已達到熟稔的程度；對於這個心會在死後延續，他也已培養出信心。傳統的訓練為我們引介這個見地。但他的概念心還是使他的身體維持原樣，而未能如我父親那樣了悟幻身。

每一天都在死亡

當我們接受自己每一天都在死亡，而且活著跟死亡是密不可分的；那麼中陰就在此生為我們提供一個心的地圖，而每一個中陰階段都提供了在每一天如何過生活的寶貴指引。中陰法本裡沒有專門針對肉體死亡的描述。每一階段的各個轉化，其實都已經在此生一次又一次地發生過。一旦我們把整個中陰的循環運用在我們的日常生活，那麼我們就能看到自己為了覺醒的一切努力都與改變、無常、死亡和重生有關——而這些正是中陰地圖的重要地標。

禪修是我在寺院課程中修習的一部分，但它並沒有以中陰訓練來呈現。甚至連無常和臨終的練習，或是慈心和悲心的觀修，也都沒有涉及到中陰修持。然而，當我研讀中陰法本時，我理解到：其實所有我接受過的訓練，都已讓我浸潤在中陰的智慧裡。舉例來說，生有中陰的基礎教導是要熟悉我們的心——而實現這點最有效的方式就是禪修。現今很多練習禪修的人，都沒有參照中陰。但若將中陰的見地置入，我們直覺上就會把禪修視為「每一天都在死亡」的另一種經驗。唯有當執取心死去，那種在概念心消融後才會發生的轉化、那種能讓我們認出覺知的轉化才會出現。在中陰教法的正式順序裡，生有中陰之後才是臨終中陰，但在很多方面，臨終中陰其實就是生有中陰，也是投生中陰。

生有中陰包含了睡眠禪修，而睡眠禪修的意思就是在眼睛閉上、耳朵關閉、呼吸放慢的時候，對發生的一切保持覺知。像第十六世噶瑪巴那樣證量高的修行人，在睡眠中都能夠安住在對覺知的認識上，這並不容易。即使我們在沉睡前的那一刻還能保持對覺知的認識，也會為我們帶來無可估量的益處。雖然入睡反映的是死亡的一個淡化版本，但它同樣包含感官消融的過程，而其對應的效果亦然：感官觸受不再為喜歡詮釋的心灌輸訊息，因此，這顆心從它白天所扮演的角色死去——不再擔任我們慣有的錯誤感知與可能的感覺反應的接線生。我們永遠不可能確切知道肉體死亡時自己會怎麼樣。但是若能留意狹隘有限之我執心外的心的體驗，我們就能了解更多——無論這些時刻是發生在禪座墊上，還是自發瞥見空性時，亦或是入睡時。在夜間睡眠的微型死亡中，自我無法保持它在白天賴以生存的杜撰故事，接著我們就進入了不可預知的夢境。

在眾多「日常死亡」（daily deaths）之中，睡眠是最明顯的。然而，每一個微型版的死亡，都能夠作為我們進入死亡領域的門戶。它的每一個經驗都能讓我們認識到自己最畏懼的是什麼，與它們為友，可以減少我們的恐懼。

隨著夜色漸深，抱著對自己病重既樂觀又否定的複雜心態，我振作起精力開始睡眠禪修。

開始時我睜著眼睛。
我把心帶到睜開眼睛的感受上。
當眼睛開始闔上，我繼續覺知著睡意。
或是遲鈍、困倦，以及這些感受的轉變。
我不嘗試控制眼睛，或者控制任何事。我沒有試著保持清醒。
我只是對所發生的一切試著保持覺知。
當我快要睡著時，我不擔心或試圖控制身體的姿勢。
我開始經驗到身體下沉、墜落、沉重……進入睡眠。
我的眼睛閉上了。我覺知著感受。

整晚我有很多次從痙攣抽痛中醒來。每次我都掙扎著起身到樹叢腹瀉，並自問臨終中陰是否真的正在逼近。我無法繼續和這個想法保持距離，我已經遇到麻煩了。之後幾次困倦時，我已經無法保持清醒，就這樣迷迷糊糊地入睡。我試著坐起來進行睡眠禪修，就像我們平時可以在白天進行睡眠禪修那樣，我把披單搭在頭上，接著又躺下來。夢中的影像一次次掠過，但我記不得它們。我無法認出任何一個間隙，無論它是在我們入睡時有意識和無意識之間的那一刻，還是在入出息之間、念頭之間。我的心游離渙散。我喝了水，但想要進食。

25 萬緣放下，送走一切

只有透過生病，我才能回顧並承認自己的理解是多麼的有限，然而，被病痛、被飢餓蹂躪的身體，有什麼可以供養的呢？

放下，放鬆

有些人在活著的時候對死亡萬分恐懼，甚至否認死亡可能會發生，因此無法把入睡這個日常經驗看成是一種死亡。我的成長卻不像那樣。在我童年時期，公開談論死亡是司空見慣的事。想像死亡曾是我修持的一部分，「死亡與無常、死亡與無常」（Death and impermanence, death and impermanence）曾是我修持的一個咒語。然而，在預測和準備這次遊方閉關的過程中，我從未料想到自己會生病，或是有可能會死掉。只有透過生病，我才能回顧並承認自己的理解是多麼的有限。只有到這時我才想到：死亡的真諦遍及我們周遭，但還是有人對「黃泉路上無老少」錯愕不已。難怪大師們見此總會感到震驚而搖頭嘆息。

胃部痙攣抽搐、蚊子叮咬、嘔吐、腹瀉的反覆來襲，加上嚴重脫水導致的四肢無力，讓我無法體驗通常伴隨著黎明所出現的光明重生感。我還開始發燒，感覺額頭散發著熱燙。這已經是我生病的第四天，我想自己此時最好可以開始複習臨終法教指引。

如果我將要死亡，那麼我會像許多人一樣，會帶著身體的痛苦死去。我無法改變自然而來的病苦。這就是為什麼這類痛苦既不是佛陀主要的教法，也不是中陰法本的主要課題。在這個中陰裡，「痛苦」指的大多是因為「不願意離開我們知曉的一切」而帶來的折磨，以及跟我們最深的執著分離時的痛苦。我們迫切地渴望，想要保留這個供我們擁有、為我們服務的身體，留在我們深愛和深愛我們的人身邊，待在庇護我們的家中。某個人或某個情境牽動著我們的心弦，想到要和這些事物分離，都是無法忍受的痛苦。我們也許不能減輕身體上的疼痛，但一定能在臨終時，以困擾我們心的痛苦作為修持。

到了最終的過渡時刻，如果我們不想因為束縛我們的事物而有負擔，並在此沉重感中死去，那就不要浪費時間。我們可以放鬆和放下，不去跟自然的進程對抗。我們可以學著放下自己的執著，針對「放下」有一種特別的修持，稱為獻曼達修持（mandala practice）；為了要讓這個修持達到效益，並不一定需要學習藏文法本或儀軌——為了盡可能完全投入這一刻，關鍵是要認識我們的執著，並且讓自己從過去的制約作用中解脫出來，而在卸掉一些包袱之後繼續我們的生命之旅——如同我們一直在努力的那樣。

放下，並不表示要丟棄某個我們不再看重的東西，比如舊外套或壞掉的蘋果手機。在邏輯理性上，我們能夠理解放下的重要性，但是要做到並不容易。要放下有意義的事物，會伴隨著刺痛的感受。當我們把某個東西拿去送人，可能會帶有一絲後悔。重要的是，要承認自己有這些感受，不去推開悲傷、懊悔，也不排拒對它的懷念；而同樣重要的是，在承認自己有這些感受時，不要把自己融入故事當中，或是重播著令人不安的戲碼——就像我們在生有中陰裡逐漸熟悉自心的方式一樣。任何我們認為與「我」有關，或稱為「我的」之事物，都在暗示著最強烈的捆縛。

誠心供養

在臨終中陰時，為了讓自己從執著解脫，我們要把放下、隨順、贈予和供養這幾個部分結合起來。我們可利用日常生活中熟悉、但較不具物質特性的方式來進行，例如「贈予」（giving away）。我們可以先找出對自己有意義的人事物，甚至宇宙本身的各個層面，像是山川、河流，然後將我們生活的這些面向供養給宗教領域的對象，或是供養給宇宙、星辰。在一開始的時候，可以把上述我們想要供養的事物和供養的對象，想像成是現實生活中最個人化的圖像，而且他們的大小比我們平時所常見的規模還要更大。而我們所供養的事物和對象，其形式或外貌並不重要。唯一真正重要的，是個人投入以及心態真摯的程度。

很多時候，贈予可以是純粹的布施，「同時」也帶有很大的自我。兩者皆有。我們布施東西給無家可歸之人時，可能是為了讓自己感覺更好；抑或捐助醫院或大學時，是為了那裡的建築會以我們的名字命名。我們的給予是為了獲得，雖然這好過於什麼都不給，但如此一來卻是強化了我慢，也因而和我們真正想要做的反其道而行。當我們供養天神或宇宙時，這裡有個具混淆作用的邏輯（confounding logic）是：這樣做會得到什麼效益，我們無從得知。正因為沒有可估量的回報，而使得布施得以成為清淨的給予。這樣的布施來自於尊重、感激和虔敬，不涉及個人的得失。供養始終包含真心的給予，但給予不總是包含供養。

在傳統的修持中，無邊的布施就相當於觀想無邊的實相。如果我們選擇供養天神或本尊、地球或宇宙，那我們不僅要放下對境，也要放下執取的心。我們將山川河流供養出去——藉由這種非屬個人和不可思議之現象界的供養，讓我們重新設定自己在宇宙中所處的位置。當我們供養自然界的奇景，如青山綠水，世俗諦的外形就改變了。以無盡的尺度來做修持，能鬆開我們狹小視野中緊抓著珍愛小我的那個攀執。無法被抓在手中、無法被估為己有、幾乎是難以想像的宇宙，對於瓦解限制性模式有所幫助。

在荼毗塔的第四天，我相信自己已經進入了臨終中陰。我出發時曾經希望點燃一堆柴火，並完全致力於將我的各種身分頭銜燒盡；飢餓的景象曾讓我思考如何保護自心，而不至於因飢渴而發狂，但我從沒想像過會因此而餓死。我曾想像過自己跋涉在喜馬拉雅山的羊腸小道上，頂著狂風前進，但還沒有預想過自己會凍死，成為一具冰屍。我完全沒想過自己可能會死。現在，我無法用語言來形容自己這般無明有多麼的深。

雖然我每天的修持內容都包含一個短軌的供養文，但我還是回憶起長軌的修持內容，並且開始想像可以分享給他人的各種非屬個人的悅意對境。我心中冒出的第一個圖像，是我家鄉努日喜馬拉雅山系的馬納斯魯山，它的雄偉總是讓人相信那裡有眾神居住。我讓自己的心安住在它的巍然壯麗。然後，我進入山峰為感官帶來愉悅感，我的雙眼曾如何目不轉睛地凝視它，我的心曾經如何為之神往。我留意到回憶起兒時的大山，為我如今的病體帶來了慰藉。記憶中，它雪光熠熠的山峰襯托著我們玩耍的身影，對外祖母的記憶也隨之浮現。我感到一種新的傷感，而不得不提醒自己外祖母已過世多年，這個傷感多半與我自己的死亡有關，而非她的過世——即使我能完全康復，我在努日的童年也已逝去多年，這樣的鄉愁把我的思緒遠遠帶離了當下。我也認識到，透過思鄉，我看到了讓心有所掛礙的是什麼，因而由此獲益。我注意到所有這些感受，並任由它們出現。我沒必要跟著鄉愁或任何記憶的浮雲飄蕩。只是保持穩定，讓它們飄過。我用了足夠長的時間與心中生起的任何對境同在，好讓那些感受離開。不執著任何與它們相關的故事，它們就不會滯留太久。

接著，我把供養轉移到與家更近的對境，比如財富。這指的不只是錢財、股票、房產等等，而是無論它金錢價值如何，我們都珍視的任何事物。所有任何可能的事物。我想起一個家境十分清貧的老朋友，他們一家人很多時候都是靠著水和用柴火餘燼烤熟的餅來填飽肚子。過節的時候，他母親還是會做同樣的餅，但會把餅放在油裡煎過，並灑上一點糖。在他心裡，這是他所能想像到的最美味餐點。他發願要賺到足夠的錢，以報答母親的慈愛。後來他真的變得很富有，嚐遍世界各地的豪華餐廳，而母親卻在他年幼時就過世了。

他告訴我，他曾經跟一些朋友玩這個遊戲：如果你的房子著火，你會衝進去搶救什麼？他朋友紛紛說要救自己的孩子、寵物、重要的文件等等。他尷尬地回答，他會去挽救一張母親留給他的黃色紙片。那是母親在臨終前，已經無法說話時，放到他手裡的。這一直是他最有價值的財產：一張手寫的煎餅食譜。

我應該再穿上僧服嗎？

如果我們珍視某個特別的哲學理論或政治觀點，並且對這些思想有著深重的執著，我們可以把它們供養出去；如果我們知道自己愛生氣或很吝嗇，我們也可以把這些供養出去。任何引發我們憤怒或傲慢的，也都將它供養出去。嗔怒和貪愛兩者之中，都藏著執著的最深結縛。放下我們認為與「我」和「我所」相關的任何一點，都是一個對自我小小的致命打擊；而每當自我的掌控減少一分，我們就向自己的智慧更靠近一分。

我沒有任何世俗的財富。我的寺院一定有金錢上的價值，但我完全不知道它值多少錢，也沒有什麼財產是歸屬在我名下。我的財富是佛法。它的價值至高無上、無法估量。如果我在菩提迦耶的房間失火，我會試圖搶救法本和佛像。然而，佛像等等的物品並未引起我各種捆縛被撕碎的那種刺痛，但我的藏傳僧裙和披單卻另當別論。此刻，它們其中一件被我折起來當作座墊，另一件則放在身旁的背包裡。

是不是換掉僧服讓我的身體在這個探險之旅中變得脆弱？把它們披在身上，會不會就可以治癒，就像給我第一件僧袍的欽哲仁波切他的經歷那樣？欽哲仁波切在孩童時代就想出家，但他的家人不允許。後來發生了一場可怕的意外：一大鍋沸騰的湯水打翻在他身上，他整個身體被嚴重燙傷，幾乎喪命。他奄奄一息躺在床上，幾個月都沒有好轉，直到他父親把佛教僧袍披在他身上。

或許我應該再穿上僧服。但我已不像他當年那樣還是個孩子。佛法是唯一的保護，而非僧服……但僧服和佛法有什麼顯著的不同嗎？真的是僧服救了欽哲仁波切嗎？

依照正式的修持順序，在供養我們的財富之後，接著是供養我們的身體。我還不想死。我對此有著高尚和利他的解釋：我能教導小喇嘛，弘揚佛法，培養傳承持有者，以及幫忙照顧我的家人……所有的好理由幾乎都不能掩飾我對此生與此身的執著。我記得自己曾經在健康時做這個修持，在沒有接受自己會死的時候做起來，容易得多了。

活在對死亡的無知否定中，就像吃了有毒的糖果。它嚐起來很美味，但恐懼的毒素會逐漸滲透到你的五臟六腑、耗盡你的生命，就像我吃的米飯和豆湯。那是我第一次行乞的經驗。我的意圖是修持謙卑，為了去乞討，我必須放下拘謹保守和各種不自在的感受。一旦乞討到食物，我便視之為一種成就，倍感驕傲。那頓飯的味道很好，即使那裡面的東西此時正在置我於死地。但佛陀的最後一餐所教導的就是這個啊。給你什麼，你就吃什麼。把每一餐當作供養、加持而心存感激。一個來自天神或宇宙的禮物。並且接受後果——無論它怎麼樣……但佛陀那時已經八十歲，在他僧涯的末期，法本上也有說過，佛陀在接受純陀供食之前就已經生病。但我才剛開始，我才三十六歲……這會帶來什麼不同嗎？並不真的有所不同……

供養你的傲慢。供養你的悲心。供養你利他的誓言。供養法。我能供養法嗎？當然，我將法供養給全宇宙的一切有情眾生。

我試著用朋友和家人來做修持。選擇極為個人化的對境——比如家庭成員，或是我們自己的身體——能帶出我們種種捆縛的全面影響力。想像要放下自己的父母、伴侶或孩子。哪些方式可以形成激勵？哪些方式會造成阻礙？如果是關係到我們自己的身體，又將會如何？

這個身體呢？被病痛、被飢餓蹂躪的身體，有什麼可以供養的呢？我的修持還有用。我供養自己的修持。即使我快要死了，我的修持都會有作用。我對教法和上師們深懷感激，我供養自己的感恩。我供養對這熊熊大火的感恩——這團跟我的期待不同的火堆——它卻把海浪照得比過去任何時候都還要更亮，真是鼓舞人心。我供養這個疾病，是它讓困惑與艱難中的智慧之鏡更加明亮。痛苦和解脫，同時在閃耀。更多木頭，是的，加柴添薪，能讓火燒得更旺、更高。臨終也是木頭，嘔吐腹瀉也是木頭，希望和恐懼也都是木頭。

接下來，我利用自己的善德，以及為自他帶來利益的善行和功德做修持。我們所有人都做過善行，比如慈愛、布施或安忍。我們或許是盡責且充滿愛心的家長或孩子，我們或許有好好地關照過自己的朋友，或許我們植過樹、餵過流浪貓，或是為慈善機構工作過。做這個練習並不是炫耀自己聖人般的厚德，而是認識到助人是自己的本能，便能憑藉直覺而明瞭我們都參與在整個世界系統中，無論為善或善行是否被人知曉以及結果如何，我們都照樣會去行動；因為如此，幫助我們自己和幫助他人之間的差別便消失了。

我總是會為我的家人、上師們和我所指導的僧團及在家弟子的社群祈福。我祈禱世界和平，也祈禱一切有情眾生能體悟到他們本具的證悟自性。這樣做的結果會怎樣，我無法道出，也無從得知。但我依然如此祈願著。

接下來是秘密的供養（secret offerings）。「秘密」指的是不明顯或觀察不到的，更像是「自行保密的」（self-secret）。在這裡，「秘密」特指空性。被明確界定為執取的對境，包括個人的身體、所愛的人或財富——這些都很容易被認出。但要以我執最細微層面的執著來做修持，就必須運用秘密的供養。這不單純只是重新調整價值，而是要挑戰「價值」（value，重要性）這個概念本身。

秘密的供養有一種方法是：回顧先前所供養的內容，然後把那些供養本身的空性供養出去，例如，我供養自己的房子，也供養房子的空性；換句話說，我供養房子看似堅實的外形，但同時我也運用了認識空性的智慧，我明白在房子看似有實體的同時，它也不具有能使其成為「房子」的本質自性。我的身體與此同理，我的僧袍亦同理。從這個閉關一開始，我就把我的藏傳僧袍當成一種護身符，它們充滿護佑我的神奇力量，認為它們可能像療癒欽哲仁波切那樣地療癒我，並且保護著我。我把對僧袍的不重視看作是個人的怠慢或不敬——就好像它們在我自心的投射之外，有著獨立的特質。我曾經在僧袍的棉布紡線中尋找加持或保護的來源，儘管我除了循著那先比丘所肢解的身體部位而尋覓到真正的自己，再也無法定位任何加持或保護的存在。雖然如此，因為我的僧袍本質為空，它與我一樣都看似真的（real），但只有在作為標籤、名字、功用和約定俗成的功用時才為真。

當我把明就仁波切、這個人身、生命、呼吸的本質空性作為供養而修持時，我留意到，這比我在強壯健康的時候供養身體的空性，會稍微容易一些。此刻，在我的身體如此接近死亡，色身的消失即將來臨時，要認識自己臨終身體的空性和自己曾經健康身體的空性並無差別，變得更加困難。

26 如果死亡是個好消息

我時不時地感到恍惚，睜著眼睛卻不太清楚自己在哪裡，可能有很多苦行僧就是這樣死去的……

我準備好了嗎？

當我在做所有這些供養時，已是烈日當空。我外在狀況看起來很淒慘，但修持讓我內在平靜，沒有恐懼。不論接下來將發生什麼事，我都覺得自己越來越有準備。我在上午有好幾次，看著心中的一個影像淡去，我也跟著再睡著了。有時候去樹叢那兒，會中斷我對覺知的認識，而我也不太記得自己每次是在哪裡停下的。我的力氣已不足以壓下水井長長的泵把取水，我繼續嘔出一些酸水，以致嘴裡殘留一種腐臭味。我時不時地感到恍惚，睜著眼睛卻不太清楚自己在哪裡、發生了什麼。一天中最熱的那段時間，我神識模糊不清地睡著了，做了很多後來記不起來的夢。

隨著氣溫轉涼，我能更連貫地重整思緒。我想用調整動機和迴向來繼續供養的修持。如果我快死了，我將祈願什麼？色身的死亡為證悟提供最好的機會，而證悟則是利益他人最好的機會。這就是為什麼父親曾說：「對於瑜伽士來說，疾病是喜樂，死亡是個好消息。」

父親曾經重述歷代智慧大師們所熟知的訊息：色身臨終時的機能衰亡，對於認識出真實的心，提供了一個無與倫比的機會。心的血肉居所崩解時，它的層層捆縛也分離了。曾經受錯誤感知制約、由習氣所形塑的那個心脫落了。就如同我們身體的外層皮膚，障蔽了最初、本具清明的迷惑也不再能保持活力。當迷惑消融，智慧將顯耀出來，就跟禪修的過程一樣。

當我們承諾要自覺地活著，那就要努力、精進地減少自己的迷惑。在生命的終點，迷惑會毫不費力地消融。與身體功能停止運作的正常過程相同，心的活動也會停止。這包含我們的感官感覺，也包含塑造我們經驗、定義我們身分的微細信念和概念。當身心所有的循環停止運作，留下來的就只有覺知本身——純然地知道而不受制約的開放空間，這個了知（knowingness）在此時已沒有任何對境。死亡那一刻是如此特別，因為它提供了最寶貴的機會。在生死交接最關鍵的時刻，身體已經蹣跚走到它存在的最邊緣，迷惑的消失會帶來光明空性的經驗。當迷惑之雲消散，進而經驗到無概念的覺知時，就類似我們認出受制約心續中的一個間隙，而它總能揭露心的面向。唯有此刻，臨終之時，清淨的覺性才能自動展現，而過去的制約條件不再有力量湧現而障蔽它。

這會自然發生在每個人身上。它跟死亡本身一樣，必然會發生。我知道這點。但如果沒有修持，我們就無法認出光明空性的明光。它在那裡，始終都在。我對此已經了解。它現在就與我同在，隱藏在不安之下，與疼痛一起現前。就像那位師兄，我也接受過這個訓練。他說他準備好了。但是我準備好了嗎？

無死之界

如果我們的心在肉體消逝時，能安住於對空性的認識，那麼我們就永遠解脫了。我們不會再需要學習什麼。在光明的空性——無死之界中，認識與接受合而為一。在我們接受死亡之前，無法證得無生且無死的實相。中陰法教敘述此為「母子光明相結合」（mother and child union）：我們身體的風大元素消融於虛空，虛空消融於自身——寬廣的覺性中。個別的開闊空間就像一個空杯子的容量。空間存在於杯子中，但不屬於杯子。當杯子碎裂，杯子裡受限的空間與沒有邊際且不被控制的虛空無縫相連。在中陰法教裡，杯子的空間被稱為「子光明」（child luminosity），無限的虛空被稱為「母光明」（mother luminosity）。臨終時，概念心的陰影不復存在，子光明被其母親所吸引，如同回家般，沒有什麼可以阻擋它們相會交融。如果我們在臨終時能保持對這個開闊狀態的認識，那我們現在的輪迴心便永遠不會再以迷惑感知的任何形式出現；而它也不再被固著和困惑的心感知到，我們便證悟了。而無論這不受束縛的心還會以何種形式駐留，它都將永遠從無明與業力習氣中解脫，也永遠不會被迫再次進入輪迴的流轉。這就是我接受訓練的目的。也是我的父親、上師們和傳承祖師們所證得的。我對此深信不疑。但他們也告訴我們：事實上，大多數的人會錯失這個機會。當一輩子僅此一次的機會出現時，清淨心一般不會認識出它自己。或者，我們無法保持這個認識。絕大部分人會昏厥過去，跟我們陷入沉睡時一樣。我師兄所說的「準備好了」，是指他能夠認識出母光明嗎？或許他指的是投生中陰，也就是我們在此生與來生之間停留最長時間的那個階段。真可惜，那時我沒有問他這個問題。

如果我們在色身死亡成定局時沒有認識出明光而昏厥過去，西方醫生會宣告我們死亡。這和我們的見解不同。西藏人認為這是一個無意識的狀態，通常會持續十五分鐘至三天半的時間，偶爾會持續得更長。在這個狀態完全結束前，我們都不認為這個人已經死亡。身體當中有很多生理現象會顯示生命的終結；而後，當整個臨終過程完成，就像完成入睡的過程那樣，我們會再度醒來，接著會透過一個如夢的實相繼續著旅程，這被稱為法性中陰。這又是一個我們大部分人會很快度過，也幾乎沒有認識出來的階段。

我們會進入法性中陰，是因為我們在臨終中陰並沒有完全死去。我們的身體已經消亡。看起來存在的一切因緣和合現象也都會消失——那是它們的自性，也是我們身體的自性。然而心識、覺知、光明空性、明性等等這些實相的面向都是無生的，因此也不會死。與這些面向合一，就是進入無死之界。

看見自己的偽善

隨著身體死亡，僅有無生的還會繼續下去。

執取心的家會消失，我們的相對心（relative minds）也從未真正比彩虹更穩固。即使我們知道讓彩虹出現的因緣條件，也無法指出彩虹源自於哪裡。我們很容易接受這些半透明的弧形，是無常、無實，以及因緣和合的神奇映現。而現在，當我們把注意力轉向自心時，會發生什麼呢？我們能認定念頭的根源嗎？它從何時開始？去向何處？又會何時結束？前一念何時消融？後一念又何時生起？我們能否辨識某個念頭的因緣？我們的念頭和彩虹有什麼不同的特質？如果思考心和概念心與彩虹的本質相同，那麼念頭消失之後會留下什麼？我們身體消亡之後會留下什麼？我能保持足夠的清醒去找到答案嗎？

當我直截了當地自問這個問題時，我沒有辦法逼自己回答。與此同時，我的身體還在持續地衰弱，我拚命想要回到修持。在觀修動機時，首先，我認同自己是一位具有覺知、運作正常的有情眾生，我還能引導自己，為了幫助一切眾生的解脫而祈願，並且把包含臨終修持在內的一切修持，迴向給眾生的幸福安樂。現在，步步逼近的死亡，既是完全覺醒的最好時機，也是最後的機會。這裡的動機包含：要淨化被過往所干擾的心，要淨化任何會矇蔽光明空性之清淨感知的陰影。單單說著「一切本質為空，一切本質清淨」並沒有幫助。儘管這「絕對」是真實的，但為了徹底領悟這個絕對真理，我們還是必須以那些無法透過智識推理和佛法哲學就能拔除的荊棘作為修持。在修持愧疚和懊悔這類細微的結縛時，必須透過實修經驗來體現真正的效用。與此同時，這些結縛阻礙了我們悲心的完全展現。它們以微妙的方式讓我們受困於自己，並且阻撓我們為他人福祉而奉獻自己所擁有的一切。

我回想起在努日的兩段童年經歷。我和一個朋友曾經從鳥巢裡掏出鳥蛋，然後把它們拋來拋去當球玩，直到它們掉在地上為止。另一次，一些登山遊客把他們剩下的備用食物送給了外祖母，裡面有一個獨立包裝的糖塊，三顆裝成一包。我很愛吃，外祖母怕我吃太多，就把它們放進一個罐子裡，擺在很高的架子上。有一天，她在我的外衣口袋裡發現了一張糖果的包裝紙，便知道我偷吃了糖果。她嚴厲地責備我，說我是小偷，並且說那是很壞的行為。

那時我覺得自己可能會下地獄，即使父親曾告訴我：「從勝義諦（ultimate truth）來看，地獄只是另一場夢」。現在，我不得不問：真正讓自己一直循規蹈矩的，是不是因為對地獄的恐懼。我想不起來自己曾經還做過什麼可能被認為是有害的或不道德的事情。有些事不太對勁。我最荒謬的罪行應該是在約莫七歲時打破鳥蛋和偷吃糖果，這聽起來實在不可置信，甚至我自己都不信。

只有到了我的生命確定進入遲暮時，我才看到自己之所以堅持善德，是因為我是個偽善者，始終取悅我的父親和上師們，以及爭取成為最優秀學生。雖然在群體中我很內向和害羞，但我也希望被重視、得到認可。我曾經認為自己是以恐懼來作為出離的工具，以及保持正行的策略。回想起來，我一直躲在公認的良善背後，並且為了獲得讚美而從事善行。

獨自遠行

除了幻想充滿冒險的流浪生活，我從來不曉得如何擺脫好孩子的模式。父親給予我遊方閉關的首肯，對我來說是一個驚喜。那次發生了我母親指責侍者喇嘛讓我獨自過馬路事件的廓爾喀之行，是因為我在西藏的寺院邀請我前去，而我首先要合法入境中國。為此，我需要拿到政府的證明文件，而我父親允許我前往藏地的條件是，必須有我哥哥措尼仁波切的陪同。而現在，我在拘尸那羅，獨自一人，臨近命終。沒有家人或侍者的照顧，沒有上師從旁協助引導我走這段旅程。

我把遊方閉關的想法告訴父親時，他才對我說，他自己在世時間不多了。他在幾年前被診斷出患有糖尿病，儘管我看得出他在衰老，但沒有任何徵兆顯示他將臨終。接著他繼續說道：「謹記兩件事。首先，無論你是不是要進行遊方閉關，畢生都要持續地禪修；再來，要盡你所能幫助每個想要修心的人，不管他們的身分地位如何，是男或是女，出家或在家。以你力所能及的最佳方式，給予每個人適合的教導。」

他停頓了一下，然後問道：「你覺得怎麼樣？」

我告訴他：「這是我的熱忱所在，這是我的使命。我知道自己會實現它。」

我的回答令父親很歡喜。接著，他告訴我：「我從小就一直在禪修。我現在病了，身體很虛弱，但是我的心很清明，對死亡沒有恐懼。」

我試著強忍淚水，但它仍不停地流下。看到我這樣，他又說：「我對覺性無死具有信心。記住這個，不要擔心我。」

兩個月之後，他圓寂了。

還是有人曾經擔心過我。當時我一定是睡去了，以至於不記得有人走近我身旁。當我睜開眼睛，時間已經是傍晚，有人在我面前擺了兩瓶一公升的礦泉水。我摸索著，撕開包裝，扭開瓶蓋，急切地想喝一口，用雙手捧起其中一瓶，但我竟然沒有足夠的力氣把瓶子拿近嘴邊、將水倒入口中，一串水滴滑落在我的胸前。我想到很多沒有得到過任何人的任何關心就死了的乞丐。我想：可能有很多苦行僧就是這樣死去的。忽然之間，我內心因為感恩而倍感平靜，這真是難能可貴啊。我不會孤獨地死去。有人注意到我，有人關心過我。我準備好要繼續下去……

27 覺知無死

我要死了，搖擺在恐懼和自信之間。我突然想起自己記得尼泊爾和印度這兩座寺院的電話號碼。打這個電話意味著失敗還是接受？

無死之死

生病的第五天，依然沒有進食。體外烈日灼身，體內高燒難受。我背靠牆壁，癱軟地坐著。瓶子裡的水喝光了。我幾乎連走去樹叢的力氣都沒有。我曾經想像自己如密勒日巴那樣以雲霧為衫，現在裹著我的雲霧是對孤獨死在拘尸那羅荼毗塔旁的濕重恐懼。我是否像父親那樣，已經知道覺知不死？我的理解是否足夠可靠而能讓我依賴呢？我在死亡那刻會認出自己的真實心，還是會被明光震攝而昏厥過去？如果我持續修持下去的話，會出什麼問題呢？但我只依著這個身體做過修持。父親曾經解釋：只要我們還留在這色身當中，即使是最強烈的光明空性經驗，或多或少也會被概念心遮蔽。

即使病體的束縛導致了心的昏沉，但是我對中陰教法的探究卻變得敏銳。很清晰明顯的是，當明光經驗自顯時，大部分的人會跟它失之交臂——這也就是為何我們要修持的原因。不是為了得到這個經驗，它是從自性而來的禮物；而是為了「認出」它。透過訓練而認識心的本質，讓我們熟悉子光明，這種熟悉度可以讓我們無憂無畏地面對色身的終結。如果沒有過去對空性的瞥見，要讓一直習慣於概念思維的心忽然與空性相融，會是非常困難的。只有「認識出來」會帶來利益，而非經驗明光這件事本身。有了認識，我們便成為無死。

如果我在臨終和法性中陰這兩個階段都錯過能完全覺醒的機會，我不知道自己在投生中陰時是否會發生困難。我幾乎確定這就是師兄說他已「準備好」的意思。

過去幾週為這個中間狀態所做的準備，對我而言可以說是再充分不過了。我介於一種生活跟另一種生活之間的所有經驗：兩種心態之間、兩個地方之間、居家生活與流浪生活之間、從未單獨一人與完全獨自一人之間。這些巨大的轉變，都發生在這個身體裡。這個介於中間的心是被束縛住的，在死亡之後的投生中陰，它不再能夠以粗重身作為基礎。外在容器將會消失。留下的只有一個意生身（mental body）——由光組成的一種形態，它會慢慢地經驗到自己恢復死前的狀態。

心識在投生中陰的轉化與生有中陰相同。但教法解釋說，由色身脫離出來的心，比在身體之中經驗到的心敏銳七倍。它能看得更遠，聽到更遙遠的聲音，能不受重力或方向的限制而穿越空間。那時，我們的明晰度會是一般生命狀態下的七倍，但我們的恐懼反應也會如此。如果我對看似是怪獸的巨大噪音和浪濤做的唯一反應是驚恐地退縮，那我在這個中陰時就會被驅離出去。在此階段，身體已不再能過濾心所釋放出來的內容，我們將被帶回到輪迴當中，投生在其中一道，無明的循環將重新開始。同時，一如既往地，覺醒的可能性也將再次出現。如果我們認出自己在投生中陰，就能引導自己的下一生。業力在此的影響很大，但仍然不是定數。我們就像風中的羽毛，四處飄移，感知快速地變化。與此同時，我們在尋找自己下一生的身體，一個可以庇護安全的家。若能認識到自己所處的狀況，便可以指引選擇。

我現在癱軟地靠著荼毗塔的外牆，是什麼狀況呢？我當然知道覺知不死。確實，我所受的訓練十分扎實，讓我足以認出覺知，並安住在清明、覺知的心。我信賴自己的修持。我會沒事的。而恐懼又再度出現，滲透到每個念頭，牽引著每個圖像，預言著我的命運。我的現況已不再讓我覺得困惑不解了。我要死了，搖擺在恐懼和自信之間。母親、家人、朋友和弟子們的影像湧現在我面前，雜亂無序地像是一本破碎的相冊。菩提迦耶、納吉寺、夏日鮮花盛開的努日、我的外祖母、過世的父親和我深愛的上師們……我多麼希望他們此刻就在我身邊，指引我、安撫我。我想要抱著他們，讓自己可以哭出來，「請留在我身邊……」，但他們就如同鬼魂一樣地飄過。

死後在投生中陰就是像這樣，我想道：你徘徊在朋友家人周圍，試著跟他們講話、互動，但他們看不見你。你不知道為什麼你愛的人不回應你，因為你還不知道自己已經死了。我現在的身體是什麼狀態？病成這樣，已經讓我半條命都沒了。或許這就是他們聽不見我的原因。或許我比他們更像亡者。是誰死了？是誰還活著？……我該怎麼辦？

想起寺院的電話號碼

在猛然一個停頓之間，這樣的迷惘聚集到了一點——我突然想起自己記得尼泊爾和印度這兩座寺院的電話號碼。只要撥通一個對方付費的電話，救援計畫就可以展開。我可以請佛塔另一邊的印度廟看守人撥一通電話，現在也人人都有手機。

做出這樣的決定是多麼棒啊！一時間，所有狂亂混雜的記憶、幻覺、恐懼和渴望，都融入這麼一個考量中。要打電話，還是不打。就這麼簡單。但很快地，我又開始問自己：打這個電話意味著失敗還是接受？然而，誰將會被擊敗？又是誰會接受什麼？誰可能會死，也可能不會死呢？又一輪高速運轉，念頭快速地此起彼落，無處可去，又一次地在不確定中飄忽不定。兩個選擇天人交戰，剛剛出現的釋然又蕩然無存了。

或許我應該著眼於過去，像是那個面對金幣的年輕僧人一樣。但我的執著是正向的：教導禪修和照顧小喇嘛們。年輕僧人看到金幣，他所掙扎的是貪念和財富。這兩者之間有何差別？發願能擁有巴楚仁波切那樣的心，就必須捨棄正面和負面兩種執著。我再次回顧那個故事，思慮父親要我認識的，是否是斬斷對此生——也就是對身體的執著。

我無法決定該怎麼辦，猶豫不決開始像風暴將至那般醞釀，烏雲更加陰暗，感覺更加不祥。我不想死。但我所受的訓練是感激發生的任何情況，包含疾病和死亡。這也是我告訴那位亞裔男子的：如果你能接受所發生的一切——好的、壞的、無關痛癢的，那就是最好的修持。但我誓願要救度的一切眾生也包括我自己。如果我試圖挽救自己這條命，那是不是在逃避接受？但我現在說的是哪條命？是這個某天必定會死去的粗重色身嗎？這是「救度一切眾生」的意思嗎？可能不是，因為我們根本就不是醫療救護人員，我們希望救護肉身的生命，是為了讓眾生能認識他們自己本具的智慧，並了解無生覺知的無死真相。這是菩薩的誓言：救度眾生出離無明、迷惑，以及把外在現象當作是自己受苦之因的錯誤感知，並帶領他們認識自己的智慧。如果我繼續活下去，這是我能做的。但是根據中陰法本的解說，沒有什麼可以提供比臨終更好的機會，去究竟認識出證悟之心。那麼我怎能放棄這個機會？即使我在臨終那刻錯過了證悟的第一個機會，在法性中陰時，我還有第二次機會⋯⋯

法性（Dharmata）有時候被稱為「如是」（suchness）或「實相」（reality）。在此生當中，小我的死亡讓我們覺醒於此生的「如是」和事物的本然樣貌：無實、無常以及因緣和合。隨著執取心的死亡，我們重生於實相真理。在法性中陰的過程裡，我們在色身死亡之後進入實相。

在臨終的最後一刻，我們會經歷到究竟光明空性的體驗。如果我們沒有認識出它，就會進入法性中陰。色身已經死去，我們以意生身的形式繼續著，如同我們做夢時會有的幻身。意生身的心識帶著它的業習種子，這些種子並未融入心識，只是伴隨著它。此外，還有自己才剛經歷到的開闊空性與開闊空性之結合，即使沒有被認出，但仍會留下印記。我們剛離開自己的色身，翺翔在究竟、無形、完全的赤裸覺知的巔峰狀態——無雲的晴空。在此狀態中，我們進入法性中陰。但是這個進入也啟動了反轉的過程，我們開始從絕對的無形，再次轉化為寄居的有形。

在法性中陰中，感知到模糊的形狀和暗淡的顏色是色身開始成形的第一個徵兆。我們剛從清淨心識的狀態出來，投射和概念都還不存在。逐漸地，當自我的經驗重新形成時，我們就會朝向未來的血肉之軀邁進。如果我們此時沒有認識到而選擇自己的方向，我們將會帶著深深影響此生的相同習性，再次住於概念心。

接受一切

我父親和薩傑仁波切對死亡都如此的樂觀，達賴喇嘛尊者也曾談過期待死亡所帶來的機遇。但我太年輕了，不能就這樣死去……我還沒完成自己的教育使命，我母親還在世，我所有兄長也都還在世，我的死將會造成次序混亂。恐怕連佛陀都會承認。佛陀當年對那位催促他趕到自己臨終祖母床前的年輕人，就是如此回應的。

有個年輕人飛奔到佛陀和弟子們遊方的樹林營地。他跑來時，上氣不接下氣，滿臉憂愁地懇請佛陀跟他趕回附近的村子，因為他的一個家人要死了。佛陀擱下手邊的所有事，跟著他去了。到了村子之後，他們走進房子，屋子中央的地毯上躺著一位老婦人，身邊圍著深愛她的子孫後代。有人握著她的手；有人把濕巾放在她乾涸的嘴唇上。佛陀疑惑地看著年輕人，彷佛在問：問題是什麼啊？年輕人轉向老婦人，意思是她要死了，她的死亡就是問題所在。佛陀看著臨終的老人，解釋道：「這沒有什麼問題。」然而，這句話並不會帶給我母親任何的安慰。

到了中午，我已經快被自己的猶豫不決逼瘋了。我知道我的家人、我指導的僧尼和世界各地的朋友都會想念我，他們會想念我色身帶來的利益。然而我一生都在修持覺知和中陰，卻不知道它們這麼早就會派上用場。無論如何，我相信自己的經驗，相信父親和其他上師所說的教言：覺知是無死的，它永遠不會消亡，我永遠不會死去。隨著我的病症還在持續，我更加相信自己有能力認識出覺知。

我已經多次在夢中認識出自己的夢。即使我錯過了第一次機會——母子光明會合，我還能利用第二次機會，就是從法性中陰醒來。我曾遭遇過的障礙，尤其是在瓦拉納西所發生的，而後又經歷生病帶來的劇痛，這些種種讓我更具信心地確認，自己在臨終過程中能夠安住對覺知的認識。我已經瞥見過子光明，這將有助於我認識出母光明。赤裸的覺知對我並不陌生，我知道自己能認出它。這就意味著，我能在臨終一刻滑進那個間隙，然後證悟、成佛，再也不會非自願地以任何可辨識的形體返回，並且會比今生具備更不可估量的利他能力。解脫不是旅程的終點。無有迷惑和痛苦，我可以為了帶來更大的利益再回來。

如果我的禪修練習沒有中陰教法的輔助，最終我可能會感到困惑。但這不會發生。我對教法有信心，對於把智慧灌輸予我的上師們有信心，我對他們的虔信不會背叛我，我很肯定。如果我沒有死，我將繼續自己熱愛的這一生，傳授佛法和持續修持，並盡我所能地用這個身體去幫助有情眾生。上述兩種情況，我都毫無遺憾。但我必須突破眼前的猶豫不決。

我的喉嚨裡卡了一個鐵球，堵住我的呼吸，可以做決定的任何能力都被抑制住了。我左右來回掙扎。不能再這樣優柔寡斷了。我必須選擇一個方向。任何一個都比現在這樣好。去吧。留下。留下。

突然間，我看到自己不需要在生死之間抉擇了。相反地，我應該讓身體順其自然，無論發生任何事，我都能保持對覺知的認識。如果這是我命終之際，就讓我接受自己的死亡。如果這是我生存之時，就讓我接受自己的生命。能保護我的，就是去接受一切，我如此告訴自己，並在無著賢大師（Tokme Zangpo）這段祈願文中獲得證實：

若我得病為較佳，
祈賜得病之氣力。
若我康復為較佳，
祈賜康復之氣力。
若我死去為較佳，
祈賜死去之氣力。

28 當杯子碎裂時

我不再能看到或聽到。容器碎裂了。
我無法動彈，內在生理活動放慢到幾乎不再運作……

開始臨終中陰的修持

「衷心接受一切」很快就產生了效用。大約十到十五分鐘左右，我經驗到的不安開始減退。從頭到腳的壓力逐漸消退，我的額頭、下巴、脖子、肩膀、雙手……全都放鬆了下來。一種在竭盡全力之後的深長嘆氣所帶來的釋放感，充滿了我全身的血管。「啊——」我的心情轉變了，我仍然睜開眼睛坐著，享受一種類似暴雨過後的晴空萬里，鳥兒開始歌唱，空氣感覺很清涼。或許我根本不會死。

很快就證實，危機已經過去的猜測並不準確。決定留在拘尸那羅讓我的心安定了下來，但我的胃卻沒有。我還是繼續跑去蹲樹叢。現在看來，每一刻都在確定我的身體正一步步滑向它不可逆轉的終止。這讓我重新決定要修持臨終中陰。一天前，打從心底的擔憂曾帶出同樣的思維，但那時我還沒放棄，還輕聲細語地對自己說「一切都會沒事」。現在，所有這些保證都無處可循。我繼續倚靠著荼毗塔外牆，但我的心感覺比過去幾天還要有力，我開始做供養的修持。我沒有打瞌睡，也沒有忘記要做這些修持，或「想到」要做這些修持，而是帶著我在一天前未曾生起的決心和虔敬，一個接一個地觀修。我不是在準備死亡。也不是身在童年的寺院，躺在地板上，聽著臨終的禪修指引。我已不再關心「生」或「死」的概念——它們除了是不實存的概念之外，什麼也不是。我把自己所擁有的一切，投入此時此刻發生的一切，無有執著或反感地去面對當下這一刻的要求，視任何逆境為友。生與死，是跟當下同等距離的兩個概念。這就是現在的我、在某處的我，這個眾生只是在做這個行為，在這個身體中，做這些祈願。一點也不多，一點也不少。只是試著在每一刻的無垠宇宙中全然地存在。

心中不停地浮現圖像，但我沒有在任何一個圖像上停留。馬納斯魯山峰再次出現，在我的生命中，它不只是「一座」山，而是「我的」那座山，界定「我的」家鄉的寶藏，從「我」家的屋子就可以看得到，是「我的」村莊的驕傲。我讓它的影像停留了夠長的時間，以確定自己對它的執著，也體會對它的黏著感，認識我對它的情感依附，接著，就「只是」安住於那座山，讓自己從我對它的聯想和執著中抽離。其他的自然景觀掠過我的心，但沒有帶著我對山的那種執著：我家鄉努日村莊附近的原野開滿鮮花，位於印度喜馬偕爾邦（Himachal Pradesh）的智慧林周邊馨香的松林，還有那些紅木森林和流星雨。我大概花了二十分鐘的時間，回顧一生中令自己不可置信而睜大眼睛的經歷，以及引發我感激大千世界之美麗與神聖的多樣性的那些經驗。遍布各大洲的眾多世界奇景，為數以百萬的人們所欣賞，而對此事的了解把共有的驚嘆轉化成一個相互連結的管道。

唯一的一刻

帶著清晰的審視和深切的感受，我回顧了自己的財富，回想起我的僧服。今天我已不再把它們看得如寶貴財產般重要。我現在的財富是什麼？我的身體在衰退，我身無分文，沒有金幣。沒有任何值錢的東西。即使如此，我還是有覺醒的可能性，我還是擁有體證心識最深層和最細微面向的可能性。無論是健康還是病痛，珍貴的人身是我的寶藏，因為它永遠不會背叛覺醒的可能性。還有什麼珍寶能比知道這點更有價值？我是多麼的幸運，多麼有福報。現在唯一的供養，是我如何展現這個法寶，如何展現生活，如何展現死亡，如何活在此刻，這唯一的一刻。

如果現在沒有任何人為此作證，它的價值會有所改變嗎？我腦海中出現釋迦牟尼佛「大地為我作證」的身姿。他的左手掌向上放在大腿上，右手手指觸碰大地。「以大地為證，以大地為我的家，以此方土地為我的依靠，願我安住於法之喜樂與慈愛。以大地為證，願我成為法之喜樂與慈愛。以大地作我唯一的證人，無有任何需要取悅或和解之人，讓我的身、語、意之所行清淨，願它們淨除顛倒，無有虛榮，忠於我本具的清淨佛性。」

供養自己的身體時，並不需要像我們在訓練時那樣躺下來，模擬死亡。坐在公園，就是一種身體的供養，生病也感覺像是一種供養。我不能掌控我的生理運作，也不能掌控這個病症。在這樣的狀況下，「供養」我的身體感覺是臨終過程中必要的一部分。我已經接受生命所呈現的一切。我停止對它抓著不放，那就是供養。

在捨棄對朋友和家人的執著時，幾百張臉孔像排成一行走過看台，準備接受檢閱。家人、上師、小喇嘛、老喇嘛、家鄉和遠方的朋友們。偶爾出現一張幾十年沒見的臉：一位曾經在納吉寺陪我玩、滿臉皺紋的老阿尼，童年在努日的一位朋友，在智慧林的山間庭院獨居的一位修行隱士。看著這個長長的隊伍，我知道如果再回到開頭，去想我的家人，我的中立感可能會動搖。接著，我專注於把母親供養給諸佛，以這樣的方式將她安置在諸佛的庇佑中。她一輩子都生活在有佛法加持的氛圍中，但那不會讓我的供養修持有所不同。祈願她能得到的保護，需要基於我的感激之情。然而，一想到要與我的家人分離，還是讓我心碎地淚流滿面。

這一段修持完成時，一股巨大的感激之流在我身體中湧現。我的覺知變得很深，很安穩。我聽到狗吠，也能看到遠處的人。但我靜止不動。我生起了信心。如果我死去，也沒有關係。接著，湧出的悲心和感恩與覺知相連，我的淚水奪眶而出，我抖動著肩膀開始啜泣。

完成了幾小時的供養修持之後，我開始感覺好了一些。當我更深切地投入修持時，整個早上如受困蜂群一般的焦躁不安消失了。

各大元素消融

下午三點左右，我的心穩定地安住在一個更深的狀態。念頭的生起，猶如微風從一個開放的窗口飄過，不引起絲毫干擾。沒有需要追趕的，也沒有需要跟隨的，念頭沒有把我向下拉或往後推的重量，只是繼續著它們生滅的旅程。一種深度平靜從我的腹部擴散開來並貫穿我的四肢。感覺好像淨化的空氣慢慢清潔身體中的有毒纖維，不只在我的肺部，還在我的骨骼、血管和氣脈中。一種淨化和更新的能量從頭到腳遍布於血液循環之中。我體內的氣，與荼毗塔園區樹下的空氣逐漸變得沒有分別。

我還是靠著荼毗處的外牆坐著，但是盡量保持後背打直。我持續地靜坐不動，更深地安住下來。我開始注意到一種沉重感時，天還亮著。我感覺有東西把我從頭頂壓下，頭向前低垂。這跟前幾天的不自覺低頭不同，我沒辦法把脖子挺直起來，我的身體變得極其沉重，它的重量似乎要把我拖到地表之下。感覺像墜落和下沉。我試著抬起手臂，但它彷彿有千斤重。我想起這些徵兆是表示地大元素在消融。這個基礎正在崩塌。下方地面持續在打開。如果這就是終點的開始，那就任由它如此。任何要發生的，都讓它發生。保持覺知。下墜，下沉，像流沙一般。保持對覺知的認識。消融，感受，感覺，隨順它們的來去。

我開始覺得口很乾。我動了動舌頭，但沒有唾液。水大元素正在從我身體流失。我的身體感覺它正在被打開，在消散，就像根部被繩子拴住的一綑長草；當繩子被剪斷，全部的草就會從中心散開。我的身體正在崩解，分散，鬆開，融化，接著，我開始漂浮在水面；但我概念心的黏著還沒脫落。在我還有完整無誤的辨析能力時，我有意去複習了一次中陰地圖。我想確定自己是正確的：各大元素的消融已經開始了，這個過程也會同時消融層層的限制——只剩下光明空性帶著前所未有之明晰出現的那個間隙。

我一生已經聽過無數次關於伴隨死亡那一刻而來的光明空性，那是證悟的最佳時機。我的經驗證實了心識的消融會讓心自由，而我也相信睡眠和夢境所映照的正是色身死亡的迴響。我興奮起來，帶著渴望，迫不及待地想要展開下一個階段。

我的四肢變冷了。外面天氣很熱，因此我知道這是身體的熱度喪失所引起的。火大元素正在消融。當我身體變冷，我無法清楚辨認外形，只看到眼前有微紅的閃爍。法教說，此時心臟還會是溫暖的。我想要測試一下，確保自己是在經歷這個過程。然而，我很難把手舉起來，只能用一隻手抓起另一隻手，貼近胸前。是的！手幾乎凍僵而不能動彈，但心臟是溫暖的。我正在死去。

我的覺知越來越清晰。概念心還在，但開始消退，也不帶任何侵擾的力量。

當概念心在覺知的無垠宇宙中消滅，我更趨近充溢於覺醒那一刻的全然喜樂。我的身體病得那麼重，並親歷了劇烈的疼痛，此刻卻把它正在消散的能量釋放都轉移到我的心，就彷彿在說「衝、衝、衝」。

帶著重新獲得的信心，我持續認識出覺知。即使身體不斷地衰弱，我卻感覺活力充沛。沒有恐懼。隨著決定要留在這裡，以及用「接受」來保護自己，一切的困惑和恐懼都消失無蹤。

風大元素的消融並沒有消除的特質，反而更感覺像是被充滿。每次吸進的氣延伸到肺臟之外，將物質轉化為空氣，讓身體更輕，更有彈性。體內的空氣從肺臟的脈滲出，進入我的器官和骨骼，接著進入我的血液細胞、組織和骨髓。入息把我像氣球一樣吹得膨脹，由內擠壓著骨骼和血肉，直至我的身體向內爆裂。物質碎塊四處橫飛，消融於無限的空性。我不再能看到或聽到。容器碎裂了。

「子光明」的杯子碎裂

當風大消融於虛空，我的身體完全癱瘓了。我無法動彈，內在生理活動放慢到幾乎不再運作，但我的心識沒有改變。隨著概念心逐漸昏暗，我憶起中陰法本裡的身體消融。直到那時，我還能感覺到自己的心臟和肺臟，現在則是完全不能探測到自己的心跳，也感覺不到腹部的起伏。然而，我的心變得無比喜樂，這般喜樂持續地充滿整個宇宙。我記下了正在發生的一切。這時，禪修的清明心還是

「我」所安住的狀態，「我」認知到平和、覺知、癱瘓、各大元素的消融。

接著，甚至這個受制約心最細微的形式也開始消逝。在感官系統和元素消融之後，只有覺知本身是我的安住之處。當儲存粗、細感知的身體架構消失，心就擴展到它前所未知的無限寬廣境界。那個稱為「子光明」的杯子就碎裂了。

隨著概念心逐漸消散，不受障蔽的本然心顯現出來，且帶著漸增的鮮活。然而有一刻，在感官系統下沉和各元素散去時，我幾乎失去了意識。我幾乎昏厥過去，然後看到紅色和白色的閃爍，就像經常在入睡最後那一刻出現的光一樣。

忽然之間……「轟！」……覺知與空性合而為一，就像始終如是那般無二無別。但先前的認識卻從未像現在這麼完整。內聚的最後一塊碎片消失了。整個宇宙敞開，完全與心識融合。沒有概念心。我不再是在宇宙「之內」，而是宇宙在我之內。沒有一個和宇宙分離的我。沒有方向，沒有內外。沒有感知或無感知。沒有自我或無我。無生，無滅。內部器官和感知的活動驟然慢下來，慢到只保持最微弱的運作。我仍然知道發生了什麼，但並不是透過語言、聲音或是圖像。那種認知的類型已不再出現。覺性的明晰和光明，也就是超越概念、超越執取心，成為了「知道」的唯一媒介。

「我」不再受縛於任何可區分的身或心的感受中。我、我的心、我的皮膚、我的身體，和世界其他地方都不再分離。沒有現象有別於我而存在。經驗發生著，但不再與「我」相異。感知出現著，但沒有任何參照點。完全沒有參照點。沒有記憶。有感知，但沒有感知者。我近來經驗的那個我——生病、健康、乞丐、佛教徒，都像是陽光四射的天空中飄過的雲霧消失了。我不再主導一切，「我的」聽力和「我的」視力變為「只是」聽、「只是」看。文字最多只能指向超越概念心，但不是概念心所能知曉的某物。

這一定是發生在凌晨兩點左右。在此之前，我對於發生一切依然保留一些二元理解。接下來的五六個小時，我不再有概念心的經驗。

就像一滴水放入大海，而變得不可分別、無限無量、無法辨識，但它仍然存在。我的心融於虛空的情形也是如此。不再有所謂的「我」看到了樹，因為我已經成為了樹，我與樹是合而為一的。樹不是覺知的對境，它顯現為覺知。星辰不再是欣賞的對境，而是欣賞本身。沒有另一個「我」在熱愛著世界。世界就是愛，我完美的家，廣闊而親密。每個微塵都活生生地充滿愛、流動、靈活、無礙。我是一個活著的微塵，沒有詮釋的心，是超越概念的清明。鮮活、有力、無所不見。我的覺知沒有投射到任何事物，但一切都顯現著——就像一個空鏡子接收和映照出周圍的一切。一朵花出現在心的空鏡上，心不帶迎拒地接受它的顯現。

好像我能永遠見到，好像能看穿樹林，好像能夠成為樹林。我甚至不能說我還繼續在呼吸，或是我的心還持續在跳動。不再有單獨的任何事，沒有二元感知。沒有身，沒有心，只有心識。曾經容納虛空的空杯子已被打破，容器碎裂，「內」與「外」不復存在。透過禪修，我已經知道子光明，但從未知道母子光明的結合會如此的強烈——空性充滿著空性，慈愛和寧靜的大樂。

接下來所發生的事最為費解：我沒有「決定」要回來，然而我回來了。這不可能只因選擇就會發生，儘管我說不出是誰主導了改變。保持對覺知的認識允許它發生，但沒有使它發生。它對自主決定沒有影響，卻感覺像是對此生的一種深刻因緣的自然回應。這些因緣交織網絡的能量強度還沒走到盡頭，意味著這還不是我要死的時候。

在一種沒有語言可形容的確認之下，我了解自己傳法的使命還未完成，我還想要繼續我生命的事業。當這個祈願變得強烈，覺知的無限寬廣慢慢收回它的開闊狀態，以較為有限的形態安頓，轉而緩緩與我的身體重新連結。

我第一個感覺是一種重力感，一種再次回落到地面的感覺。接著，我感覺到自己的身體，感覺到對呼吸的需要，好似剛剛喘不過氣來那樣。我覺得有刺痛感，像是電流穿過四肢，發麻酥軟，令人感到愉悅。我還是看不到，但是能感覺到心臟在胸口跳動。我試著移動我的手，但做不到。出現在我緊閉雙眼前的一切都朦朧難辨，好似在遠處，模糊不清。隨著我的感官系統重生，即使眼睛還是閉合的，視覺卻感到更清晰。很快地，它變得驚人的清晰。空氣中帶著清冽乾爽，在這凌晨時分，我感覺自己能看到幾公里之外。雖然眼識還沒有完全恢復，但世界似乎無邊無際。

一個小時之後，我能夠活動手指了。我一一觸碰它們，張開手掌，握成拳頭。慢慢地，經過努力讓它們恢復一些靈活度。我試著一次提起一隻手，從大腿抬高幾寸舉起來，再讓它落下。我睜開了雙眼，模糊的顯相出現，可是辨識度很低，像是海螺蓋住耳朵而發出的聲音。

我慢慢清楚自己身在何處。樹林，披單鋪在身體下方，外牆在我的背後。我聽到鳥叫，我看到狗跑過。我感覺強壯、清新、輕盈。我沒有昨夜生病的記憶。我的嘴唇乾裂，口很乾澀，感覺很渴。太陽已經升起，當我環視四周，一切都還是老樣子，但都徹底轉化了。樹葉還是那麼綠，但帶有光澤、潔淨、鮮嫩。熱空氣感覺很甜美，微風拂過我的皮膚。我站起來去水泵取水……而後……這就是我在茶毗塔最後的記憶。

29 投生中陰

或許我錯失了能讓自己從輪迴解脫的兩次機會，
然後於投生中陰醒來，我身邊都是朋友，
也許這些就是在投生中陰過程裡會遇到的朋友吧……

我到底在哪裡？

一個長方形的大房間。光線看起來的感覺似乎是接近中午。在長長一排由金屬架子撐起的繩編網床上，有一個個近乎赤裸的身影，四肢癱軟，虛弱無力，低聲呻吟。其中一人伸手去拿身邊的塑膠杯子，但手臂無力地垂落一旁。我認得這個重力的力度。我在還未完全死亡者（not-quite-dead）的墓地中。

我閉上眼睛，心回到了荼毗塔。那時我也無法舉起手臂。我的嘴感覺乾裂，但無法把水拿到嘴邊。首先是地大，接著水大……熱度的消融……接著是風大……當空大融入它自身，杯子就碎裂了。接著……

如果我完全體悟了光明空性，那我就不會在這裡。但我現在是在哪裡呢？我已經度過臨終中陰了嗎？如果我的心安住在母子光明的結合，身體完成了最後的消融，便可以確定我已經成佛，並超越了生命之輪，永遠不會再非自願地以任何可辨識的身形回來。如果我沒死，那是多麼的不幸啊。但是……或許我是在法性中陰當中，在臨終與投生之間。我已經在生有中陰過程裡多次認出自己的夢，因此當然也能認識出這個夢，然後醒來，接著證悟。但我沒有經驗到父母能量的崩解。

在受孕的時候，父精母血的能量會先結合，然後分開。在死亡那一刻，這兩個能量在心間重新結合。這件事通常是發生在臨終中陰最後階段的母子光明之前。但那並沒有發生。我不知道自己在哪裡。融入證悟之身將會燒毀所有的業力種子，而我不會再進入下一個階段。明光是那麼強烈。真令人遺憾啊，我曾經快要達到恆時住於佛果明性中的境界。我可能不會有福報再遇上如此有利的條件了。我在色身死亡之前，都可以祈願擁有這個機會。我可以祈請，但我無法知道這個機會是不是會發生。現在我必須只帶著僅僅是證悟的映現而繼續下去。

如果我錯過了與母虛空（mother-space）相融的機會還仍然活著的話，那麼或許這就像我色身每晚從夢中醒來那般。昨晚我做了一個美夢，夢到自己的色身消融，只有清淨的心持續著……而現在，我虛幻的夢已經再次呈現出堅固的形體。但我並未感到厚重，我身邊沒有哪個東西看起來是堅實的。整間屋子感覺像是漂浮在一個色彩斑斕的碼頭上，各種形體在盪漾的波光中起伏。虛空和光芒並沒有與形體分離。這又是另一個美夢。

如果我真的死了，而我的心識（mind-consciousness）還跟這個色身的微細習氣相連，那麼我正是要從意識（consciousness）的頂峰狀態（peak）往下了。回轉的過程已經開始。究竟開闊的經驗再度縮回成一些波動、半透明的形狀，它們一起舞動著，然後分開，散發著光亮與愛。但我沒看到法性中陰應該出現的寂靜尊和忿怒尊。或許躺在我身旁的那個人就是一位寂靜尊，或者照顧病患的護士們就是那些本尊。我看到病房很髒，但這不是問題。本尊可以住在這裡。

我不可能已經進入了投生中陰，因為我還沒造訪自己最親近的朋友，徵詢他們的建議，也沒有在家人身邊徘徊。我已經有很長一段時間沒見過任何認識的人，並且一直不自在地生活在陌生人當中。我一輩子的生活都帶有恐懼的陰影，但現在我沒有這種感覺。中陰法本說，我們會在這個階段感到很恐懼，失去可依附的身體，使得現有的負面反應增加七倍。由於心沒有身體作為庇護，今生讓我們害怕的聲音會變得令人無法忍受；在生有中陰裡讓我們害怕的色相，會比心在身體之中能想像到的任何景象還要可怕許多。我仍舊是在兩個狀態之間，或許我是在生有中陰裡的投生中陰。這些出現在陰影中而存在的身影並不帶有敵意。他們沒有拒絕我，我不覺得自己被他們蔑視。我身邊都是朋友，也許這些就是在投生中陰過程裡會遇到的朋友吧。如果我從這個介於兩者之間的夢醒來，那麼我就可以把心導向證悟的新機會。

我沒有死

我想知道在這裡試著取水的人，是否在嘲弄我發現自己還活著的懊悔。或許他是一個聖人，躺在我的附近是為了要提醒我：永遠不要懷疑所顯露的慈愛。如果我睜開眼睛，同一個人還會在那裡嗎？如果我從血肉之軀抽離出來，而以夢之身（dream body）存在，我會認識自己嗎？我自己微細身的哪一部分可以被辨認出來呢？

我把手放在臉上檢查眼睛。當我舉起手臂，一個質感涼爽而非皮膚表面的東西拂過我的上身。透過眼睛瞇成的一條縫，我看到了一個塑膠圓筒，床邊圍繞著機器，液體順著膠管輸入我的靜脈。我的手臂和大腿插著針頭。旁邊躺著的人叫來了護士。我看到包紮著繃帶的一些老人，他們一瘸一拐、步伐蹣跚，拄著枴杖行走。旁邊的一張床上躺著一位熟睡的醫生——這可從他脖子上掛著的聽診器看出來。天花板上的吊扇在轉著。

我沒有死。我不知道這是不是個好消息。我已經非常接近與我自身佛性完全合一的境界，而再度回到這個身體，令我感到失望。當我試著把我所在的地點、我的身體和我的反應都拼湊在一起時，我注意到一些掠過的身形，它們逐漸重新組合成熟悉的色相，但仍然像是在水上滑動一般。它們看起來比較像是透明狀而非實體；比較像是由光所組成的，而不是血肉；比較像是個夢，而不是白天的影像。

死亡不是生命終點

但我無法分辨我是在每天清醒的生活中做夢，還是在我的幻身中做著夢。無論哪一種，我都不想從這個夢中醒來。我很享受這個夢。這個氛圍感覺那麼溫和，那麼親切和安全。或許我錯失了能讓自己從輪迴解脫的兩次機會，然後於投生中陰醒來，而後引導自己投生在一個悅意的友善環境，與我不願分離、不想逃避的親愛的人在一起。儘管這些人沒有像昨晚的大樹那樣表達熱忱，對我展現他們的慈愛，我還是想彎腰鞠躬，向他們問候。我的視力也和那種能讓我看穿森林的敏銳全知力不同。只有和昨晚略同的顏色和清晰度，而我仍然安住於夢境如幻的本質中。我熟悉此經驗是鑒於我已知的座下禪修狀態，但是此經驗更加生動有力，並帶著空性的一種更完整的展現。

每個色相稍縱即逝，穿過無窮的空間，並在其中活動，既無來處也無去處，沒有起源，沒有目的地，任運現前。虛空中的現象不可能離開虛空而真正存在，二元不是真實的。一切色相的生起，就如同色彩與光的奇異展現，如天空中的彩虹，既在那裡，也不在那裡，超越時間，超越方向，無生亦無終。我愛這個新的世界，這個鮮活光亮的如是狀態——現象的真實自性，沒有雲霧的實質性、亦無其特質。這就是法性中陰，實相、如是中陰。如果我還活著，那麼我就是在生有中陰的第二個階段。我進入了此階段，因為我在臨終中陰還沒有完全死去。

「試圖弄清楚自己是活著還是死了」這件事就好像是過去世的一個殘留物。因為曾經發生的一切，讓我知道死亡不是生命的終止。永遠不會有結局，只有改變和轉化。前一晚的經驗已經過去，前幾日也已經過去。無論「幾乎死去」是我想像的，或是夢到的，又或者是經驗到的，一切都已經過去，不在這裡，不在當下，跟死了沒有兩樣。在此刻，我越能認同我所感到的自在，生與死就越是以概念顯現，它們之中任何一個都不比另一個與此刻的距離更近或更遠——全都保持在無死的覺知中。

被我們稱之為死亡的，並不是終點。我對此看得比以往更加確切，而覺知在我們所稱的生和死之中繼續著。腹部起伏。死亡和重生。現在就是死亡。呼出的上一口氣是死亡。無生的覺知不會死。無生的覺知與我們的身體共存，也超越我們的身體。死亡是一個幻相，而活著也是一個幻相。死亡和臨終都只是概念，是我們的感知塑造了差異和分別。

昨晚我經歷死亡。今早，我是如幻景般的影像，躺在一個幻景般的醫院病床上。睜著眼睛，我現在就夢到這個實相。在車站時，我睜著眼睛，關閉我的心，走進了地獄。昨晚，我經歷了死後進入天堂的體驗。現在，我活著，活在地球上的天堂裡，我是這麼認為的。昨晚的夢和昨天的生命是相同的，兩者都已逝去，兩者都是幻相。誠然，正如有智慧的祖師大德們告訴我們的：人生如夢。有一些影像比其他影像更有意義，但它們並沒有更堅固的實體。多麼不可思議！色相起起落落，呼吸進進出出，整個宇宙消失又形成。昨晚已經過去，瀕死經歷已經過去，是夢或不是夢。但我愛那個夢！那個夢是天堂，母子結合的夢是天堂。是不是真實，我都可以享受它，就像看電影一樣。無論是不是真實，它都讓我們歡笑和哭泣。我曾享受過飛越西藏碧綠草原的夢境，比起岩石砸下來的夢更令我歡喜；與病體的夢相比，我更喜歡健康身體的夢；比起現在困在這個病床上，我更喜歡開敞大路的夢。生命中的一切都是光和色相的奇妙展現，也是無限祝福的宇宙，而它邀請我們由內向外展開我們的心，去完整地愛，就是去愛，直到夢的不滅盡頭。

我為什麼回來了？那個把我重新導向這一生的感覺是什麼？

我想，以此色身傳法的使命還沒有完成。我要利益一切眾生的誓言，透過微妙的方式，逐漸把我從離去的邊緣扭轉回來。我慢慢恢復了感知系統的功能，而禁錮我四肢和器官的麻痺也開始鬆開它的掌控。

對此究竟光明空性強烈和持續的體驗，廣闊且無礙，開啟了無量慈愛的自性泉源。在那一刻，被過去業力帶回來的意向，融合了當下一刻的願望：回去，並以此身體盡力利益他人。帶著一個無言語、無概念的認知，我看到自己被帶回來，繼續此生的事業。也有一點認識到，這個被稱為「明就仁波切」的生命，不僅想要參與這個世界，也想要懷著悲心和慈愛來完成自己教學的使命。隨著這個願望越來越強烈，我的意識心慢慢地重新連結上了我的身體。

在天堂醒來

我還是不知道自己怎麼來到這裡，在這個轉瞬即逝、夢的狀態，和這個如幻的房間裡。我曾經在荼毗處附近，曾經安住於甚深的禪定狀態好幾個小時，比我過去所知的都還要深入。對這個身體的覺知已經慢慢恢復。禪修的力度讓我感覺完全地修復並恢復了元氣。我對整夜的病狀一點記憶都沒有。印象中，那時我口中、舌頭和嘴唇都感到極度乾渴。因為感到口渴，我幻想著水。心繫著口渴，於是我的身體逕自走向水泵。已經五天完全沒有進食，我對自己體力的推測只是一廂情願。我的雙腿顫抖，接著便彎倒了下去。當我的心想要喝水時，對覺知的持續覺察便終止了。因為那個終止，我記不得暈倒或其後發生的事。

我還活著。我想知道到底發生了什麼事，我在想，醫生會不會知道我是怎麼來到這裡的。

昨晚夢境的影像慢慢地流過。沒有什麼在快速移動。我感覺極其放鬆，而且相當滿足於自己無需費力，就能認識這些影像。然而，我還是很好奇。我進入那些心的狀態，對禪修者而言並不是獨特的經驗，也不僅限於精神的追尋者才會遇到。我們談的是認出本源的心，空掉概念和二元的心，它是超越時間、重力或方向的心。這一個「心」，同樣的心，只是以不同的方式來敘述。與生俱來的這個心，並不局限於任何群體或傳統。儘管言語無法描述，但還是需要藉助它們。如果沒有我的傳承，我將無法透過語言去分享任何經驗，語言讓這些經驗有脈絡可循，沒有脈絡，僅憑經驗往往是不會帶來成果的。

在醫院醒來後，我想要弄清楚到底發生什麼事的同時，我沉思著關於「母子光明」的語言。如此甜美的一個形象，那麼的柔和，充滿了愛。杯子打破了它的界限而和它母親聚合。我學過這個名相，我對母子光明的了解已經足以讓我相信它的含義，但從未在它發自內在的溫暖之中感到如此喜樂。「母子重逢」，我也感受到那其中有著孩童般無可言喻的快樂。再一次地，我不需要試圖表達出來，因為這裡我一個人也不認識。現在我睜著眼睛，知道自己在醫院，我還是認為自己在天堂，旁邊還是那個在伸手取水的人，直到護士走過來，將杯子拿到他的嘴邊。我在天堂醒來，那麼沒有死掉就不是一種不幸。

我斷斷續續地睡著，帶著知道的覺知，帶著記憶和反思。我感覺自己再度醒來，但還沒準備好要開口說話。如果護士靠我太近，我就閉上眼睛。這裡看起來像是一個休息的好地方，有舒適的花園，但同時有什麼東西開始督促我應該繼續我的旅程。如果我是在投生中陰，而能夠引導這部分的夢，我會好奇自己要去哪裡，會成為什麼。我會尋找能持續修持的那一道——人道。我會尋找想在世間行善，並且尊重佛法的父母。他們慈愛善良，會鼓勵和引導我的修持道路。事實上，我會尋找一個像我今生的家庭。在這樣的白日夢中，我抬眼看到一個熟悉的身影——我在涅槃大塔見過的那個亞裔男子，他從病房門口走了進來。我閉上了眼睛。

這肯定是場夢

我感覺到他站在我的床邊。當我睜開眼睛向上看，他開始解釋，那天他在離開拘尸那羅前，來到涅槃大塔繞塔道別。他看到我躺在地上，看起來像是死了。雖然我沒有穿僧服，但他認出了我，於是把我送到了距離大塔八公里外的卡西亞（Kasia）政府醫院。他以直截了當的口吻跟我報告這件事。沒有戲劇化的渲染，也沒有要求得到回應。他告訴我，在翻看我的背包之後，他發現我身無分文。於是他替我支付了醫療費用，其中包括兩天的住院和醫藥費。他解釋，他把一些錢和他的名片一起放進我的背包裡，假使以後我還需要錢，他可以從世界任何地方匯給我。他祝我早日康復，接著便離開了醫院，繼續他的旅程。

這肯定是場夢。

一位護士送來了加糖的果汁和奶茶，另一位護士則是來檢查點滴的袋子。我眼中這個窗戶骯髒、牆壁油漆剝落的雜亂病房，也有著它自己獨特的完美。我回憶起和亞裔男子的對話。我明白是他救了我，然而，他的善心並沒有顯得與眾不同。沒有什麼是特別的，即使剛剛發生了一些不尋常的事情。我後來的經歷證明，他的善心是我在閉關遊歷過程中得到幫助的眾多實例之一。

在涅槃園和亞裔男子的對話發生在很久之前，恍若隔世。那時我還穿著僧服，很容易就變回了上師的角色。從那之後，我便有了新的眼睛和新的耳朵。我活在一個新世界。我不可能真正依賴別人的幫助，但我看到自己以某種方式，被這個新的世界眷顧著。

那位熟睡的醫生醒了過來，走到我的床邊。他沒有剃鬍子，看起來疲憊不堪、衣著邋遢。他在我的腹部戳了幾下，問了一些問題。我們混合著印度語和英文溝通。我告訴他，我的感覺很好，事實上，我感覺棒極了，並詢問我什麼時候可以出院。他解釋，我被送到醫院的時候嚴重脫水，幾乎快死了。除了幾公升的葡萄糖水之外，他還替我注射了高劑量的抗生素，以清理我受到的病菌感染。他交代我要吃清淡的食物，每次只能少量進食，再過兩個晚上，他便可以讓我出院。接下來的一整天，我的睡眠斷斷續續，一直吊著點滴。那一整晚，我深沉無夢地睡了一覺。

隔天早上，護士拔掉了我的輸液針頭，關了儀器，幫助我坐起來，然後站起來。我的腿不再顫抖了，她讓我在走廊上走動。穿著輕薄的棉袍，我緩慢地穿過走廊，來到了出口。從那裡望出去，我可以看到一個庭院和大門。我看到大門外一條寬闊的大馬路，汽車、卡車、拖曳機和動物在路上穿梭著，震天響的喇叭聲、吆喝聲，收音機的音樂聲從敞開的窗戶飄出來。這些聲音並不討人喜歡，不美妙，也不吸引人。但是沒有問題。

醫院大門口排著長長的等候人龍，大多數是赤腳的老人。我希望他們能進來，因為這是他們想要的。他們衣衫襤褸、頭髮沒洗、身形削瘦，看起來就像是瓦拉納西車站的乞丐，但現在我不認為自己和他們有什麼差別，和我家中的男女老幼也沒有差別——我們所有人都同在這個夢的世界裡，尋找著快樂，尋找我們自己覺醒的方式。

死亡就是重生

在我生病之前，不熟悉的一切都會令我感到有點緊張。我覺得自己跟火車上的人、旅店的主人、餐廳的服務生是不一樣的。每次的相遇，我都有種像是撞到牆的感覺，到了一個讓我停下、又把我推回去的地方。現在，我迫不及待地想要走出這個大門，走進那個吵雜髒亂的街道，漫步穿梭在這個轉瞬即逝世界中的大街小巷、山林和溪谷。我迫不及待想要去更多地幫助短暫的夢中人，因為他們不知道自己在夢中而受苦，也不知道解脫就是能認識出夢就只是個夢。我很確實地看到光明的空性就存在於我們每個人的內在。當我們說話、走路和思考時，無論我們的身體是健康還是生病，無論我們是富有還是貧窮，我們就在那個狀態中。但我們沒有認出自己擁有的珍貴寶藏。事實上，我們一直在死亡，但是我們的心不讓我們知道這一點。如果我們不讓自己死去，我們就不能重生。我學習到死亡就是重生。死亡就是生命。

在走廊上，我遇到一個從尼泊爾來的男子。他很開心能跟我用家鄉話聊天。我們聊到了各自的村莊，他拄著枴杖，我們都穿著破洞的白色病人服，衣不蔽體。他問我為什麼在這裡，我告訴他：「我來禪修，後來腸胃出了問題。」當我回到病床，護士送來用奶粉沖泡的飲料。雖然味道不是太好，但我還是開心地喝了下去。整個上午，我的心都保持在非常清新和明晰的狀態中。

當我還是個孩子時，曾經向父親和薩傑仁波切問起自己一直聽到的「證悟」（enlightenment）這個詞的相關問題。我聽過父親許多的開示，那些足以讓我想像「證悟」是一種與我們現在生活相去甚遠的非凡狀態。因此，我的很多問題都是和物理位置有關。「如果我證悟了，我將會在哪裡？」

父親解釋：「你所待的地方，你所居住的地點，你所看到的，所聽到的，將不再那麼重要。」

我固執地問道，我是否可以留在納吉寺這裡。「一旦你認識到自己真實佛心的內在智慧，」父親告訴我：「一旦你跟宇宙合一，你將無處不在，也無處可尋。現在，你用的是概念心，並試圖超越概念心。這是不可能的。你帶著一副黃色眼鏡，卻試圖要看到白色。證悟是沒有時間、地點、方向、顏色、形狀的實相。用那種方式是無法了知的，不要心急。」

但我很心急。對他給的答案感到沮喪，我解釋道：「如果我認識到自心和佛心無別，我就變得跟所有一切合一，然後我什麼都做不了。」

「不是的，」父親說道：「當你跟一切合一，你就能做任何事。你具有無量慈愛和悲心的能力，並且能以利他的各種方式來展現。不要忘了，你的人身，就如同此時此刻的你一樣，人身是證悟的一種映現，映現著空性的色相之身。」

這部分是我始終都難以置信的。即使像父親那樣無數次反覆說我們每個人都是佛，我還是不太能理解「我們每個人」實際上就包含了我。父親現在會告訴我什麼呢？我可以遍一切處，但就是不在他身邊——除了透過那些我永遠與他同在的方式。

有位護士送來一杯印度甜奶茶。另一位醫生來到我的床邊，他也摸了摸我的腹部，並且問了很多問題。他說我恢復得很好，血壓已恢復正常。我告訴他，我想離開醫院了。他說明我被送來的時候，已經半死不活，而且我的朋友已付了兩天的住院費用，所以建議我最好可以完成療程。我不太想這樣做，而是好奇地想要到外面去，繼續我的旅程並找到自己的路。我告訴醫生：「我覺得自己很強健，可以不用住院了。」他表示可以為我寫一張出院證明，但條件是我必須保證下週回來複診。我沒有說「好」，也沒有說「不」。但再也沒有回去過。

死去，是為了成為什麼

當我離開菩提迦耶時，就沒有備用計畫。這一點，在我發現計程車沒出現的那幾分鐘就顯而易見。我不知道該怎麼辦，並曾質疑自己沒有安排其他選擇的判斷。現在，我拿起背包，告別護士，我比以前更加感到沒有做計畫的必要。沒有A計畫，沒有B計畫，沒有旅行指南。幾週之後，我把亞裔男子的名片也弄丟了。

病癒了。我幾乎死去，而它讓我自由了。自由地做什麼呢？再死一次，而後再一次，自由地生活，不再恐懼死亡。不再有生活的恐懼。自由地在每一天死去。

不再帶著難堪生活。我不再依賴環境、外殼、保護罩、侍者和僧袍。我會接受無常，死亡以及生命的無常。

我覺得自己像一個被賦予神奇力量的動畫電影角色，充滿了接受、開闊的覺知、慈悲和空性。這些都是在未來日子和歲月裡滋養我的資源、居所和食物。我的心帶著從未經驗過的愛逐漸擴展。從生命核心所湧現的無限感恩，散發到我所認識的每個人身上，包括養育和栽培過我的家人和上師、朋友們、那位亞裔男子、那些醫生和護士、從背後支撐過我的荼毗處圍牆，還有為我提供庇蔭的樹林。每一片雲朵、每一個煩惱、恐懼和恐慌發作，我對於它們在自己追尋領悟的過程中所扮演的角色心懷感恩，我特別感激為我身體帶來加持的感染病症。於您，我所摯愛的「無盡慈悲之病痛上師」，我向您獻上十萬次大禮拜，您引領我達到勝義諦，為我釐清自己的領會、開啟無邊的慈愛，為此我萬分感恩，直到永遠。

我可以自由地嬉戲在海浪中，在處於中間的位置——不知道夜宿何處、下一餐吃什麼、將要去哪裡。不確定性不再迫使我急於向安全的地方靠近，相反地，我希望一頭向前衝進未知的世界，擁抱它的神秘和哀傷，帶著慈愛走進慈愛，被愛歡迎，帶著無比的輕鬆在我的新家裡生活。自從我擁抱這個不確定性之後，馬路邊看起來也跟我在寺院的房間一樣舒適和安全。搶救我身體的是那位亞裔男子，但回到這個生命的決定，賦予了我前所未有的自信，而我發誓要運用它，盡可能充實和喜樂地活在每一刻。我學習到：一旦允許變化的自然流動，對自己和一切生命的無條件慈愛便會生起，隨之而能接納新想法、新思維和新的邀請。不阻擋出現在面前的一切，我們的慈愛和悲心就不會有界限。

全世界都打開了大門，呼喚我進入。我沿著走廊，穿過躺著一排排過客般病人的如幻病房，走過那輕聲的呻吟、剝落的油漆、溫柔的護士。這個空的身體穿過另一扇夢的大門——醫院的入口，我繼續這一場夢的旅程，去幫助他人覺醒，並了解認識出「夢就只是個夢」會帶來解脫。我們所有人都一起在夢想著自己要成為什麼。死去，才能成為。不斷、不斷地成為。總是在成為著。

後記

於佛法中與你們同在

這次我回到拘尸那羅是來道別的，
我已明瞭，生活在古印度的佛陀至今仍活著，
是因為世界上有無數的人追隨著佛陀的足跡……

向拘尸那羅道別

當我從醫院離開時，感到很想再回去拘尸那羅。那裡曾發生過重要的事，我希望能親自去表達感激。光明的心從來不死，在此同時，經驗——任何的經驗，無論帶來多少轉化，也不過是另一片飄過的浮雲。這片特別的雲幫助我認識到它的生起處——無生虛空（unborn space），但我仍然需要放下它。我拿出亞裔男子放進我背包裡的錢，叫了一輛人力車，離開了喧鬧的卡西亞鎮。我沉浸在巨大的喜悅之中，其中也有些傷感，因為我此行到拘尸那羅，是去道別的。

我穿過涅槃園的大門。天氣酷熱似火，除了門衛，裡面一個人也沒有。我走

進供奉佛陀入滅像的建築物裡。將近三星期前我來過這裡，這是第二次造訪。再一次地，我向佛陀行大禮拜，然後跪坐。過去，我一直穿著和佛陀一樣的僧服，覺得自己代表佛陀，如此而獻上虔敬，祈願依循佛陀的教法而了悟他的覺醒之心。我已明瞭，生活在古印度的佛陀至今仍活著，是因為世界上有無數的人追隨著佛陀的足跡。

現在我穿著橘黃袍子。除此之外，一切看起來都與我上次參訪時差不多：一位小小的尋覓者，向一位不朽的宗教偉人頂禮，口中還念著與上次一樣的祈願文。然而一切都不一樣了。佛不是「死的」，而我也沒有「活著」。我了解「生」與「死」這些語詞的標準用法，然而，它們都不具意義。我與佛之間的相續和連結超越了時間，超越了二元分別。佛並沒有「逝去」，我也不在「現在」。我們就在這裡，佛與我，在我們所有人的真正的家裡——無死實相之中。「死亡乃超越死亡」（death-beyond-death）的這個實相，沒有開始，也沒有結束。正是如此的死亡，讓我們這個無常身體所擁有的有限時間得以豐盈，並讓我們與自己和他人能夠親近地彼此相處。覺得自己與自己、與周遭世界分離，是執取心騙人的敘述。但我們可以學習放下那些讓我們渴望能在身體和世界中享有安逸的錯誤希求。我們可以超越自己的不滿足，我們可以用慈愛代替渴求。我才開始發現：當你熱愛這個世界，世界也會以愛作為回饋。

我在園區繞行了幾圈。然後停在我曾經頂著炎熱和暴雨靜坐禪修的樹林前。接著我走到了荼毗塔。沿著圍牆和溪流之間的小道，一直走到印度廟附近那個我曾待過的地方。佛陀以那碩大、暗褐色土堆的形式在此處的顯現，又一次以清新的方式鮮活起來。這座舍利塔不再只是紀念佛陀身舍利的地方，而是映照出佛陀與我合而為一。我們既非無法區分，亦非各自分離。非一，非二。超越此二者。我在此頂禮，接著禪坐。過了一會兒，我凝視著舍利塔，彷彿若我父親此刻與我同在，我也會凝視他那樣，然後想到：「啊……現在我知道你們之前所講的是什麼了。」

但他們是怎麼知道的？釋迦牟尼佛在他的人生中曾一次又一次地放下，從王子到森林中的瑜伽士，再到導師和證悟的領航者；深居叢林雖讓他瘦骨嶙峋，但他卻從未遇到色身瀕死的情況。乃至我的父親，和眾多智慧遠遠在我之上的證悟的大師們，也都沒有這種經歷。儘管相較以往，我已有更多的領會，然而我在此處所學到的事情之一，就是：我還有多少需要去進一步地行持。

心的躍進

我瀕死的身體讓我的心向前一躍，就像飛越了一條原本較費時且路徑較為間接的跑道。如此而賦予清淨的覺知得以現前，以及認出無二空性的潛力，而每個人也都一樣有此可能。但修持是了悟的前導，為了真實證得無上的智慧，我還必須保持同樣一個修心的承諾。因為修持，使得我父親和薩傑仁波切這類大師在死亡前先死過，在健康的身體裡認識出母子光明，也在生有中陰過程裡住於真如中陰（the bardo of suchness，又稱法性中陰）的幻身。他們的智慧來自於獨自修持，且絲毫不受制於任何特定的活動。我們越能培植證悟的種子，我們的覺知田地就越肥沃，更深層的智慧也因而得以茁壯。但是，若執著於任何特別的覺受，就會落入陷阱，「尤其」是那些跟心靈覺醒相關的覺受。

死亡和重生是隨時都在進行的，而難以接受這點的最大問題就在於我們對無常的抗拒，以及試圖讓本質會改變的事物保持原樣的徒勞無功。我們經常表示自己想要放下類似嫉妒、憤怒或傲慢的煩惱情緒，或是想要超越自己的虛榮或懶惰。當我們想要做出改變時，我們的心就會經常跳到這些顯而易見的例子上；然而在重複了數十年之後，這些業習看似不可改變、無法戰勝，我們也對放下它們需進行的修持缺乏信心。然而好消息是：放下的本身就是經歷改變、死亡和重生的方式；而若想確認此事，我們並不需要從自己最頑固和最麻煩的習性開始，而是可以用一般完全不認為是問題的日常活動來做實驗。

在一般覺知的二元感知當中，我們可以認識到：在每晚入睡時，我們就是在當天死去，而這便允許我們在隔天重生。在平常經驗中，每一刻都在前一刻死亡時才會出現。每一次新的呼吸都跟隨著前一次呼吸的死亡。在兩個呼吸、念頭、日子和事件之間，在一切的中間，都有空隙；而每個空隙都帶來透過雲層而瞥見清淨空性的可能性。重點是我們在此刻，在平常的神經質模式、不滿和苦惱中，便可以認識到死亡和重生持續發生的這個中陰原理。關於「我們是誰」的見地，能透過覺知而轉化——這就改變了一切。一旦接受了自己身心基本的暫時性本質

（transitory nature），我們就能開展信心以瓦解自己最根深蒂固的模式。剝除自我的外層就是一種死亡的形式，而要讓這個過程更加可行，需要我們對「於此生重生」所帶來的利益開展出信心。

每當我們能認識到自己日常生活中的微型死亡，我們對色身終了的大死就變得更加熟悉。我們可以運用每次的放下——無論經驗大小——讓自己對於身體最後的消融過程更加安然，這樣做就能減少我們對未來死亡的恐懼，因而能轉化我們當下的生活方式。

當我在孩童時期聽到關於佛陀的生平故事，就像在聽類似公主和惡龍的虛構故事。但當我開始禪修，我發現這些故事不只是靈性小說，而是有可能含藏著真理的核心。在我第一次三年閉關結束時，我開始思考真實證得佛陀教法的可能性，這也激勵我要為覺醒付出努力。後來，又過了二十年的禪修和探尋自心，我斷定自己已經知道佛陀所要表述的內涵。然而當我身處荼毗塔時，才發現自己錯把月亮的象徵當成直接的認出。

認識月亮

在我的傳承裡，月亮用來代表我們的明、空本質，就此談到認識月亮的三個階段。如同其他次第、階段、分類，這裡也沒有明確的界線，而每個階段也有很多分級變化。然而這些介紹仍然會幫助我們了解這個過程。認識月亮的階段，只有在我們自己熟悉覺知的不同面向之後才會開始。我們要透過奢摩他（或稱寂止）的禪修，讓心穩定下來；然後修持藏式的毗婆舍那，也就是勝觀，以深究事物無常、相依緣起、多數——即非單一的本質。接著，再用勝觀來深究覺知的自性。在此，我們所趨近的是覺知和空性的無別。我們認識到空性的特質並不是空無一物，而是能被經驗為明燦的明晰，光明且無死。透過這個過程，我們創造條件，讓心直接認識到月亮。我們把自己準備好，以便能夠超越相對真理而更完整地去探索清淨的覺知，超越恆常與無常，超越獨立自主與相依緣起，超越單一與多數；超越生與死。我們透過禪修經驗、理論學習和邏輯分析而對實相進行了探究。當我們觸及到了清淨的覺知，就標示著「解脫道」（the path of liberation）的開端。我們盡己所能地確定了世俗理解的局限，並發起了想要出離此迷惑世界而讓自己從輪迴解脫的真誠心願。但到目前為止，我們還未直接認出月亮——無飾、赤裸、空無概念、無有執取的狀態。

在覺悟的旅途中，我們曾聽到他人對「月亮」的描述，也讀過相關的書籍，並對它產生了一些想法。我們樂於閱讀一些看到它會感覺怎樣的故事。後來有一天，我們遇到書中的一幅畫。它跟我們聽過的描述相符，但它是一個二維的圖片——黃色、圓形、不透光的形狀。我們好高興最終見到月亮了！至少我們知道大師們談的是什麼。這是我們見到自心本質的第一個經驗。相較於腦子裡純粹的圖像，我們至少見到了月亮。

後來的某個夜晚，我們看到了湖上月亮的倒影。這個圖像看起來比書頁上扁平、呆板的畫更生動、透亮。我們本能地認為過去自己看到的很有限，而這個倒影才是真的。第一和第二個階段的差別相當大——可說是天壤之別。湖面的光澤特質更顯出書中圖畫所不能相比的生動感。因為這兩個圖像的相似度夠高，所以我們從書中學習得越多，就越有能力認識出倒映在湖面上的月亮。我們的心還沒有完全脫離習性模式，因此我們的感知仍然帶著些許過去的影響；因此，「我」感知到「那邊」某個事物的二元經驗，便把心和倒影（心的映照）分開了。但不管怎樣，我們還是對經驗到月亮興奮不已。

在第三個階段，我們仰望天空，認識出「真正」的月亮：直接、赤裸、明亮。我們可以單純欣賞書中和湖面月亮的樣子，但它們並非直接、未受介入的經驗。我們帶著覺知的清淨感知，認識到天空的月亮：感知和月亮完全合一——覺空雙運。心脫離了概念的濾鏡，我們的感知便不再有感知者。我們感知到映現，但因為是覺知本身感知到這個映現的，所以沒有任何標籤、指稱或成見。在第三個階段，沒有了禪修者，也沒有什麼要去禪修的。我們不再「經驗」光明的空性。我們成為了光明的空性。

我們的心現在就像完美的鏡子，沒有絲毫遮蔽。我們既不邀請，也不拒絕出現的任何影像。我們看到所有無量的鏡中反射，我們接受它們的特質和特徵，同時知道它們不是真的。它們僅僅反映出我們無遮、明燦的明性，像暫時、無常和無實質的雲層飄移到我們的感知界中。一旦認識到自己的本質為虛空，我們就自由了，並不需要讓雲層都散去。

在解脫道上前行

這輪月亮還在逐漸變得完整的不同階段中。當我們繼續在解脫道上前行，月亮就會更完整、更清明，對清淨覺知無二的經驗也會變得更常發生。這就是我們所稱的證悟，完全體證了實相的究竟本質。開闊心認識到一切色相都從無生的虛空生起，而究竟上，它們都是無始無終的雲層。

直接見到月亮的初次經驗或許很短暫，就像我自己所經歷的。我那時大概十歲，我父親已經為我引介了禪修的覺知。這對我來說似乎很容易，於是我懇求父親教導我清淨的覺知，因為我已經從旁聽過他跟尼眾們對此的討論。他試著對我解釋覺知的這個面向，但是我對他所講的沒有概念。

有一天，我去父親在納吉寺的小屋與他共進午餐。他坐在墊高的禪修箱上，面對著可以眺望整個河谷的大窗戶。我爬上去跟他坐在一起，背對窗戶，看著他。一開始，我們隨意聊著，接著我們都安靜了下來。那天午餐送來的時間比往常還晚。在我們坐等午餐的空檔，我決定炫耀我的禪修技巧，好讓父親留下深刻印象。我挺直了後背坐著，僵硬得像一根標尺，將手肘微微向外撐開，頭微向前傾，然後放低視線。我試著模仿我認為的清淨覺知的狀態，然後等著他的誇讚。

我父親以他慣有的放鬆方式坐著，一陣子都沒說一句話。接著，他溫和地問道：「阿米，你在做什麼？」

「我在禪修。」我答道，很滿意他注意到了。

他問道：「你在禪修什麼？」

我回答：「我把心安住在清淨覺知的本然狀態。」

父親說道：「阿米，並沒有要禪修的東西。禪修是假的，見地是假的，理論是假的。它們沒有一個是真的。」

我徹底驚呆了。我心裡所有的一切頓時蒸發掉了，我的感官無處落腳，失去了方向。沒有內，沒有外。只有清澈的明覺。我無法用任何語言形容這個經驗，也無法對自己解釋發生了什麼。

我父親繼續看著我，但一語不發。接著我們靜默地一起坐在一種沒有禪修的禪修中。當食物送來，我們一起享用了午餐。一切都感覺很平常，但食物吃起來卻感覺是前所未有的美味。

從那天開始，我知道自己第一次認識到了心的本質。我瞥見了它一眼。那之後，我的禪修覺受起起伏伏，然後我持續被恐慌折磨。但無論出現的雲層多麼黑暗，這個經驗已經在我內心深處留下了新燃起的信心。在那之前，儘管有恐慌症的出現，我都覺得生活美好而倍感幸福。如今，我的生命有了一種意義，而那竟然是我過去不知道自己缺少的。突然間，我有了活著的目的。就子光明而言，這是杯子上的一個小缺口，初次而隱約地見到畫中的月亮。我在智識上仍會繼續抱持著很多關於「月亮」的想法，但我渴望要更加深入。

我在荼毗塔的經歷，讓我看到了自己中陰修持的很多面向，比如元素消融（elements dissolving）和母子光明相結合，這些也大都還停留在智識層面，更像是童話故事，而非佛法教導。在父親指引我的第一次經驗之後，我隨後對空性有幾次的瞥見，也在很多長時的閉關時段中，經驗到太陽和雲層的同在——也就是穩定覺知和清淨覺知的共存狀態，但現在感覺起來，所有這些都更像是湖面月亮的倒影，而非甚深的直接經驗。我從不認為過去這些感知是對覺醒心的究竟、徹底了悟，但我當時以為它們已經算是相當接近了。後來才發現，它們跟「直接認出」相較之下可說是黯然失色。我已經對真正的月亮有些許了知。我知道子光明之杯（child-cup）有裂縫的樣子，但它還沒有真的碎掉。

堅定不移的決心與修持

我走到拘尸那羅的幹道上，等著坐車去葛拉普。這裡沒有售票處，也沒有明確的車站。你只需要站在路邊，看到巴士開過來，揮手示意停車。我在葛拉普車站旅社過了一夜，第二天搭火車去了旁遮普邦（state of Punjab）北部附近的昌迪加爾（Chandigarh）。從那兒我一路北上到了拉達克（Ladakh），這是一處位於印度境內的藏傳佛教地區，也是我後來四年半接續遊方路線的起始點。我夏天向北，待在喜馬拉雅山的岩洞；冬天向南，待在印度的平原。我從未在一個地方停留超過四五個月。我希望不斷有著改變和無常，一次又一次地死去。

到現在為止，我的生命一直都有著「想要找到答案」的成分。我曾經渴望得到一種完整性，卻總是得不到。這個感覺常常太微細，以至於我幾乎認不出來。

但是在荼毗塔所經歷的覺空雙運，為我帶來一種再也沒有消失的圓滿感。後來幾年，我並未持續處於不受干擾的喜樂狀態中。我會感到飢餓和寒冷，也對野生動物（尤其是老虎和豹）有所恐懼。偶爾，胃腸的毛病也會復發。然而，自此之後，我再也沒有感受到過去的那種渴求或孤獨，或是難堪和社交上的尷尬。在我離開寺院去閉關之前，我的生活經常是知足和喜樂的；但它們多少都仰賴於外在情境，而我曾經所處的情境也都非常和諧，因此對我的平穩心態只有極少的挑戰作用。現在，我有了不同程度的穩定度。我的決心變得堅定不移。我的幸福感延伸到情境所限之外——它們是好、是壞，都無差別。

在我留給弟子的信中，我鼓勵他們修持。從已經發生的經歷來看，我不知道自己的建議是否足夠充分。現在我會說些不同的內容嗎？我原本建議他們「停下來，去留意我們已經擁有的一切」。我猜現在的我或許會強調：要留意我們每天如何死去，並從中獲益。但老實說，基本的訊息還是相同的。這是因為我完全相信：若能天天都認識到這些智慧的種子，我們每個人都終將達到對無死覺知的了悟，因為它就是我們的本然狀態。

離開之時，我希望能提供一個小小的建議，讓你們謹記在心。你們過去或許已經聽我說過，但這是整個道路的關鍵，所以值得反覆重申，那就是：所有我們一生中在尋找的——一切的快樂、滿足和內心的寧靜，就在當下這一刻。我們自己的覺知，本身的自性就是清淨且良善的。唯一的問題在於，我們過度捲入生活的起起伏伏，而沒有花時間停下來，留意到我們已經擁有的一切。

別忘記要在生活中創造空間，以便能認識到根本自性的富足，看到自身的清淨，而讓這份慈愛、悲心和智慧的本具特質自然展現。像照顧一株小幼苗那般地滋養這份認識。讓它成長、茁壯。

你們之中很多人都慷慨地問我要如何護持我的閉關。我的回答很簡單：將這個法教當成你修持的核心。無論你在哪裡、在做什麼，不時停下來，放鬆你的心。你不一定要改變自己經驗的任何層面。你可以讓念頭和感受自由來去，讓你的感官開放。跟你的經驗做朋友，然後看看能否留意到一直與你同在的開闊覺知。你曾經想要的一切就在覺知的當下這一刻。

諸位將一直在我心中和我的祈願中。

於佛法中與你們同在，

詠給．明就仁波切

致謝

2011年六月，明就仁波切離開了他在印度的寺院，開始了遊方閉關。當他2015年秋天圓滿閉關回來之後，就表示他有興趣分享這段與變化和無常相關的經歷，以及它們將如何幫助一般讀者面對自己的恐懼和死亡。在仁波切徵詢我的協助後，本書便在2016至2018年間我對仁波切陸續多次的訪談而誕生。

為了延伸我對本書主題相關傳統教法的理解，我參閱了弗朗西斯卡·弗列曼托（Francesca Fremantle）所著的《光明空性：西藏生死書導讀》（*Luminous Emptiness: A Guide to the Tibetan Book of the Dead*）以及安德烈·荷切克（Andrew Holecek）所著的《準備死亡：西藏佛教的實修建議和心靈智慧》（*Preparing to Die: Practical Advice and Spiritual Wisdom from the Tibetan Buddhist Tradition*）這兩本

書。我很感恩這些書籍所提供的智慧，以及我從兩位作者那裡得到的鼓勵。除此以外，我還要特別感謝安德烈・荷切克對本書細節的關注。

在著書初期，得到很多人的關照，在此要感謝《三輪》（*Tricycle*）雜誌總編詹姆斯・沙亨（James Shaheen）、藍鳥出版社（Bluebird Publications）的嘉璐・童金森（Carole Tonkinson）、阿尼佩瑪・丘卓（Pema Chödrön）、多米妮・堪普東納（Dominie Cappadonna）、葛蘭娜・翁斯特（Glenna Olmsted）。此外，也要感謝明就仁波切德噶社群諸多成員的幫助。尤其是寇特蘭・達爾（Cortland Dahl）和蒂姆・翁斯特（Tim Olmsted），感謝他們堅定的支持並協助釐清仁波切的法教。

感謝經紀人艾瑪・斯維尼（Emma Sweeney），她在著書初期就給予鼓勵，並將此書的出版交託予斯彼葛及格勞出版社（Spiegel & Grau）。

謝謝辛蒂・斯彼葛（Cindy Spiegel）和她的團隊。辛蒂對仁波切經歷的尊重、好奇，以及她對素材的敏感度，讓她成為此書付梓歷程中激勵人心的一位支持者。

海倫・特寇福（Helen Tworkov）
布雷頓海角，新斯科舍（Cape Breton, Nova Scotia）
2018.8

詞彙表

（梵）＝梵文；（藏）＝藏文

Absolute reality 勝義諦、究竟實相：另一個交替使用的英文為 ultimate reality。一切事物的真實自性，通常等同空性。

Awareness 覺知、覺性：心本具、恆在、無概念的了知特性。覺知只有一個，我們卻以三種不同的方式經驗它：見「一般的覺知」（normal awareness）、「禪修的覺知」（meditative awareness）、「清淨的覺知」（pure awareness）。

Bardo 中陰、中有：通常用來描述此生和來世之間的一個過渡狀態；也可理解為某人由生到死所經歷的各個階段，亦即在身體方面的各個過程或心理方面的各種狀態。每個中陰狀態都是認出無緣實相（unconditioned reality）的大好機會。本書所談到的六中陰為：**生有中陰**（the bardo of this life）、**禪定中陰**（the bardo of meditation）、**睡眠和睡夢中陰**（the bardo of sleep and dreams）、**臨終中陰**（the bardo of dying）、**法性中陰**（the bardo of dharmata）、**投生中陰**（the bardo of becoming）。

- **生有中陰**：從第一口氣到不可逆轉的致死情況開始之間的存有狀態；它被認為是我們逐漸熟悉自心並認識真實自性的最佳機會。達到這點的最有效方式便是禪修。在某些中陰教導的體系中，禪修的修持以及睡眠和睡夢的修持都被列入生有中陰。其他體系中，禪定中陰以及睡眠和睡夢中陰則屬不同的分類，但教導的內涵是類似的。

就睡眠禪修來說，修行人訓練自己在身體入睡、感官系統消融時保持覺知，此階段的活動與色身死亡的過程是相同的。在睡眠和睡夢中陰，修行人訓練自己在夢中醒來，而能在睡夢狀態中主導自己的行為；這類修持著重於各種夢境無常、易變和無實的特性，並引介了白晝和夜晚實相之間的真實無二。

於生有中陰，空性禪修以及睡眠和睡夢禪修，所反映的是色身死亡時自行出現的各種心的狀態。

- **臨終中陰**：指的是在不可逆轉的生理衰亡後，心尚未從身體解脫出來前的過程。色身死亡時，人人都會經歷到大種（elements，元素）消融，以及即將與身體最終分離的明空的心。若是認出此一明性，便能在臨終中陰階段得到解脫。臨終中陰是一種心的狀態，其包含呼吸、念頭、形色、處境和心理狀態等等一切現象的陸續終止。

- **法性中陰**：譯為「真如」（suchness）或「實相」（reality），法性中陰指的是色身死亡後的如夢狀態。在我們此生的夢境中醒來，可增強我們在法性中陰時覺醒的能力。

- **投生中陰**：心從其熟悉的生理、心理環境中脫離，並以依然受此生習氣影響的一種非物質型態，尋訪一個新的具相形體；經由生理和心理的消融，心失去它所熟悉的繫留處，並尋找可再次認同的形色，心的這種狀態稱之為法性中陰。

Bodh Gaya 菩提迦耶：位於印度北部中央比哈爾邦的城鎮。正覺塔（Mahabodhi Temple）所在地，當年釋迦牟尼佛於菩提樹下成正等覺的地方。明就仁波切所屬藏傳佛教噶舉派的德噶寺即位於此。

Buddha（梵）佛陀：證悟者，認識實相自性者。

Buddha Nature（梵）佛性：一切眾生的根本自性，也就是藉由修道揭示的心本質的空、明、悲等等。

Calm Abiding（梵文：shamata）止、寂止、奢摩他：透過禪修而來的覺知，訓練自心安住在本身的定境中安住，不受外界狀況影響。

Clarity 明、明性：覺知所本具的面向之一，心的了知特性。

Compassion 悲心、慈悲心：佛性或本初善的本具特性，顯現為了想要減緩痛苦的願望，透過空性的智慧可趨入其究竟的展現。

Cremation Stupa 火化大塔：正式稱呼為佛陀荼毗塔（Ramabhar Stupa），位於印度拘尸那羅（Kushinagar），該紀念塚存有佛陀部分骨灰和舍利，公元前 483 年佛陀火化於此。

Dharma（梵）法：泛指自然法則和現象，常用來稱呼佛法。當 Dharma 第一個字母大寫時，特指佛教徒所皈依「佛、法、僧」三寶中的法寶。

Dharmata（梵）法性：事物超越所有信仰和概念的真實本性。

Dilgo Khyentse Rinpoche 頂果欽哲仁波切（1910—1991）：出生於西藏的頂果欽哲仁波切，被譽為最偉大的西藏大師之一。在西藏政權變動之後，他對於維護西藏流亡僧俗社區中的法教延續，以及將佛法傳至西方，都具有相當的影響力。

Dukkha（梵）苦：痛苦與不滿足。由於對如是現實的錯誤感知，以及對自我這個僵化概念的認同，而製造並持續苦惱的一種心理狀態。透過認識到痛苦為心理的錯誤感知所致，而非個人與生俱來的自然本性或來自外在環境，便有可能解脫。

Emptiness 空性：一切現象的內在自性。所有顯相都沒有長久性、實質性與獨立性，這種認識與約定俗成的感知相反。儘管有細微的差別，「空性」與「究竟實相」這兩詞時常交替使用。

Enlightenment 證悟：完全了悟到自心佛性為明空雙運的狀態。

The First Noble Truth 第一聖諦：為了脫離痛苦，必須先檢視痛苦的自性，並體認苦乃是自身造作（self-created）的特性。

God Realm 天道：見六道（six realms）。

Guru（梵）上師：心靈的老師或嚮導。

Impermanence 無常：認為所有依緣現象都會變化，一切生起的事物終歸消亡的一種想法。我們平時企圖固著某處，但其遲早必然變化；否認無常真諦，則是造成痛苦的主因之一。

Kagyu 噶舉：藏傳佛教四大教派之一。

Karma（梵）業：因果法則。為減少自他痛苦所做的善行，是未來正向經驗的因；不善行則導致負向經驗。「未來」可指下一個片刻、來年，或是來世。

Kushinagar 拘尸那羅：又稱拘尸那拉（Kusinara）、拘尸那揭羅（Kushinagara）。位於印度西北部烏塔普拉德省（Uttar Pradesh），約公元前 483 年佛陀涅槃的地方。

Lama Soto 索托喇嘛（1945—2012）：生於西藏康區，從中國逃出之後，便在智慧林寺院（Sherab Ling Monastery）學習，明就仁波切曾於此為其指導閉關（1993—1996）。他在 2001 至 2010 年擔任明就仁波切的侍者。

Luminous Emptiness 光明空性：心的自性，雖然無可執取且超越概念，卻顯現為了知和經驗的能力。

Mahabodhi Temple 摩訶菩提寺、正覺塔、大覺塔：位於印度菩提迦耶的寺院群，紀念歷史上的佛陀——釋迦牟尼佛於公元前 553 年前後在此證悟。

Mandala Practice（梵）獻曼達：藏傳佛教前行修持之一。透過一系列的供養，積累福德和智慧資糧。在臨終中陰時，藉著練習有意識地放下我們的執著，可以讓從生到死的過渡更加容易。

Mantra（梵）咒語：梵文 man 意謂「心」，tra 意謂「保護」。是一串梵文的音節，可以理解為包含某特定本尊的智慧象徵，可重複念誦以作為祈禱、祈請或迎請。

Marpa 馬爾巴（1012—1097）：生於西藏，人稱「馬爾巴大譯師」，曾數次從印度將口傳教法帶回西藏，並將諸多梵文典籍翻譯成藏文。密勒日巴的上師。

Meditation 禪修：有意圖的修心方式，以期認識到自心本具覺醒的特質。

Meditative Awareness 禪修的覺知：心的一種狀態，心向內並開始認識到覺知乃是其本具的特質。覺知開始認識到自己，對外在客體的關注轉移到對本具、內在特質的著重。帶著禪修覺知，心便能坦適安住，不再對感官感知有所企求或作出反應。也稱作穩定的覺知（Steady Awareness）。

Milarepa 密勒日巴（1040—1123）：生於西藏，是西藏最受愛戴的瑜伽士，以長期於喜馬拉雅深山中獨自閉關，並在一生之中證得佛果，且以任運自發的證道歌傳遞證悟的智慧而聞名於世。

Monkey Mind 猴子心：內心無法控制而自言自語的喋喋不休，對各種形色的持續顯現產生執取，也無法放開自我的成見。

Mother and Child Reunion 母子光明會：行者於禪修中對自心空明的自性已然熟悉，而在色身死亡時刻與隨之出現的無邊光明體驗，兩者互相會合而稱之。

Nagi Gompa 納吉寺：位於加德滿都谷的尼寺，也是明就仁波切父親祖古烏金仁波切的隱居地。

Nalanda University 那爛陀大學：曾經為印度的佛教人才培育中心，大約繁盛於四世紀到十二世紀時期。位於當今印度的比哈爾（Bihar）邦。因其佔地廣大的考古遺蹟，今已成為聯合國教科文組織的世界文化遺址。

Naked Awareness 赤裸的覺知：心的一種狀態，覺知從念頭和概念中解脫而認出其自身。

Naropa 那洛巴（1016—1100）：傑出的佛教學者、語言學家，著名那爛陀佛教大學的住持。由於質疑自己不究竟的了解，於是放棄優渥的地位，求教於我行我素的遊方瑜伽士帝洛巴。後來將法教傳於首座弟子馬爾巴。

Normal Awareness 一般（平時）的覺知：用來協調如傳簡訊、開車、烹飪和制定計畫等日常活動的外求之心，會駐留於外在現象上，並在感知者和感知對象間製造出二元對立的關係。

Nubri 努日：尼泊爾北部的藏區，明就仁波切 1975 年在此出生。

Nyoshul Khen Rinpoche 紐修堪仁波切（1932—1999）：出生於西藏，在中共接管西藏政權時歷經艱險逃離，最後定居在不丹廷布。他成為備受尊敬的學者及廣受愛戴的大師，是明就仁波切的四位主要上師之一。

Osel Ling 光明寺：明就仁波切在加德滿都的寺院，又稱作德噶光明寺。

Parinirvana Stupa 般涅槃塔（梵）：位於印度拘尸那羅，紀念釋迦牟尼佛涅槃。

Pure Awareness 清淨的覺知：離於主客分別的感知；不受概念、記憶、聯想或貪嗔所影響的無二感知。清淨的覺知帶著對空性的認識而安住，它是空性和明性的雙運，能引導走向解脫之道。

Recognition 認識、認出：對於過去未曾注意的特質有經驗層次的認識。在藏傳佛教中，主要是指對覺知空、明自性的認識。

Relative Truth 相對真理（世俗諦）：文中與「世俗真理」（conventional truth）交替使用，指的是對實相的凡俗經驗，將現象感受為長久、實質、獨立且於心之外而存在的主體。

Rinpoche（藏）仁波切：珍貴的人中之寶，對上師的尊稱。

Sadhu（梵）苦行僧：印度教名相，用來稱呼修道的乞士，或是出離世俗的生活者。

Saljay Rinpoche 薩傑仁波切（1910—1999）：自 1985 年開始，終其一生為智慧林的閉關指導上師。於西藏八蚌寺從十一世大司徒仁波切處接受了完整的培育。在西藏被中共管制後，逃到錫金，直至十六世大寶法王圓寂，其後到智慧林第十二世大司徒仁波切座下。為明就仁波切在智慧林的閉關指導上師，以及四位主要上師之一。

Samsara（梵）輪迴：字面意為「流轉」或是「繞圈」，由於無明和對真實自性缺乏認識，而導致循環不止的痛苦和不滿。

Sangha（梵）僧伽：聖賢僧指的是證悟者的總稱；凡夫僧指的是共同行於法道上的友伴。同時也代表佛、法、僧三寶之僧寶。

Shamata（梵）奢摩他：參見前述對於「止、寂止、奢摩他」之定義。

Shakyamuni Buddha 釋迦牟尼佛：歷史上記載的佛（公元前 566—483 年）。釋迦牟尼佛從世俗迷惑世界中出離，認識到苦之成因和寂滅，因此啟發並形塑了其後延續至今的各個佛教宗派。

Shantideva 寂天菩薩（685—763 年）：印度大師。他在那爛陀大學原被眾人看輕，直到被要求為僧眾開示而聲名大噪，那些開示今日被稱為《入菩薩行論》，因其聰慧、實用和貼近人心（的內容）而為現今世界各地佛教徒所尊崇。

Six Realms 六道：描述不同心理狀態的輪迴六道，反映了各自獨有的痛苦型態。對於這些狀態的經驗並無任何特定的順序，而是依照受苦程度的增加來具體指明：傲慢的天道、嫉妒的阿修羅道、貪欲的人道、愚癡的畜牲道、貪婪的餓鬼道，以及嗔恚的地獄道。

The Sixteenth Gyalwa Karmapa 第十六世嘉華噶瑪巴（大寶法王）：讓炯日佩多傑（1924—1981），西藏佛教噶瑪噶舉派的精神領袖。

Sleep Meditation 睡眠禪修：在睡眠時保持覺知的修持。

Sonam Chödrön 索南確準（1947—）：明就仁波切的母親，出生在尼泊爾努日，現居加德滿都德噶光明寺。

Steady Awareness 穩定的覺知：參見前文所述「禪修的覺知」。

Stupa（梵）佛塔：象徵佛陀的圓形建築，其內通常供奉證悟者的舍利。

Suffering 痛苦：參見前述「苦」（Dukkha）。

Tai Situ Rinpoche 大司徒仁波切（1954—）：第十六世噶瑪巴認證其為第十二世大司徒，於西藏東部的八蚌寺為舉行他坐床儀式；並在西藏政權變動時，把當時六歲的大司徒仁波切安全帶到印度（同行的尚有第六世明就仁波切）。最後在印度西北部比爾（Bir）附近安頓，並創建了智慧林寺（Sherab Ling），明就仁波切十一歲時開始，即在智慧林寺展開學習。大司徒仁波切目前是全世界噶舉寺院、閉關中心和佛法道場此一廣大體系的指導上師之一，為藏傳佛教的持續興盛做出巨大的貢獻。大司徒仁波切是明就仁波切的四位主要上師之一。

Tashi Dorje 扎西多傑（1920—2017）：明就仁波切的外祖父，出生於尼泊爾努日。當西藏政權變動時，他恰好在當地學習。他是一位備受尊重的修行者，也是西藏八世紀藏王赤松德贊的直系後裔。

Tergar（藏）德噶：Ter 意為「寶藏」，gar 意為「地方」。明就仁波切的寺院名稱，也是其全球禪修社群的名稱。

Tilopa 帝洛巴（989—1069）：無上的大師，行跡古怪的印度瑜伽士。他的教法在傳給那洛巴之後相續傳給馬爾巴，再由馬爾巴傳給密勒日巴。

Tsoknyi Rinpoche 措尼仁波切（1966—）：出生在尼泊爾，明就仁波切的兄長。教法皆來自其甚深禪修的經驗，以及對當今世界的持續投入。作為一位已婚並育有二女的父親，措尼仁波切足跡遍及世界各地，同時指導尼泊爾和西藏的尼寺，以及西藏東部的所屬修持中心和閉關所。

Tulku（藏）祖古、修道大師的轉世，被認為具備心靈發展的強大潛能。

Tulku Urgyen Rinpoche 祖古烏金仁波切（1920—1996）：詠給明就仁波切的父親，上一世紀最德高望重的禪修大師之一。出生在康區，西藏被中國管制之後，他到了尼泊爾，建立兩座寺院和眾多教法中心，餘生一直住在加德滿都河谷的尼寺——那吉寺。今日他所遺留下來的教法，已由其子確吉尼瑪仁波切（Chökyi Nyima Rinpoche）、慈克秋林仁波切（Tsikey Chokling Rinpoche）、措尼仁波切及詠給明就仁波切繼承傳揚。明就仁波切的四位主要上師之一。

Unborn 無生：指一切事物的究竟空性，超越生與死、生起與滅止。

Varanasi 瓦拉納西：又稱為貝拿勒斯（Benares），恆河岸邊的歷史古城，位在北印度的北方邦（Uttar Pradesh），是印度教徒的特殊聖地。

Vinaya（梵）律藏／毘那耶：集結釋迦牟尼佛對僧

團律儀和行為規範所給予的教授，為出家眾的戒規所本，時至今日一直被用來指導佛教僧團。

Vipashyana（梵）毗婆舍那：勝觀、洞見。藏傳佛教體系中認為，上座部的內觀強調無常；大乘的勝觀著重空性；而藏傳（或金剛乘）的勝觀則聚焦於自心本性。在藏傳的教法中，勝觀禪修用於認識所有顯相都於空性中生起，而所有色相都與空性無別，且會消融於空性。透過這種直接、體驗層次的觀照法，而見到當色相顯現時，它們本質上如虛空般不可執取、也無有根基；而此特性即為自心本性的真實寫照。

Wheel of Life 生命之輪：此一迷惑世界的象徵是一幅精密的圓形圖像，由閻摩死主銜在嘴裡，中心描繪出貪、嗔、癡此痛苦的根源；向外的幾圈同心圓，則顯示各種輪迴串習行為的延續，包括六道存有。

Wisdom 智慧：能感知實相如是的心之面向，能認出空性的心之明性。

禪修指引 26

歸零，遇見真實

一位行腳僧，1648 個「向內朝聖」的日子

作　　者　詠給・明就仁波切（Yongey Mingyur Rinpoche）
執　　筆　海倫・特寇福（Helen Tworkov）
翻　　譯　妙琳法師
審　　定　楊書婷、陳慧梅
發 行 人　孫春華
社　　長　妙融法師
總 編 輯　黃靖雅
責任編輯　吳宜靜
校對協力　羅千侑
內頁編排　張淑珍
封面設計　阿力
封面攝影　殷裕翔
行銷企劃　黃志成
發行印務　黃新創

台 灣 發 行　眾生文化出版有限公司
地址：220 新北市板橋區四川路二段 16 巷 3 號 6 樓
電話：02-8967-1025　傳真：02-8967-1069
劃撥帳號：16941166　戶名：眾生文化出版有限公司
電子信箱：hy.chung.shen@gmail.com　網址：www.hwayue.org.tw

台灣總經銷　紅螞蟻圖書有限公司
地址：台北市 114 內湖區舊宗路 2 段 121 巷 19 號
電話：02-2795-3656　傳真：02-2795-4100
E-mail：red0511@ms51.hinet.net

香港經銷點　佛哲書舍
地址：九龍深水埗白楊街 30 號地下
電話：852-2391-8143　傳真：852-2391-1002
電子信箱：bumw2001@yahoo.com.hk

印　　刷　博創印藝文化事業有限公司
初版一刷　2019 年 10 月
I S B N　978-986-97859-4-5（平裝）
定　　價　新台幣 399 元

國家圖書館出版品預行編目 (CIP) 資料

歸零，遇見真實 / 詠給・明就仁波切, 海倫・特寇福作 ; 妙琳法師翻譯 . -- 初版 . -- 新北市 : 眾生文化, 2019.10
336 面 ; 17x22 公分 . -- (禪修指引 ; 26)
譯　自 : In love with the world : a monk's journey through the bardos of living and dying
ISBN 978-986-97859-4-5 (平裝)
1. 藏傳佛教　2. 佛教修持

226.965　　108013895

眾生文化出版書目

噶瑪巴教言系列			
1	報告法王：我做四加行	作者：第十七世大寶法王 鄔金欽列多傑	300 元
2	法王教你做菩薩	作者：第十七世大寶法王 鄔金欽列多傑	320 元
3	就在當下	作者：第十七世大寶法王 鄔金欽列多傑	500 元
4	因為你，我在這裡	作者：杜松虔巴	350 元
5	千年一願	作者： 米克・布朗	360 元
6	愛的六字真言	作者： 第 15 世噶瑪巴・卡恰多傑、第 17 世噶瑪巴・鄔金欽列多傑、第 1 世蔣貢康楚仁波切	350 元
7	崇高之心	作者：第十七世大寶法王 鄔金欽列多傑	390 元
8	深藏的幸福：回憶第十六世大寶法王	作者：諾瑪李維	399 元
9	吉祥如意每一天	作者：第十七世大寶法王 鄔金欽列多傑	280 元
10	妙法抄經本__心經、三十五佛懺悔文、拔濟苦難陀羅尼經	作者：第十七世大寶法王 鄔金欽列多傑	300 元
11	慈悲喜捨每一天	作者：第十七世大寶法王 鄔金欽列多傑	280 元
12	上師之師： 歷代大寶法王噶瑪巴的轉世傳奇	講述：堪布卡塔仁波切	499 元
13	見即解脫	作者：報恩	360 元
14	妙法抄經本__普賢行願品	作者：第十七世大寶法王 鄔金欽列多傑	399 元
15	師心我心無分別	作者：第十七世大寶法王 鄔金欽列多傑	280 元
16	法王說不動佛	作者：第十七世大寶法王 鄔金欽列多傑	340 元
17	為什麼不這樣想？	作者：第十七世大寶法王 鄔金欽列多傑	380 元
講經系列			
1	法王說心經	作者：第十七世大寶法王 鄔金欽列多傑	390 元
經典開示系列			
1	大願王：華嚴經普賢行願品釋論	作者：堪布 竹清嘉措仁波切	260 元
2	唯一：大手印大圓滿雙融心髓	原典：噶瑪恰美仁波切 、釋論：堪布 卡塔仁波切	380 元
3	恆河大手印	原典：帝洛巴尊者、釋論：第十世桑傑年巴仁波切	380 元
4	放空	作者：堪布 慈囊仁波切	330 元
5	乾乾淨淨向前走	作者：堪布 卡塔仁波切	340 元
6	修心	作者：林谷祖古仁波切	330 元
8	除無明闇	原典：噶瑪巴旺秋多傑、講述：堪布 卡塔仁波切	340 元
9	恰美山居法 1	作者：噶瑪恰美仁波切、講述：堪布卡塔仁波切	420 元
10	薩惹哈道歌	根本頌：薩惹哈尊者、釋論：堪千 慈囊仁波切	380 元
12	恰美山居法 2	作者：噶瑪恰美仁波切、講述：堪布卡塔仁波切	430 元
13	恰美山居法 3	作者：噶瑪恰美仁波切、講述：堪布卡塔仁波切	450 元

14	赤裸直觀當下心	作者：第 37 世直貢澈贊法王	340 元
15	直指明光心	作者：堪布 竹清嘉措仁波切	420 元
16	達賴喇嘛說金剛經	作者：達賴喇嘛	390 元
17	恰美山居法 4	作者：噶瑪恰美仁波切、講述：堪布卡塔仁波切	440 元
18	願惑顯智：岡波巴大師大手印心要	作者：岡波巴大師、釋論：林谷祖谷仁波切	420 元
19	仁波切說二諦	原典：蔣貢康楚羅卓泰耶、釋論：堪布 竹清嘉措仁波切	360 元
20	沒事，我有定心丸	作者：邱陽．創巴仁波切	460 元
21	恰美山居法 5	作者：噶瑪恰美仁波切、講述：堪布卡塔仁波切	430 元
22	真好，我能放鬆了	作者：邱陽．創巴仁波切	430 元
23	就是這樣： 《了義大手印祈願文》釋論	原典：第三世大寶法王噶瑪巴 讓炯多傑、 釋論：國師嘉察仁波切	360 元
24	不枉女身： 佛經中，這些女人是這樣開悟的	作者： 了覺法師、了塵法師	480 元
25	痛快，我有智慧劍	作者：邱陽．創巴仁波切	430 元
26	心心相印，就是這個！ 《恆河大手印》心要指引	作者：噶千仁波切	380 元
禪修引導系列			
1	你是幸運的	作者：詠給 明就仁波切	360 元
2	請練習，好嗎？	作者：詠給 明就仁波切	350 元
3	為什麼看不見	作者：堪布竹清嘉措波切	360 元
4	動中修行	作者：創巴仁波切	280 元
5	自由的迷思	作者：創巴仁波切	340 元
6	座墊上昇起的繁星	作者：堪布 竹清嘉措仁波切	390 元
7	藏密氣功	作者：噶千仁波切	360 元
8	休息在陰影中	作者：堪布 卡塔仁波切	380 元
9	醒了就好	作者：措尼仁波切	420 元
10	覺醒一瞬間	作者：措尼仁波切	390 元
11	別上鉤	作者：佩瑪．丘卓	290 元
12	帶自己回家	作者：詠給明就仁波切 ／ 海倫特寇福	450 元
13	第一時間	作者：舒雅達	380 元
14	愛與微細身	作者：措尼仁波切	399 元
15	禪修的美好時光	作者：噶千仁波切	450 元
16	鍛鍊智慧身	作者：蘿絲泰勒金洲	350 元
17	自心伏藏	作者：詠給．明就仁波切	290 元
18	行腳：就仁波切努日返鄉紀實	作者：詠給．明就仁波切	480 元

19	中陰解脫門	作者：措尼仁波切	360 元
20	當蒲團遇見沙發	作者：奈久・威靈斯	390 元
21	動中正念	作者：邱陽・創巴仁波切	380 元
22	菩提心的滋味	作者：措尼仁波切	350 元
23	老和尚給你兩顆糖	作者：堪布卡塔仁波切	350 元
24	金剛語：大圓滿瑜伽士的竅訣指引	作者：祖古烏金仁波切	380 元
25	最富有的人	作者：邱陽・創巴仁波切	430 元
儀軌實修系列			
1	金剛亥母實修法	作者：確戒仁波切	340 元
2	四加行，請享用	作者：確戒仁波切	340 元
3	我心即是白度母	作者：噶千仁波切	399 元
4	虔敬就是大手印	原作：第八世噶瑪巴 米覺多傑、講述：堪布 卡塔仁波切	340 元
5	第一護法：瑪哈嘎拉	作者：確戒仁波切	340 元
6	彌陀天法	原典：噶瑪恰美仁波切、釋義：堪布 卡塔仁波切	440 元
7	藏密臨終寶典	作者：東杜法王	399 元
8	中陰與破瓦	作者：噶千仁波切	380 元
9	斷法	作者：天噶仁波切	350 元
10	噶舉第一本尊：勝樂金剛	作者：尼宗赤巴・敦珠確旺	350 元
11	上師相應法	原典：蔣貢康楚羅卓泰耶、講述：堪布噶瑪拉布	350 元
12	除障第一	作者：蓮師、秋吉林巴，頂果欽哲法王、烏金祖古仁波切等	390 元
心靈環保系列			
1	看不見的大象	作者：約翰・潘柏璽	299 元
2	活哲學	作者：朱爾斯伊凡斯	450 元
大圓滿系列			
1	虹光身	作者：南開諾布法王	350 元
2	幻輪瑜伽	作者：南開諾布法王	480 元
3	無畏獅子吼	作者：紐修・堪仁波切	430 元
4	看著你的心	原典：巴楚仁波切、釋論：堪千 慈囊仁波切	350 元
5	椎擊三要	作者：噶千仁波切	399 元
如法養生系列			
1	全心供養的美味	作者：陳宥憲	430 元
佛法與活法系列			
1	收拾書包成佛去！：達賴喇嘛給初發心修行人的第一個錦囊	作者：第十四世達賴喇嘛 比丘丹增・嘉措、比丘尼圖丹・卻准	480 元